シリーズ 日本人の手習い

おさらい古文書の基礎

文例と語彙

林 英夫 監修

柏書房

序

林　英夫

日本は、多くの古文書が残されている国である。江戸時代の村方（地方（じかた））史料が残っていない市町村は珍しい。必ずどこかに伝えられているものであり、一千点、一万点を超す一括文書も珍しくはない。これらの史料から自分が住んでいる地域の歴史を直接読み取ることができたら、感動的ですらあろう。ところが、明治時代以前に人々が当たり前に読み書きしていた古文書の候文を理解するには、それなりの訓練が必要である。そして近年、研究者ばかりか、自治体やカルチャーセンター、あるいは通信教育などで、これを学ぼうとする方々が増えてきた。

最初の江戸時代の古文書字典は、私が作った一九七二年刊行の『近世古文書解読字典』（柏書房）であった。そのくずし字が何であるか見当がつかなければ、その字を字典で引くことすらできない。だから『近世古文書解読字典』は、ただの「引く字典」ではなく、初心者に役立つものをと工夫した。やみくもにくずし字をおぼえるのではなく、候文の文例と語彙を身につけ、その意味を考えながら解読を進める必要があるのである。

そのような観点から、本書は、文章と言葉に慣れることからはじめて、古文書解読を体系的に習得できるように編集した。項目の順に何回も繰り返し読んで、自信をつけていただきたい。古文書解読に際して多くの方々がつまずきそうな個所を、くどいくらいに解いているはずである。あせらずに、楽しみながら自習し、読めるようになったら、史料や地域の自治体史などを読んで、自分の研究テーマを見出してほしい。

おさらい古文書の基礎—文例と語彙—【目次】

序 …… 1

第1章　候文の基本 …… 8

1　候を読み解く …… 10
①候(そうろう) …… 10
②御座候(ござそうろう)・無御座候(ござなくそうろう) …… 17
③候+語彙 …… 23
(a)候間(そうろうあいだ)　(b)候上者(そうろううえは)　(c)候得共(そうらえども)　(d)候得者(そうらえば)
(e)候趣(そうろうおもむき)　(f)候刻(そうろうきざみ)　(g)候節(そうろうせつ)・候節ハ(そうろうせつは)
(h)候段(そうろうだん)　(i)候而者(そうらいては)　(j)候通(そうろうとおり)　(k)候処・候所(そうろうところ)
(l)候共(そうろうとも)　(m)候ハ、(そうらわば)　(n)候旨(そうろうむね)　(o)候故(そうろうゆえ)
(p)候由(そうろうよし)

2　基本動詞を読み解く …… 53
①有・在(あり)　②遊(あそばす)　③仰(おおす)　④聞(きく)　⑤下(くだす)　⑥存(ぞんず)
⑦仕(つかまつる)　⑧成(なす・なる)　⑨為(なす)　⑩申(もうす)

3　頻出文字を読み解く …… 85
①儀・義(ぎ)　②此・之・是・斯(この・これ・かく)　③其・夫(その・それ)　④何(なに・いずれ・いかが)

第2章　上に返って読む字（返読文字）　110

1　助動詞　110
①如（ごとし）　②不（ず）　③為（す・さす・たり）　④令（しむ）　⑤可（べし）　⑥被（る・らる）

2　動詞　132
①致（いたす）　②得（う・え）　③及（およぶ）　④期（きす・ごす）　⑤奉（たてまつる）
⑥遂（とぐ・とげ）　⑦任（まかす）　⑧依・寄（よる）　⑨限（かぎる）・加（くわう）・蒙（こうむる）

3　助詞　153
①雖（いえども）　②於（おいて）　③乍（ながら）　④自・因・依・従（より）

4　その他　164
①難（がたし）　②無（なし）　③為（として・のため）　④以（もって）

第3章　解読のポイントとなる品詞（接続詞・副詞・形容詞・形容動詞）　176

1　接続詞　176
①或者（あるいは）　②且又（かつまた）　③併・乍レ併（しかしながら）　④加之（しかのみならず）
⑤然上者（ハ）（しかるうえは）　⑥然処（しかるところ）　⑦然者（しかれば）　⑧但（ただし）
⑨尚又・尚亦・猶又・猶亦（なおまた）　⑩幷（ならびに）　⑪又者（または）　⑫尤（もっとも）

2　副詞　199
①聊（いささか）・聊も（いささかも）　②一向（いっこう）　③一切（いっさい）　④今以（いまもって）

⑤弥（いよいよ）・弥以（いよいよもって）　⑥兼而（かねて）　⑦急度・吃度（きっと）
⑧決而（けっして）　⑨自然（しぜん）　⑩少茂（すこしも）　⑪則（すなわち）　⑫慥ニ（たしかに）
⑬縦・縦令・譬（たとい）　⑭篤与（とくと）　⑮可レ成丈（なるべくだけ）　⑯必至与（ひしと）
⑰偏・偏ニ（ひとえに）　⑱不斗・風と（ふと）　⑲別而（べっして）　⑳毛頭（もうとう）
㉑若（もし）・若又（もしまた）　㉒漸（ようやく）

3　形容詞・形容動詞 …… 233

①弥増（いやまし）　②忝・辱（かたじけなし）　③—ケ間敷（鋪）（がましく・がましき）
④—敷（鋪）（しく・しき）　⑤殊之外（ことのほか）　⑥可レ然（しかるべし）　⑦俄ニ（にわかに）
⑧宜（よろし）・宜敷（よろしく）

第4章　助詞に用いられる変体仮名 …… 247

①江（え）　②歟（か）　③与（と）　④ニ而（にて）・ニ而も（にても）　⑤之（の）　⑥者（は）
⑦茂（も）　⑧ゟ（より）　⑨而已（のみ）

第5章　文章を整える語（接頭語） …… 263

①相（あい）　②打（うち）　③御（ご・お・おん）　④差・指（さし）　⑤取（とり）　⑥罷（まかり）

第6章　語句の末尾に付く語 …… 276

①置（おく）　②兼（かね）　③呉（くれ）　④宛・充（ずつ）　⑤度（たし）　⑥也（なり）

異体字揮毫　服部大超

凡例

一、本書は、近世文書解読のポイントとなる語句に着目し、その例文の音読、解釈を通じて、総合的な解読の力がつくように意図したものである。それぞれの語句をその働きや用法などにより分類し、第1章1①「候」から第6章⑧「迄」までの一〇五項目に配列した。

二、各項目では、まずその語句の読みと意味を説明し、数点の例文を掲げた。この例文は何の説明もない〝白文〟であるが、返読文字や助詞などに注意し、ご自身で声に出して読み下していただきたい。読めない場合には、下に示した〝書き下し文〟を参考とされたい。

三、例文（例1〜例351）ごとに、その原文をくずし字図版で掲げ、その【解読文】と【文意】を掲げた。【解読文】には返り点や読み仮名を付けているので、一字一字くずし字と対照して覚えていってほしい。くずし字の特徴やそれを覚えるコツ、用語の意味など特筆すべき点は、【解説】に述べた。【解読文】では、原則として常用漢字体を用い、例文中で正字体（旧字体）を用いた場合には、適宜【解説】中で説明した。【文意】は例文の現代語訳であるが、内容をわかりやすくするために意訳したものもある。

四、例文中の重要な文字については、下段にその典型的なくずし字を数例掲げ、その熟語例を掲載した。見出しとなる漢字には原則として常用漢字体を用い、字体が著しく異なる場合は、適宜、正字体を左脇に示した。また、常用漢字表外字で、新字体（異体字）が一般に用いられる場合には、同様に（　）内に新字体を掲げ、異体字を見出しとする場合は〈　〉内に常用漢字を掲示した。

（例）　軽 輕　　籠（篭）　　躰〈体〉

五、各頁の下段には、**【類似文字】【語彙解説】【異体字】【筆順】**などを適宜掲載して本文を補った。

六、巻末には、例文中の語句の索引「用語索引」と、下段の見出し漢字の五十音索引「漢字索引」を掲載した。

おさらい　古文書の基礎

――文例と語彙――

第1章 候文の基本

はじめて古文書を手にしたとき、次のような一文で重い気分に陥った経験はありませんか。

乍恐以書付奉願上候

これは古文書の表題（標題）の一例です。もちろん現物の古文書はくずし字で書かれているのですが、ようやく翻字（くずし字を楷書体にすること）ができたとしても、漢字ばかりが並んでいるので、きっと漢文の授業を思いだされた方もいらっしゃることでしょう。

江戸時代の公的な古文書は基本的に「**漢文体**」で書かれます。一部に仮名が用いられることもありますので、厳密に言いますと、仮名混じりの漢文体というところでしょう。

さて、前掲の表題ですが、以下のように読み下します。

「恐れながら、書付をもって、願い上げたてまつりそうろう」

ここで注意しなければならない点は、まず下の文字を読んでから上に返って読まなければならない文字があることです。これは漢文の授業でも出てきました。こういう文字を「**返読文字**」と言います。この文章では、1字目の「乍」、3字目の「以」、6字目の「奉」の三文字がこれにあたります。

次に、「願上」ですが、現代では読みやすくするため送り仮名を送って「願い上げ」もしくは「願上げ」とするところですが、江戸時代の古文書では送り仮名が表記されることは稀です。

三番目の特徴としては、文末が「候」という言葉で終わっていることです。このように、「候」という言葉で書かれる文語体の文章を「**候文**」といいます。

このほかにも、江戸時代の古文書の特徴はたくさんあります。

本書では古文書を解読するために必要な要素を、実例をあげながら系統立て説明します。まず、この古文書の要素を完全にマスターしてください。各章・節の最後には「中ざらい」として、その章・節で説明した古文書の要素の例文を収録しました。また、巻末には「大ざらい」として何種類かの古文書を掲載しましたので、ぜひ力試しに活用してください。

では、はじめに江戸時代の古文書に慣れていただくために、一番基本的な「候文」の説明をします。「候文」に慣れることにより、あなたはあたかも江戸時代の世界にタイムスリップし、江戸時代人になった気分になるでしょう。そうすればもう古文書の半分はマスターしたといっても過言ではありません。
さて、掲出する文例はすべて実際の古文書から部分を切り取り、できるだけ短文で、場合によっては丸暗記できる程度に短く掲出しました。はじめに、それぞれの古文書の解読文を白文で掲載します。返り点や送り仮名を振りながら声を出して読み下してみてください。その後にくずし字を掲出します。一字一字吟味して読んでください。もちろんできるだけ逐字解説します。ある程度読めるようになりましたら、例文の脇の解読文を見ずに、まず原稿用紙などに翻字してみて、それから解読文と照合してみるとよいでしょう。

1　候（そうろう）を読み解く

①　候（そうろう）

候文は、古くから書翰文（書状）に用いられていた文体の一つです。江戸時代には書翰以外にも、公文書の文体として使用されました。これは明治時代以降も同様でしたが、昭和初期頃からしだいに、公的にも私的にも候文が用いられなくなってしまいました。ですから、戦後生まれの方が古文書の候文を読めなくなってしまったのも無理のないことと思われます。

候

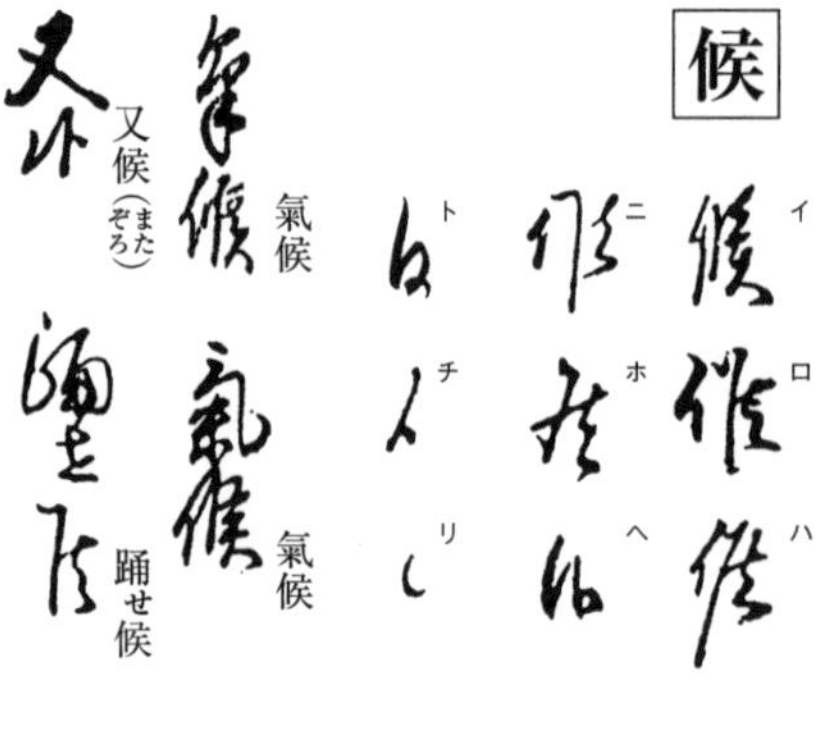
イ
ロ
ハ
ニ
ホ
ヘ
ト
チ
リ
氣候
氣候
又候（またぞろ）
踊せ候

さて、「候」は、現代語でいうところの「…であります」「…です」「…します」などの言葉にあたり、文語の「あり」「おり」の丁寧語です。これに、「御座（ござ）」という語をつけて「御座（ござ）候（そうろう）」となると、さらに丁寧さが増します（第1章1②参照）。「候」は前頁下段のようにいくつかの字体で書かれます。楷書体に近い形から、たんに点のようになるまで、さまざまな字体があります。

多くの場合文章の最後に置かれますので、たとえ、点のようになっていても解読可能なわけです。いくつか実例で説明しましょう。まず、白文で示しますので返読文字などに注意して読み下してください。

（例1）	**一筆致拝呈候**	一筆拝呈致し候（そうろう）
（例2）	**壱人茂無御座候**	壱人も御座（ござ）なく候
（例3）	**預り置不申候旨被　仰渡候**	預り置き申さず候旨（むね）仰（おお）せ渡（わた）され候
（例4）	**壱ケ年ニ鳥目三百文宛差上可申候**	壱か年に鳥目三百文（ちょうもくさんびゃくもん）ずつ差し上げ申すべく候
（例5）	**開発無油断可仕候**	開発（かいほつ）油断（ゆだん）なく仕（つかまつ）るべく候

正しく読み下せましたか。何度も声に出して読み慣れてください。

さて、次に「候」を含む文章を現物の古文書から採録して解説をします。

（例1）

解読文　一筆致㆓拝呈㆒候（いっぴついたしはいていそうろう）

文意　お手紙申し上げます。

［**解説**］これは書翰の書出部分の慣用句です。1字目は「**一**」です。2字目は上部が「ツ」に見えますが「⺮（たけかんむり）」、下部は「聿」で「**筆**」となります。3字目は「**致**」という動詞で返読文字です。偏（へん）は「金（かねへん）」にも似ていますが「**至**」で、旁（つくり）は「支（しにょう）」とも読めますが、「攵（ぼくにょう）」です。「**拝**」は典型的なくずし字です。書翰では、「拝顔」、「拝眉」などの用語が頻出します。また古文書でも用例の多い文字ですので、ここで覚えておきましょう。は「口」に「王」で「**呈**」です。「**拝呈**（はいてい）」という熟語で、ここではつつしんで手紙を送るということです。さて、最後の「**候**（そうろう）」は行書体に近いのでなんとか読めると思いますが、このような字体はむしろ例外といったほうがよいかもしれません。

（例2）

解読文　壱人茂無㆓御座㆒候（ひとりもござなくそうろう）

筆

筆頭

祐筆（ゆうひつ）

拝

拝

拝謝

拝借

拝受

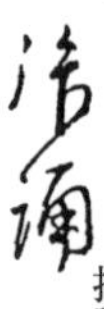

拝誦

文意　一人もおりません。

【**解説**】　1字目は筆順をたどると、上から「士」「冖」「ヒ」と解して、「**壱**」となります。次は「**人**」です。「入」も筆順が同じですので注意してください。3字目は助詞で変体仮名の「**茂**(も)」です。「**無**」は返読文字です。本章1②(17頁)で「無二御座一(ござなく)」の、第2章4②(166頁)で「無」の説明をしますが、この「**無**」は頻出する字体ですので覚えておいてください。最後の文字は「**候**」です。前出の「**候**」とは趣がずいぶん違いますが、この字体は頻出します。「人偏(にんべん)に隹(ふるとり)に似た字」と覚えておくとよいかもしれません。

(例3)

解読文　預り置不レ申候旨被二仰渡一候(あずかりおきもうさずそうろうむねおおせわたされそうろう)

文意　預かっておかないようにと命じられました。

【**解説**】　本文例では「**候**」が二例出てきます。まず、1字目から読んで行きましょう。は旁に注目してください。かなり省画されていますが、「頁(おおがい)」と推測できます(下段参照)。偏を考えると「願」か「預」が考えられますが、「**預**」のほうが適当と思われます。また、右下に小さく「**り**」と送り仮名がありますから「**預り**(あずか)」で間違いないでしょう。は、上部の二点が「罒(よんがしら)」、下部が「**直**」で「**置**」となります。右肩の点は筆の勢いでしょう。4字目は平仮名の

【**類似文字**】

人
入
壱
壺
壱季居(いっきすわり)
壱銭
壱束
壱段
頁 オオガイ
領
頂
須
頭
頂
頻
預
類

「ふ」に読めます。これは平仮名「ふ」の字母でもある「**不**」という漢字です。次の　は「中」にも見えますが「**申**」です。二字を合わせて「**もうさず**」と上に返って読みます。その下の　は10頁下段「候」のくずし例のへに該当します。「**候**」のくずしの中ではこのくずし字体が頻出度ナンバーワンですので、ぜひ覚えてください。「**候**」の下　は、左下への傾きを修正しながら筆順を追うと、「ヒ」に「日」となり、「**旨**」となります。「**候旨**（そうろうむね）」で「…する趣旨（趣意）」の意です。このように、「候」には「旨」のほか、「通（とおり）」「間（あいだ）」などがついて、前後の文章を接続する役割をしますので、これを捉え違えますと全く意味が変わってしまうことにもなります。この点については、本章１③（23頁）で一つひとつ例をあげ、解説します。

さて、後半を読んでみましょう。いきなり不明な文字　が現れます。これは第２章１⑥（126頁）で出てきますが、受身・尊敬をあらわす助動詞の「**被**（る・らる）」です。その下が一字分あいているのを「**闕字**（けつじ）」といいます。動作の主体が目上の人の場合に用い、相手を敬う意味を持っています。また、敬意の度合が増しますと「**平出**（へいしゅつ）」といって、改行することもあります。一字あきの下　は頻出する文字ですのでぜひ覚えてください。これは「**仰**」と読みます。「仰付（おおせつけ）」とか「仰上（おおせあげ）」「仰出（おおせいだし）」「仰聞（おおせきけ）」など熟語も豊富です（「仰」は本章２③〈58頁〉の基本動詞で詳しく解説します）。「**仰**」の次の字　の偏は「氵（さんずい）」です。旁は「度」のようですから「**渡**」となり、「**仰渡**（おおせわたし）」で「命じる」の意味です。上に「**被**（れ）」がありましたから「**おおせわたされ**」と読み、「命じられ」となります。最後の文字は例２で出てきました「**候**」と一見違うようですが、筆順を追うと「人偏（にんべん）に隹（ふるとり）」のようになっ

【闕字の例】

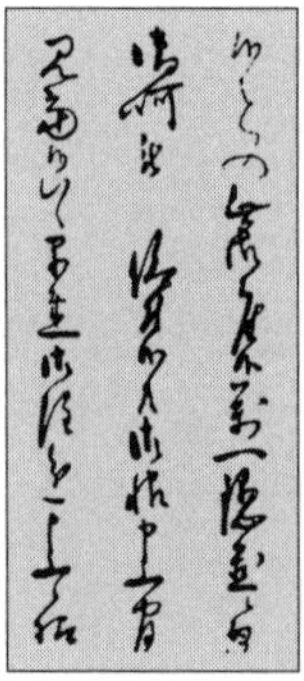

【平出の例】

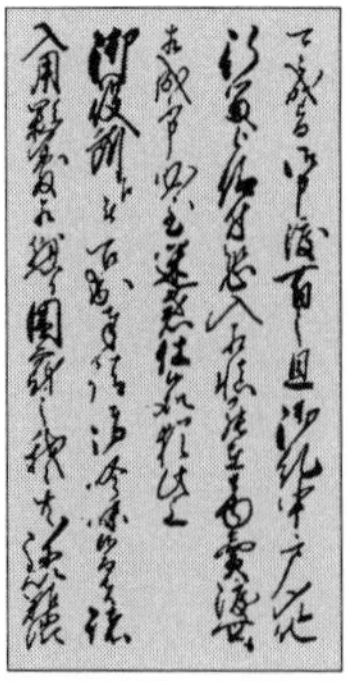

ています。文末であることもあわせ考えると「候」で間違いありません。

（例4）

解読文 壱ケ年ニ鳥目三百文宛差上可レ申候（いっかねんにちょうもくさんびゃくもんずつさしあげもうすべくそうろう）

文意 一か年に鳥目で三百文ずつ差し上げます。

【解説】1字目の「壱」はすでに出てきました。「ケ」は片仮名ですがその字母は一般的に「个」といわれていますが、「箇」の竹冠の一つが仮名になったものという説もあります。は「年」です。現在の書き順と違いますので注意してください（下段）。一画目の「ノ」の次に横画を書かずに中央の縦画を先に書いてしまいます。くずし字では現在と筆順が違う場合がしばしばありますが、これは「くずしの法則」の一つです（下段）。4字目は助詞の「ニ」です。助詞が仮名で書かれる場合、右に寄せて小さく書かれることが多いので読み落とさないように注意してください。次は「鳥」の典型的なくずし字です。下の「目」とあわせ熟語を作っています。「鳥目（ちょうもく）」とは、銭貨の異称で、円形で中央に四角い穴があいていて、鳥の目に似ているところからそういわれたようです。「三百文（もん）」は読めますね。「宛（ずつ）」は「宀（うかんむり）」の下に横画が一本余分にあります。「差（さし）」は頻出する接頭語です。「上」は現在と筆順が違います（くずしの法則①）が、もちろん縦画から書かれるこ

【年の筆順】

【くずしの法則①】
現代と筆順が違う場合がある。

平

年

本

【銭貨の単位】
一貫文＝一〇〇〇文
一〇文（＝一疋）

上

上意

上納

書上

差上

ともありますので注意してください。次の片仮名「マ」のように書かれたは第2章1⑤（122頁）で詳しく述べますが、助動詞の「可（べし）」です。次は「中」に似た「申」（第1章2⑩〈77頁〉）。基本動詞の一つです。最後の「人」のような文字が「候」です。10頁下段「候」のくずし例のチに該当します。

（例5）

解読文 開発無二油断一可レ仕候（かいほつゆだんなくつかまつるべくそうろう）

文意 開発は手抜かりなく行いなさい。

［解説］ 1字目は「冖（わかんむり）」に「井」と書かれているように見えます。これは「冖（わかんむり）」ではなく「門（もんがまえ）」です。「門」には何通りかくずし方がありますので注意してください（下段）。井戸の井に見える部分は「开」、つまり「開」という字です。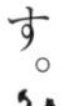の「癶（はつがしら）」は読み取れると思います。「開」と「癶（はつがしら）」を手がかりに、「開発」という熟語を思いついていただきたい。近世では「かいほつ」と読むのが一般的です。また、「癶（はつがしら）」の下がこの例でははっきりしませんが、一般になどと書きます。この場合「発」は正字体（旧字体）の「發」であることに注意してください。次のは慣用句です。「無」は既出ですが覚えていましたか。その下は「氵（さんずい）」に「由」で「油」です。次のくずし字の旁は「斤」か「行」の旁部分だと推測されます。偏は元の形を全く残していませんので、初心者の方には最高難

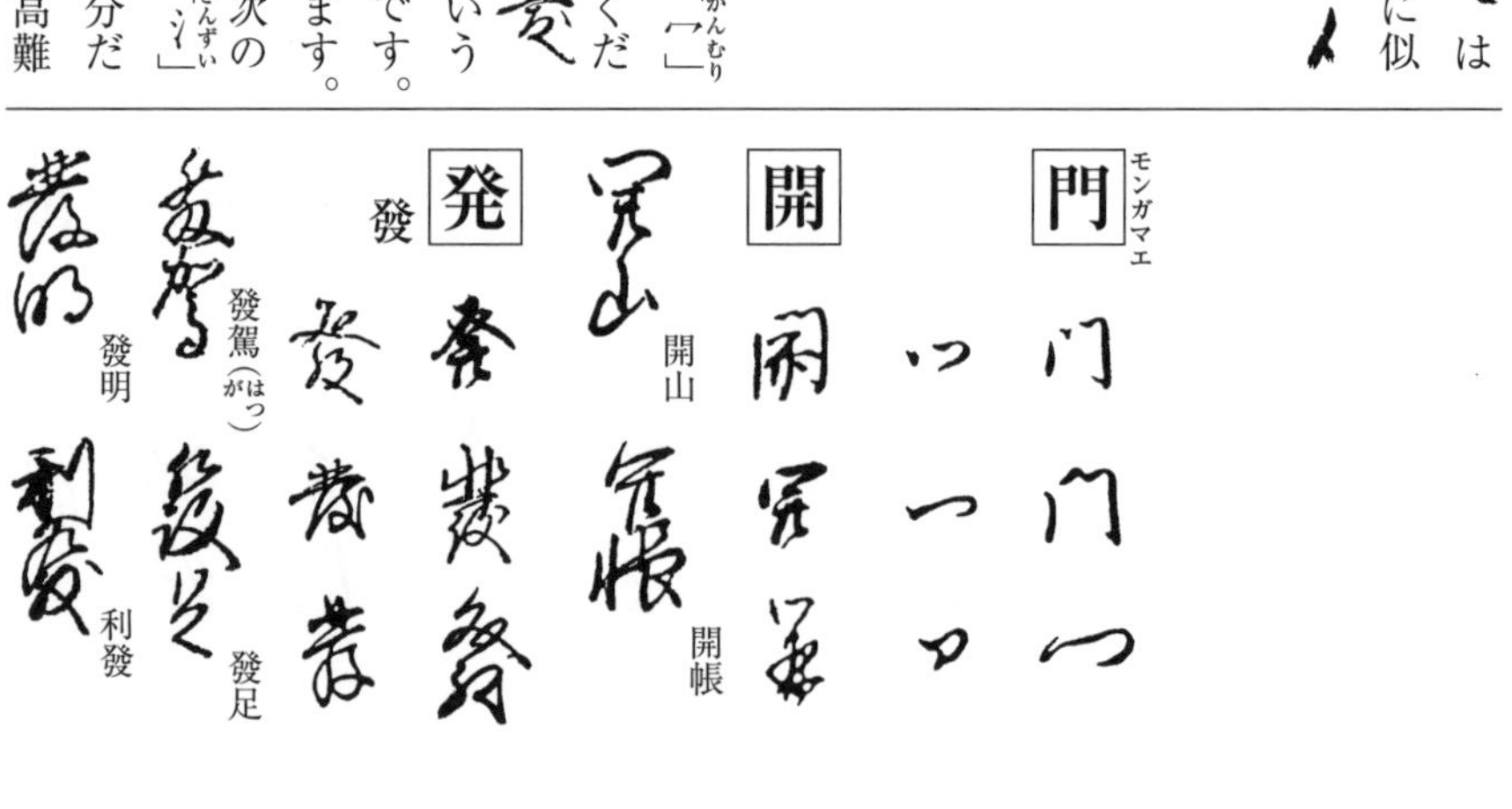

門
モンガマエ
開
開山
開帳
発
發
發駕（はつが）
發足
發明
利發

度の文字といえるでしょう。三文字で「無二油断一（ゆだんなく）」と読みます。「油断」は慣用的に「由断」とも書きますのであわせ覚えておいてください。次の「マ」のように書かれた「可（べし）」はすでに一度出てきましたが、第2章1⑤（122頁）で解説します。「仕（つかまつる）」は比較的行書体に近いので容易に読めるでしょう。上の「可」と合わせ「つかまつるべく」と読みます。さて、最後に点のように書かれているのが、「候」です。本例では上の文字とつながっていますが、全く独立して書かれることもありますので、文章の流れをよく考え、文末に用いられる文字ということも考慮して判断してください。

②　御座候（ござそうろう）・無二御座一候（ござなくそうろう）

候文のなかでも「御座候」「無二御座一候」はもっとも頻出する語句です。これは、尊敬語「ござある」の「ある」を「候（そうろう）」にして丁寧の意を添えたもので、敬意の度合は高く、「あります」「ございます」の意です。否定形は「無二御座一（ござなく）候（そうろう）」で、「ありません」「ございません」の意です。

（例6）境不分明ニ御座候　　境不分明に御座候
（例7）若相違之儀御座候者　　もし相違の儀御座候（そうら）わば
（例8）右之通り所持之百姓ニ御坐候　　右の通り所持の百姓に御坐候

油

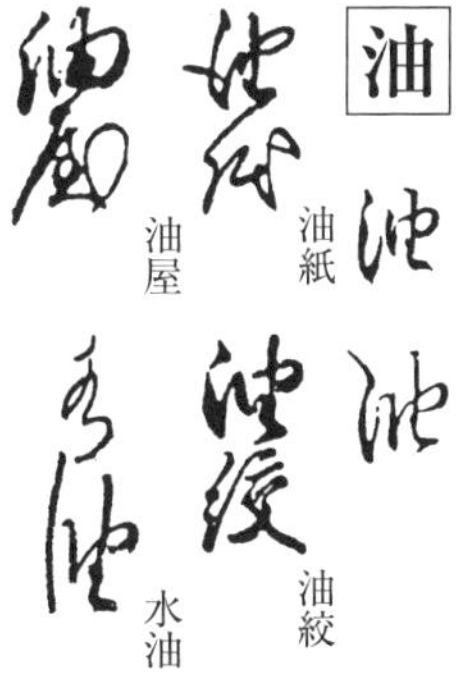

油紙　油屋　油絞　水油

座

座鋪　座頭　御座候　御座候　無二御座一候　御座候　無二御座一候　無二御坐一候

（例9）　愚寺旦那ニ紛無御座候

（例10）　横合ゟ違乱申者決而無御座候

愚寺旦那に紛れ御座なく候

横合より違乱申す者決して御座なく候

（例6）

解読文　境(さかい)不(ふ)分明(ぶんめい)ニ(に)御座候(ござそうろう)

文意　境界が不明確でございます（境界がはっきりしません）。

[解説]　1字目は、偏が「土(つちへん)」で、旁の画数は若干不足していますが「竟」でしょう。したがって、「**境**」と読みます。国や村などの境界線をいいます。はすでに出てきましたが、仮名「ふ」の字母「不」から漢字の「**不**」を思い起こしてください。は「**分**」です。現在と筆順も違いますし、「刀」の字体も変形していて難読文字の一つに入ると思いますがぜひ覚えておいてください。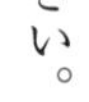は「日(ひへん)」に「る」のような「月」で「**明**」です。「**不分明**」は「**ふぶんめい**」とも「**ふぶんみょう**」とも読みます。次の右下の小さな「**ニ**」を見落とさないように気をつけてください。最後の三文字が、「**御座候**(ござそうろう)」です。「**御**」は例2とやや違いますが、頻出します。は「星座」の「**座**」です。「广(まだれ)」の三画目に点がつく場合と付かない場合とがあります（次例参照）。「广」の中は「生」と書かれます。最後が「人偏に隹(ふるとり)」のような「**候**」です。

分

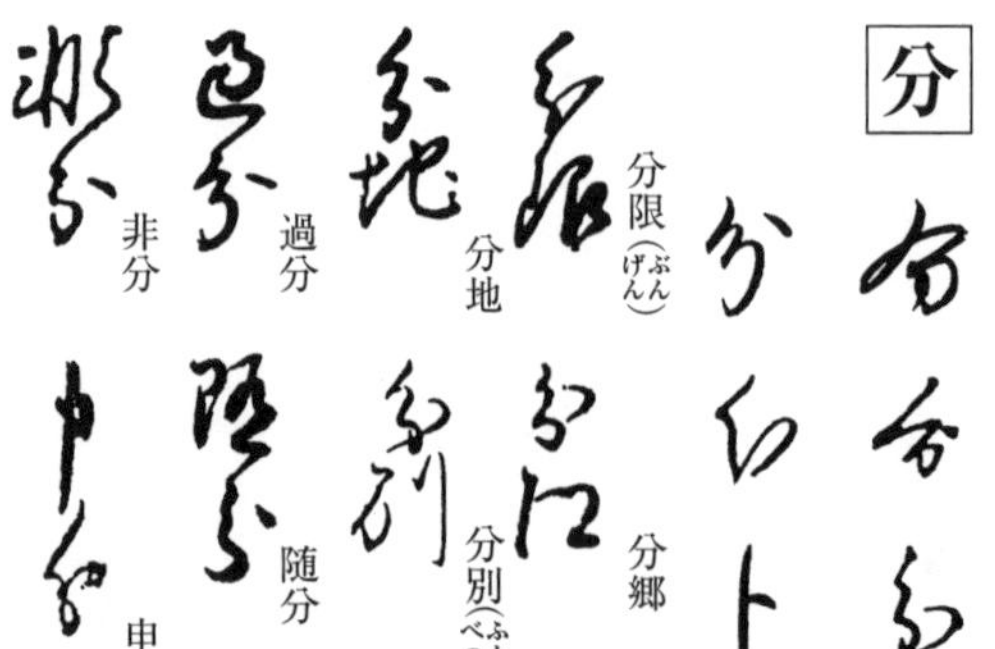

分限（ぶげん）　分郷　分地　分別（ふんべつ）　過分　随分　非分　中分

【分の筆順】

（例7）

*

解読文　若相違之儀御座候者（もしそういのぎござそうらわば）

文意　もし違っていることがございますれば。

［解説］　1字目は「艹（くさかんむり）」に「右」で「**若**（もし）」です。2字目は「**相**」です。「扌（てへん）」に片仮名の「マ」のように書かれています。3字目は「麦に⻌（しんにょう）」で、これは「**違**」の異体字です（下段参照）。は助詞の「**之**（の）」です。次のは「**儀**」で「…は」とか「…のことは」などの意です。さまざまな字体がありますが、頻出文字ですので必ず覚えてください（第1章3①〈85頁〉）。その下が「**御座候**（ござそうろう）」です。この場合の「**座**」には、三画目に点がうたれていません。最後のは助詞で変体仮名の「**は**」です。ここでは「…でありましたら」ほどの意味があります。

（例8）

*

解読文　右之通り所持之百姓ニ御坐候（みぎのとおりしょじのひゃくしょうにござそうろう）

文意　右のとおり所持している百姓でございます。

［解説］　1字目は「右」です。多くの場合、起筆（一画目）が、「右」は「ノ」か

艹
クサカンムリ
違
違儀
違背
違作
違犯（いぼん）
【異体字】
（＝違）
【類似文字】
右
左
⻌
シンニョウ
返
逐
追
遊

（例9）

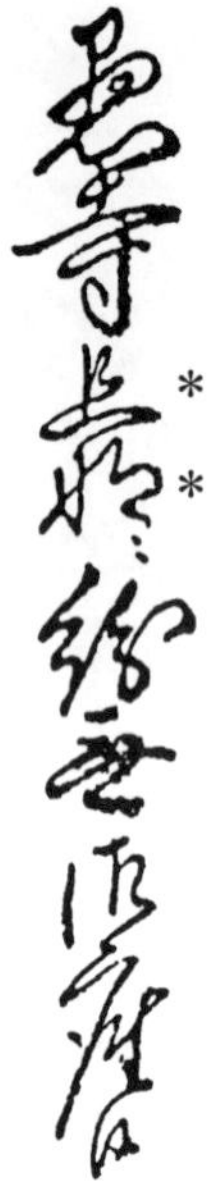
*
*

解読文
愚(ぐ)寺(じ)旦那(だんな)ニ(に)紛(まぎれ)無(なく)㆓御座(ござ)㆒候(そうろう)

ら「左」は「一」からといわれていますが、本例の場合「一」から入っています。字体がはっきりしていますので問題ないと思います。一般的には人名などで「〜右衛門」「〜左衛門」の判断が難しい場合は、起筆がどのようになっているかが判断材料となります。2字目は「**之**」。3字目は「甬」に「辶(しんにょう)」で「**通**」です。下部の〔くずし字〕が「辶(しんにょう)」ですが、このくずし方は頻出します。右下の小字「**り**」を見落とさないように要注意。〔くずし字〕は難読ですが頻出文字ですので指でなぞるなどしてぜひ覚えてください。これは「**所**」と読みます。くずし方もさまざまあります（下段参照）。次の〔くずし字〕も頻出します。「扌(てへん)」に平仮名の「る」のように書いて「**持**」と読みます。旁の〔くずし字〕は「寺」のくずしですが、「守」のくずしにも似ていますので注意してください。「**百姓**(ひゃくしょう)」は読めると思います。最後の三文字ですが、〔くずし字〕は「**御**」です。「**御**」は第5章③（266頁）で解説しますが、さまざまなくずし方がありますので、どんな字体でも読めるようにしてください。さて、次の〔くずし字〕は「座」ではなく「**坐**」です。よく見ますと「广」がありませんね。「座」か「坐」についてはいちいち確認して翻字するように心掛けてください。最後の点が「**候**」です。したがってこの三文字で「**御坐候**(ござそうろう)」と読むわけです。

所

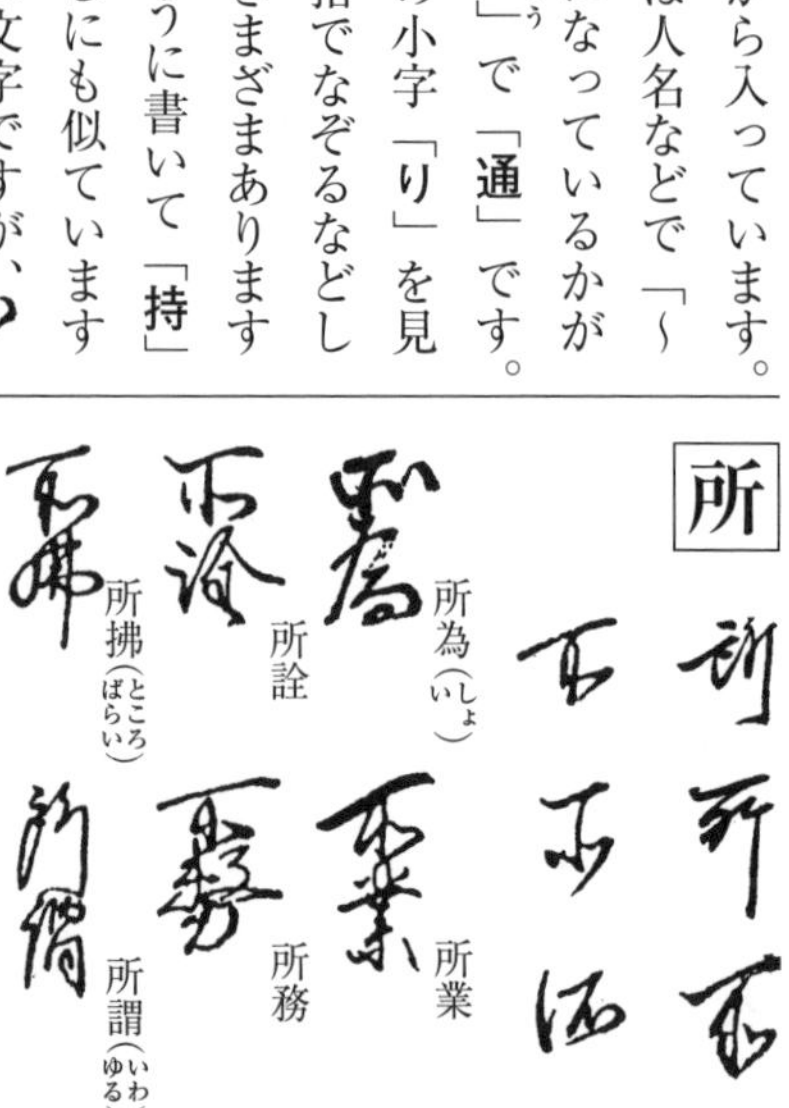
所為（しょい）
所業
所詮
所務
所拂（ところばらい）
所謂（いわゆる）

【類似文字】

寺
守

【くずしの法則②】
一画目の縦画が略される。

用
中
早

旦

文意

私どもの寺の檀那に間違いありません。

[解説]　この文例は「宗旨手形」の一部分です。1字目の下部は「心」のようです。上部は「禺」で、「**愚**」となります。この文字のように一画目の縦画が省略されるのも「くずし字の法則」の一つです（前頁下段）。その例として「用」や「中」があります。「**愚寺**（ぐじ）」は「私どもの寺」の謙遜した表現です。は、「日」に「二」で「**旦**」です。の旁は「阝（おおざと）」の典型的なくずし方ですが、さて、偏は何でしょう。これは、「月」です。一画目の横画が省略されていて、さらに二・三画目の横画二本も縦一本線に略されています。上の「**旦**」と合わせて「**旦那**（だんな）」となります。これは「檀那」の当て字で、檀家ともいいます。さて、その下の「**二**」を読み落とさないように注意してください。は典型的な「糸（いとへん）」に既出の「分」で「**紛**」です。は既出ですが「**無**」です。下の「**御座**」から返って「**御座**（ご ざ）**なく**」と読みます。ここは、「**紛**（まぎ）**れ御座**（ご ざ）**なく候**（そうろう）」という常套句ですので丸ごと暗記してください。

（例10）

解読文

横合（よこあい）ゟ違乱（いらん）申（もうす）者（もの）決而（けっして）無二御座一候（ご ざ なく そうろう）

文意

脇から苦情を言う者は決しておりません。

[解説]　これは証文類の慣用表現の一つです。はじめの二文字は「**横合**（よこあい）」と読み、

旦家
一旦
旦那（だんな）
旦那
那
糸
イトヘン
総
縄
繕
給

脇の方とか第三者の意味です。「**横**」は本来「木(きへん)」ですが、くずし字では「扌(てへん)」に書かれる事がよくあります。３字目の「〻」は「**合字**(ごうじ)」といい、平仮名「よ」と「り」が合成された文字です。現代語の「より」とほぼ同義で使われています。は難読ですが「**違**」、次の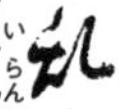は「**乱**」です。偏の下部の「口」が省画されるところに特徴があります。「**違乱**(いらん)」で、違反すること、混乱すること、苦情を述べることをいいます。ここでは三番目の意味になります。は難読文字ですが、頻出します。左上が偏で右側と下部までが旁です。偏は「冫(にすい)」に書かれていますが「氵(さんずい)」で、旁は「央」です。つまり「**決**」となります。次は「**而**」ですので「**決而**」で「**けっして**」と読みます。以下は、「**無二御座一候**(ござなくそうろう)」です。

その他、「無二御座一」を含む慣用的な文章をいくつか挙げてみましょう。

㋑毛頭(もうとう)無二御座一候

㋺申訳(もうしわけ)無二御座一

㋩一円(いちえん)無二御座一

㋥相違(そうい)無二御座一候

木 キヘン
杉
模
樽
様
扌 テヘン
振
拭
拝
拶
決
決着
決定
決而（けっして）
對決

③ 候（そうろう）十語彙

「候」にさまざまな語彙がついて前後の文章をつなぐ役目をしています。主なものについて解説します。

(a) 候間（そうろうあいだ）

接続助詞のように用いて、原因・理由を示します。「…ので」「…によって」と現代語訳します。

（例11）拾ケ年之間試稼被仰付候間
十か年の間試し稼ぎ仰せ付けられ候間

（例12）村々ゟ御掛合ニ預り迷惑仕候間
村々よりお掛け合いに預かり迷惑仕（つかまつ）り候間

（例11）

解読文 拾ケ年之間（じゅっかねんのあいだ） 試稼（ためしかせぎ） 被二仰付一候間（おおせつけられそうろうあいだ）

文意 十か年のあいだ試し稼ぎを命じられましたので。

［解説］ 1字目は筆順をなぞれば「拾」にたどり着けるでしょう。「年」は既出（例4）の「年」とは筆順が違いますが解読には問題ないと思います。「之」はちょっと読みづらいようです。一画目が点というより横画に近いからでし

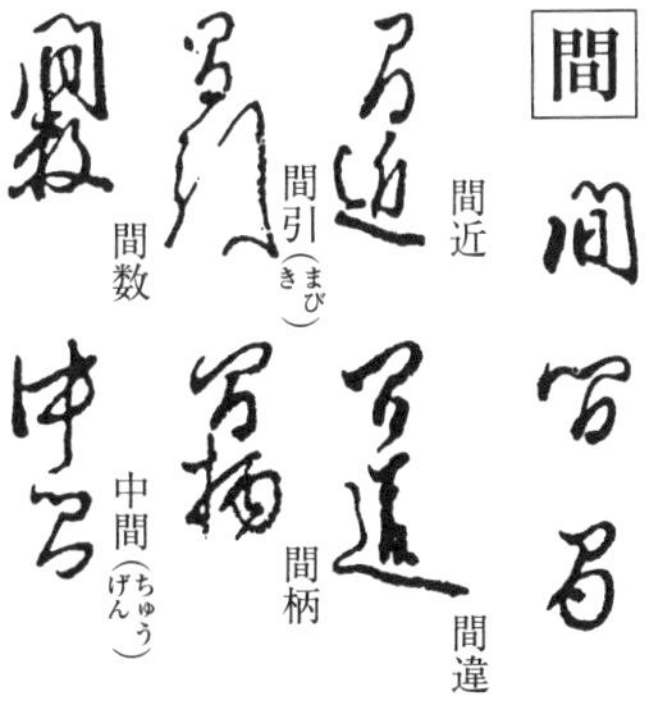

間
間近
間違
間引（まびき）
間柄
間数
中間（ちゅうげん）

言
ゴンベン
評
詠
誰
話

ょう。5字目に「間」という字が出てきました。例5の「開」という文字のところで説明しましたが、「門」（もんがまえ）が平たくなり、その下に「日」と書かれています。「試」は「言」（ごんべん）が判別つけば問題ないと思います。次の字の「禾」（のぎへん）は明確です。旁は「家」のくずし字で「稼」（かせぎ）となります。さて、旁の「家」は「縦画がセンターに集まる」という「くずしの法則」の典型的な字体です。「宀」（うかんむり）の点が「豕」の「亅」の部分につながっています。これも覚えておいてください。

さて、その下は「被仰付」（おおせつけられ）と読みます。「被」は第2章1⑥（126頁）で、「仰付」は本章2③（58頁）で説明します。次の「候」は前出（10頁）「候」の九パターンのへにあたります。最後の文字「間」は本例文ですでに解説しました。

（例12）

解読文　村々ゟ（むらむらより）御掛合（おかけあい）ニ（に）預（あずか）り迷惑仕　候　間（めいわくつかまつりそうろうあいだ）

文意　村々から談判を受け困ってしまいましたので。

【解説】2字目のは踊り字という一種の記号で、漢字の場合は「々」を翻字のさい使うことが多いようです。ついでに申しますと、平仮名は「ゝ」、片仮名は「ヽ」を用います。「ゟ」はすでに出てきましたが、平仮名「よ」と「り」を合成した文字です。次の「御」は、さまざまなくずし方がありますが、本例文の字体は頻出します。次の字は、縦（たて）に三分割して考えます。偏は「扌」（てへん）、中

禾　ノギヘン

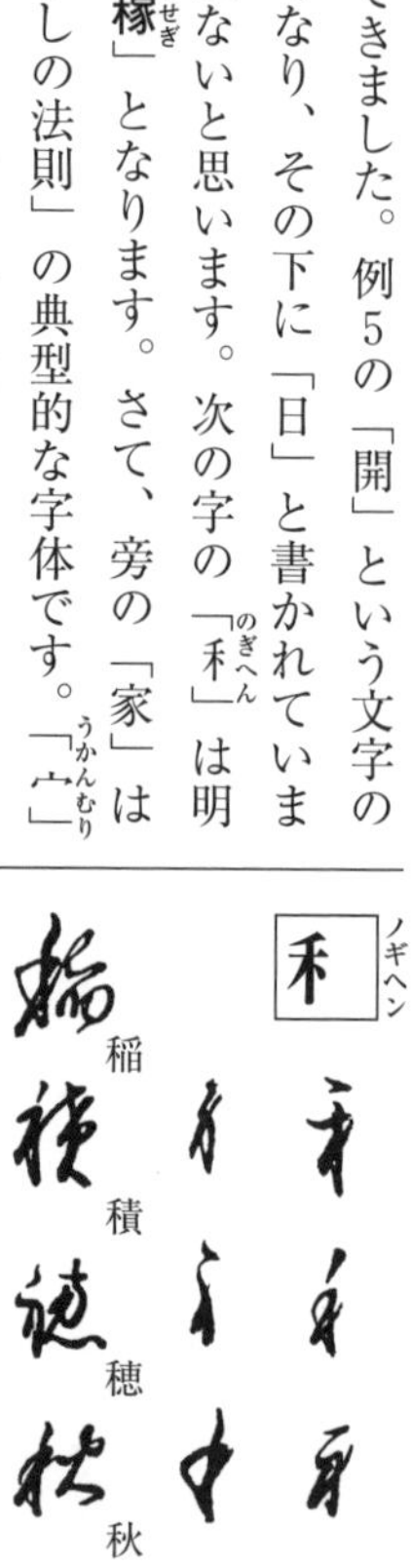
稲
積
穂
秋

【くずしの法則③】
縦画が中央に集まる。

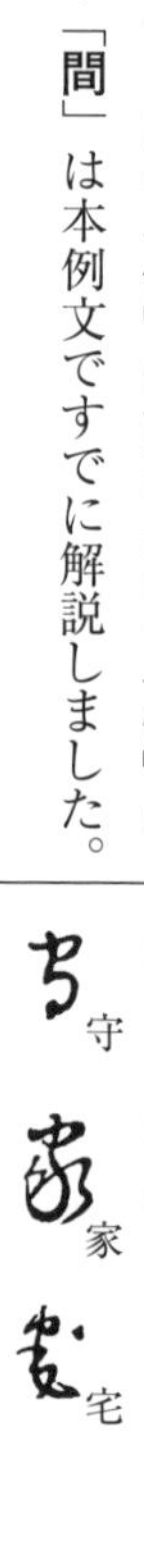
守
家
宅

【踊り字の種類】

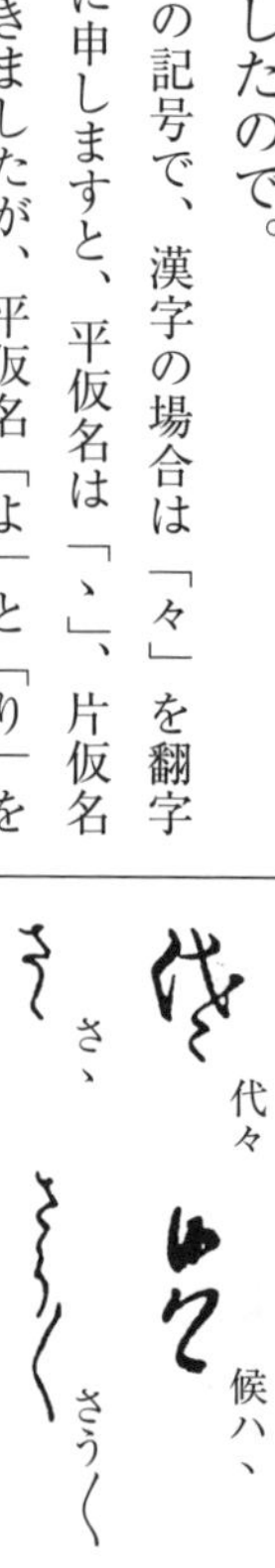
代々
候ハ、
さゝ
さうく

掛

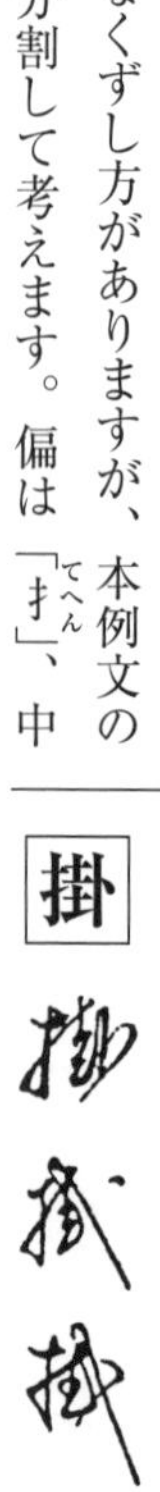

央は文字がつぶれ不明です。旁は「卜」の典型的な草体です。さて、次の文字は「合」ですので、「掛合（かけあい）」と読めばよいでしょう。「掛合」は、談合とか談判などの意味です。右下の「二」という助詞を読み落とさないように。次のは、例3の1字目でも解説しました「預」です。若干くずし方が違いますので比較して両様が読めるようにしてください。「迷惑（めいわく）」は筆の流れを追えば判読できるでしょう。なお、ここでは「辶（しんにょう）」と「心」の違いを確認してください。「候」は点で表記されています。最後の文字は「間」です。例5で紹介しました「門（もんがまえ）」よりさらに省略化した字体になっています。

(b) 候上者（そうろううえは）

ある物事が起きてしまった以上、の意で、「…したうえは」と現代語訳します。

（例13）退役被　仰付候上者跡役之儀者村一同相談仕候
退役（たいやく）仰せ付けられ候上は、跡役（あとやく）の儀（ぎ）は村一同相談仕（つかまつ）り候

（例13）

解読文 退役被二（たいやくおおせ）　仰付一（つけられ）候上者（そうろううえは）、跡役之儀者（あとやくのぎは）村一同相談（むらいちどうそうだん）　仕（つかまつり）　候（そうろう）

文意 退役を命じられましたうえは、後任について村人全員で相談します。

【類似文字】

掛札（かけふだ）
掛屋
心掛
申掛
辶
心

役

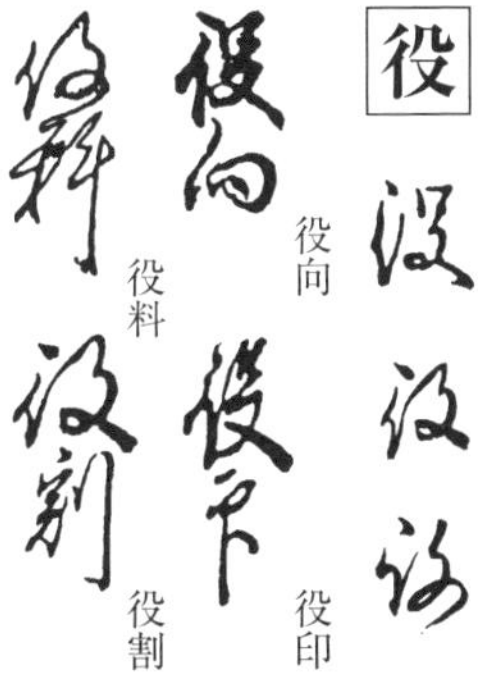
役向
役印
役料
役割

[解説] 1字目「**退**」は「辶(しんにょう)」が比較的省画されず、「艮」も横画が一画少ないだけですので、容易に「**退**」と読めるでしょう。次は「役」のくずし字で、頻出文字です。「**退役**(たいやく)」で役職などから退くことです。3字目以下の「**被仰付**(おおせつけられ)」は既出（例11）で字体も似ています。次が、本項のポイントですが、は「候」の3例目（例3）に出てきました字体に類似しています。「**上**」もすでに出てきました。注意したいのは、一画目の横画が縦棒の上に点として乗っているように書かれていることです。さて、その下は「**者**」を字母とする変体仮名で助詞の「**は**」です。かなりくずされていて「を」のように見えます。「**候上者**」で「**そうろううえは**」と読みます。以下、簡単に説明しますと、「**跡**」は「𧾷(あしへん)」に注意。「**役**」は既出、次の「ミ」に見えるのは「**之**」、「**儀**」は頻出文字ですので確実に覚えてください。次の「を」に似た字も変体仮名で助詞の「**は(者)**」です。「**村一同**」の「**同**」は「門(えんがまえ)」の中が点に略されています。「**談**」は偏が「言(ごんべん)」で、旁が「炎」の典型的な草体です。「七」に「ス」と書かれます。「**相**」は読めますから「**相談**(そうだん)」という熟語が思い浮かぶでしょう。

(c) 候得共(そうらえども)　「そうろう」の已然形「そうらえ」の語尾「え」に「得」をあて、助詞の「共」がついて、逆接の条件を示します。「…しましたけれど」「…といえども」などと現代語訳します。

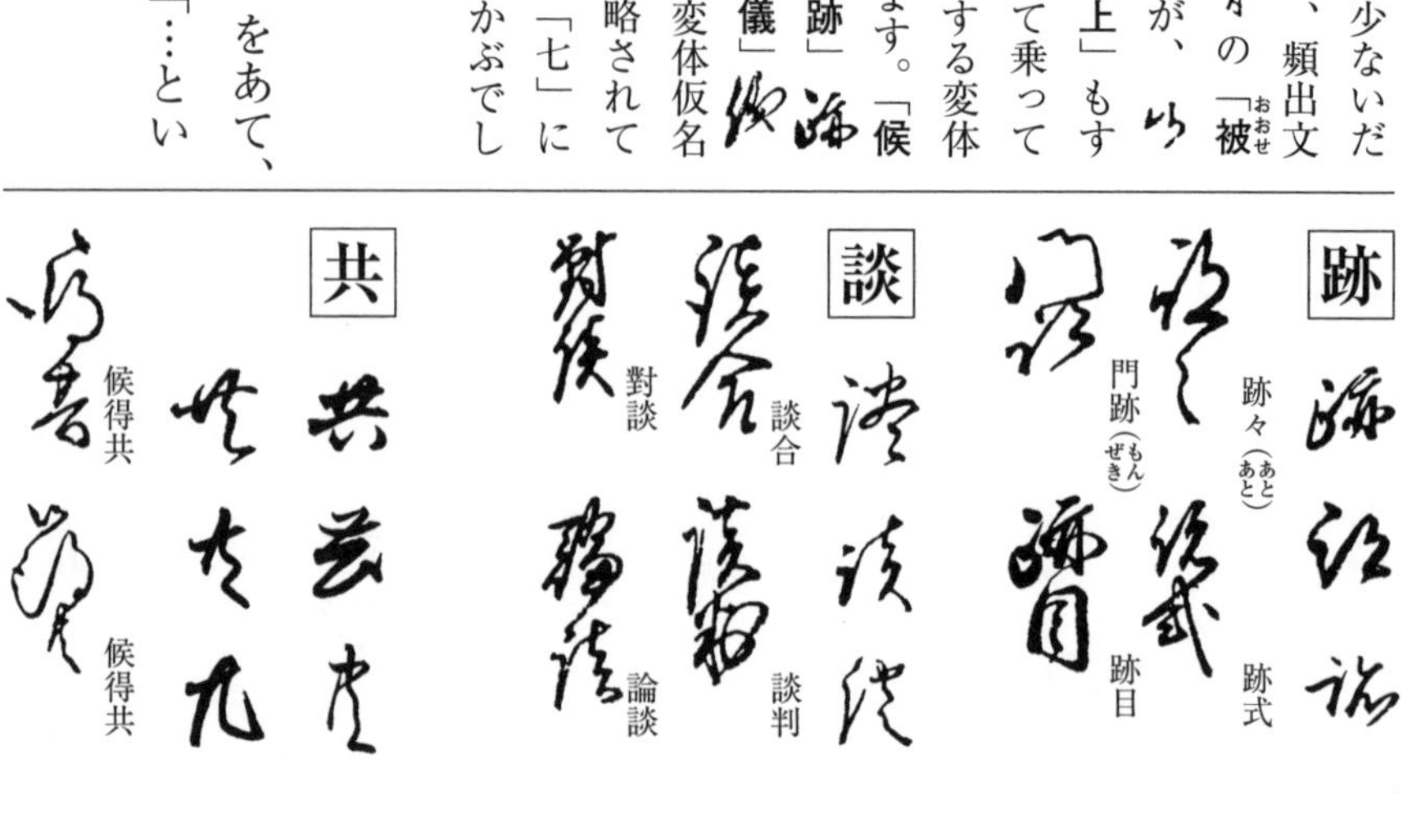
跡
跡々(あとあと)
跡式
門跡(もんぜき)
跡目
談
談合
談判
對談
論談
共
候得共
候得共

（例14）所々相尋候得共一向相知レ不申候
所々（しょしょ）相尋ね候（そうら）えども、一向（いっこう）相知れ申さず候

（例15）前々ゟ当村ニ而売買致来候得共
前々より当村にて売買致（いた）し来（きた）り候えども

（例14）

解読文　所々相尋候得共（しょしょあいたずねそうらえども）、一向相知レ不レ申候（いっこうあいしれもうさずそうろう）

文意　方々を捜索しましたが、まったく行方がしれません。

【解説】　1字目「所」は筆順を追えば読めるでしょう。次は踊り字です。「所々（しょしょ）」は「処々」とも書き、「あちらこちら」「方々」の意味です。3字目は第5章①（263頁）で説明しますが、接頭語の「相」です。「扌（てへん）」に片仮名の「マ」のように書かれています。は特徴のある字なのでぜひ覚えてください。上の部分が「ヨ」、左側が「エ」右側が「ロ」と「寸」で「尋」となります。活字では「寸」が下半分を占めていますが、くずし字では右下に追いやられたように書きます。「相尋」で村から出奔した人などを捜索することをいいます。次が「候得共（そうらえども）」ですが、ここでは「得」が行書に近いので読みやすいと思います。下段で「彳（ぎょうにんべん）」の種々な形を確認してください。「共」は特徴のある字体ですが、頻出しますので、これ一字だけ分離しても読めるようにしてください。

さて、後半ですが、「一向（いっこう）」は問題ありませんね。まったく、の意味の

然共（しかれども）

私共

尋

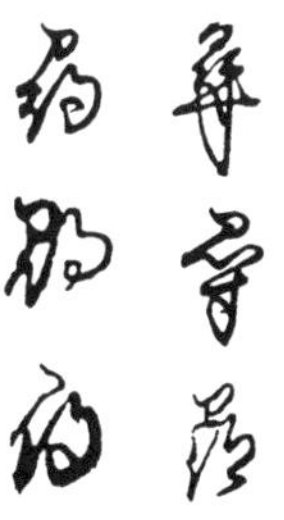

尋出

尋方

相尋

日切尋（ひぎりたずね）

彳　ギョウニンベン

彼

後

従

後

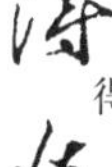
得

徳

彼

副詞です。しばしば「ひたすら」と読む場合もあります。「相」は前半にありました。「手偏に片仮名のマ」と書かれます。「不」は楷書体に近いですし、これが下から返って読む字である点に気をつければ、以下は読めるでしょう。

（例15）

解読文　前々ゟ当村ニ而売買致来候得共（まえまえよりとうそんにてばいばいいたしきたりそうらえども）

文意　以前より当村で売買してきましたけれど。

［解説］　1字目「**前**」はとも書きます。2字目は踊り字で、「**前々**」は「**まえまえ**」または「**さきざき**」と読みます。「**より**」の合字は慣れてしまえば容易に読めるようになります。は、「**当**」の正字体（旧字体）「**當**」です。江戸時代には現代のように「常用漢字」はありませんので、正字体（旧字体）もしっかり覚えておきましょう。その次のは「**村**」です。一画目の横棒が省画されています。その右下は片仮名「ニ」、次は「る」に見えますが「**而**（て）」です。「**而**」は変体仮名ではありませんが、漢文で用いられる助辞の跡をとどめた文字といわれ、翻字のさいは「て」とするか、小さく右に寄せて「而」と書きます（詳しくは第4章参照）。は「士」「四」「貝」と書いて、「**売**」の正字体（旧字体）「**賣**」です。その下は「四」に「貝」ですから、「**買**」です。熟語で「**売買**」となります。「買」の下部の「貝」は複数の横画が省画されていますが、これも「くずしの法

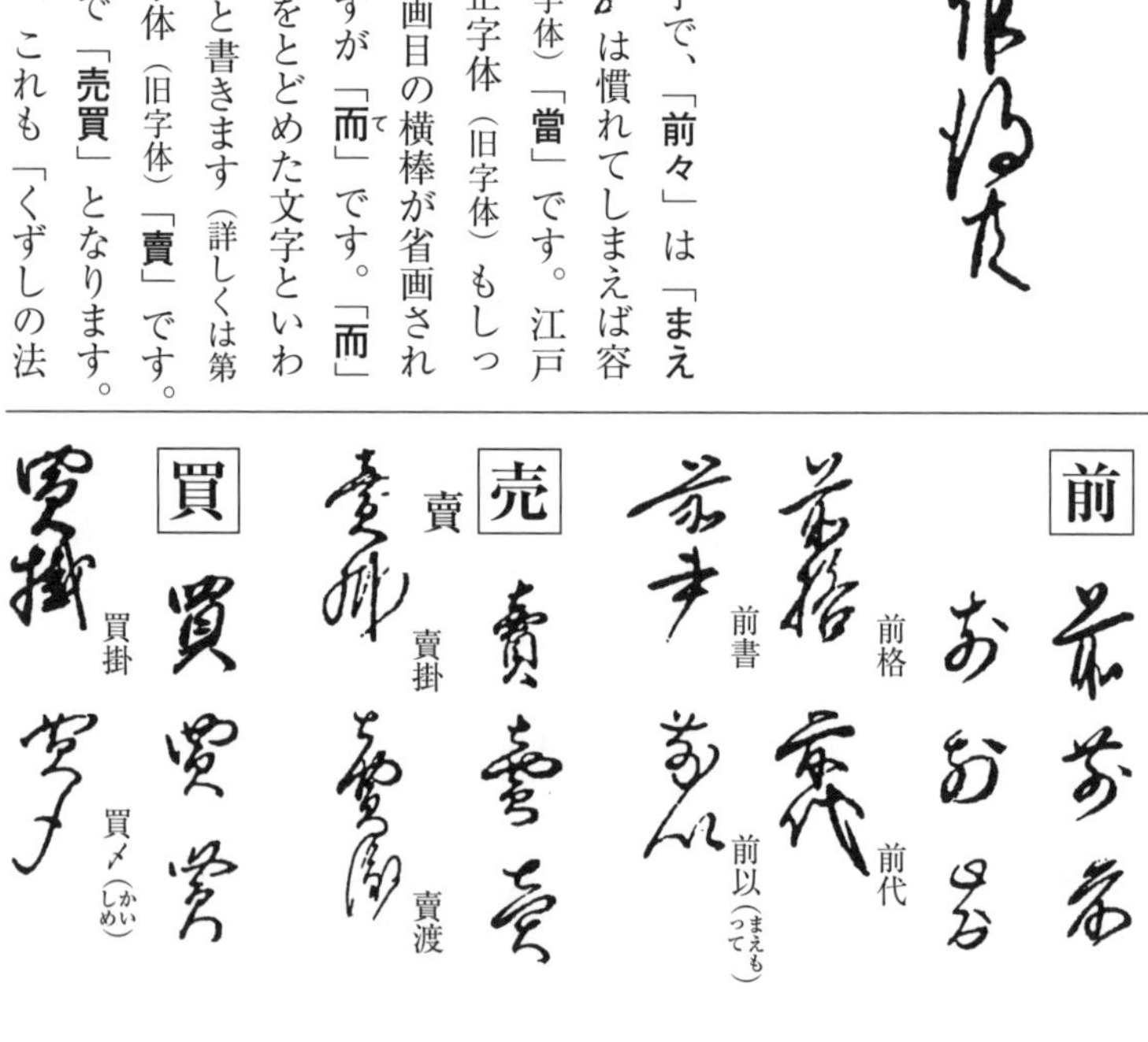

前
前格
前代
前書
前以（まえもって）
売
賣
賣掛
賣渡
買
買掛
買メ（かいしめ）

則」の一つです。次の渡は例1で出てきました「致」。次の来は頻出文字ですが「来」です。旧字「來」の右側の「人」が省略されたような字体になっています。さて、最後の三文字ですが、「候」はもう大丈夫でしょう。「人偏(にんべん)に隹(ふるとり)に似た字」と覚えましたね。二字目は「得」の典型的なくずし字です。旁が「る」のようになるところに特徴があります。最後は「共」です。

(d) 候得者(そうらえば)

「そうろう」の已然形「そうらえ」の語尾「え」に「得」をあて、ある事柄が起こったことを示します。「…したら」「…したところ」と現代語訳します。また、理由・原因を示し、「…ので」「…から」と現代語訳することもあります。

(例16) **阿蘭陀人京着いたし候得者**
阿蘭陀(おらんだ)人京着いたし候(そうら)えば

(例17) **御手洗汲採水風呂仕候得者右之通頼上候**
御手洗(みたらい)汲み採り水風呂仕り候えば、右の通り頼み上げ候

(例16)

解読文 阿蘭陀人(おらんだじん) 京着(きょうちゃく) いたし候得者(そうらえば)

【くずしの法則④】
複数の横画が略される。

見　宜　着

阿

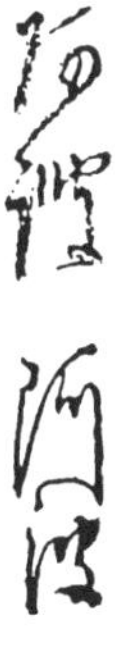

阿諛(あゆ)　阿波

文意　オランダ人が京都に到着しましたら。

[解説]　1字目は「阝(こざとへん)」に「可」で「**阿**」、は「艹(くさかんむり)」の下が「門」、さらに中が東、すなわち「**蘭**」です。は「阝(こざとへん)」が1字目と同じですが、旁がちょっと読みづらいようです。「、」に「己」のように読めます。これは保留しておいて次の字を見ますと、明らかに「**人**」ですね。1字目からこの「**人**」までで「**阿蘭陀人**(おらんだじん)」と読めば、3文字目の旁も解決できます。このように一字読めなくても前後関係から推察し解読できるわけです。さて、次のですが、筆順をたどれば「**京**」にたどり着くと思います。その下の字は若干読みづらいかもしれませんが「**着**」です。次のは変体仮名で「**い(以)**」「**た(多)**」「**し(之)**」と書かれています。最後の三文字は「**候得者**(そうらえば)」です。「**候**」はほぼ完全にマスターできたでしょう。「**得**」も大丈夫ですね。「を」に似た字は「**者**(は)」でした。

(例17)

解読文　御手洗(みたらい)汲採(くみとり)水風呂(すいふろ)　仕(つかまつり)　候得者(そうらえば)、右之通(みぎのとおり)頼上(たのみあげ)　候(そうろう)

文意　(神社の)御手洗を汲み取り、水風呂にしますので、右に述べましたとおり頼み上げます。

[解説]　1字目は「**御**」で、尊敬や丁寧の意をあらわす接頭語で「**み**」と読みます。次のは現在と筆順が違いますので要注意。縦画を先に書いてから残り

蘭　**陀**　**着**

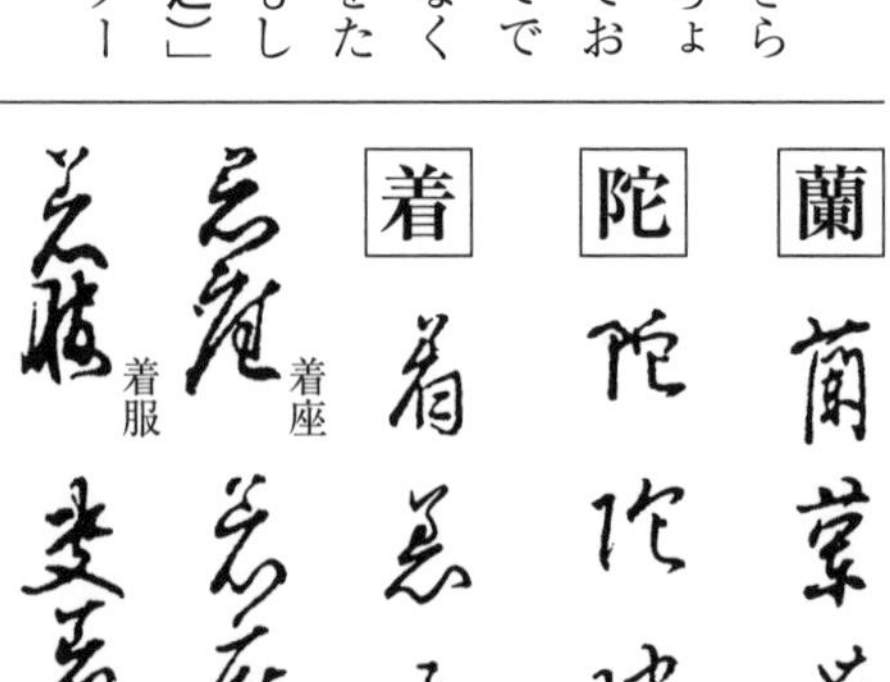
着座
着服
着府
決着

【類似文字】

手
年

の横画を書いていきます（くずしの法則①）。これで「手」と読みます。すでに出てきました「年」（例4）と読み違えないように注意してください。は「氵（さんずい）」に「先」で「洗」となります。以上三文字で「御手洗（みたらい）」となり、神社で参詣者の手や口を浄めるのに使う水のことです。は偏が縦一本線で書かれていますが典型的な「氵（さんずい）」です。旁は「及」で「汲」となります。次のですが、偏のは、一画目が略された「扌（てへん）」です。旁のは「宋」ですが、これは「采」の異体字です。したがって「採」と読み（下段参照）、上の文字と合わせて「汲採（くみとり）」となります。次の「水風呂（すいふろ）」は見当がつくと思いますが、注意点は「風」です。「八」の中が踊り字のように略されています。次の字はほぼ楷書体に近いので容易に読めると思います。すなわち「仕（つかまつる）」です。さて、が課題の「候得者（そうらえば）」です。次の「右之通（みぎのとおり）」の「通」は読みづらい字体ですが、上半分が「甬」で下のが「辶（しんにょう）」です。次の文字の偏は「束」で、旁は「頁」（13頁下段）ですので「頼」となります。旁は既出（例3）の「預」と同じです。「上」は三度目ですが筆順が違います。二画目の横画が最後に点のように書かれています。最後のは「候」です。

(e) 候趣（そうろうおもむき）

「…した趣旨（趣意）」「…した内容」「…した事情」「…したようす」などの意です。

（例18）　御関所江侘入候趣申立帰村いたし

御関所へ侘（わび）入り候趣申し立て帰村いたし

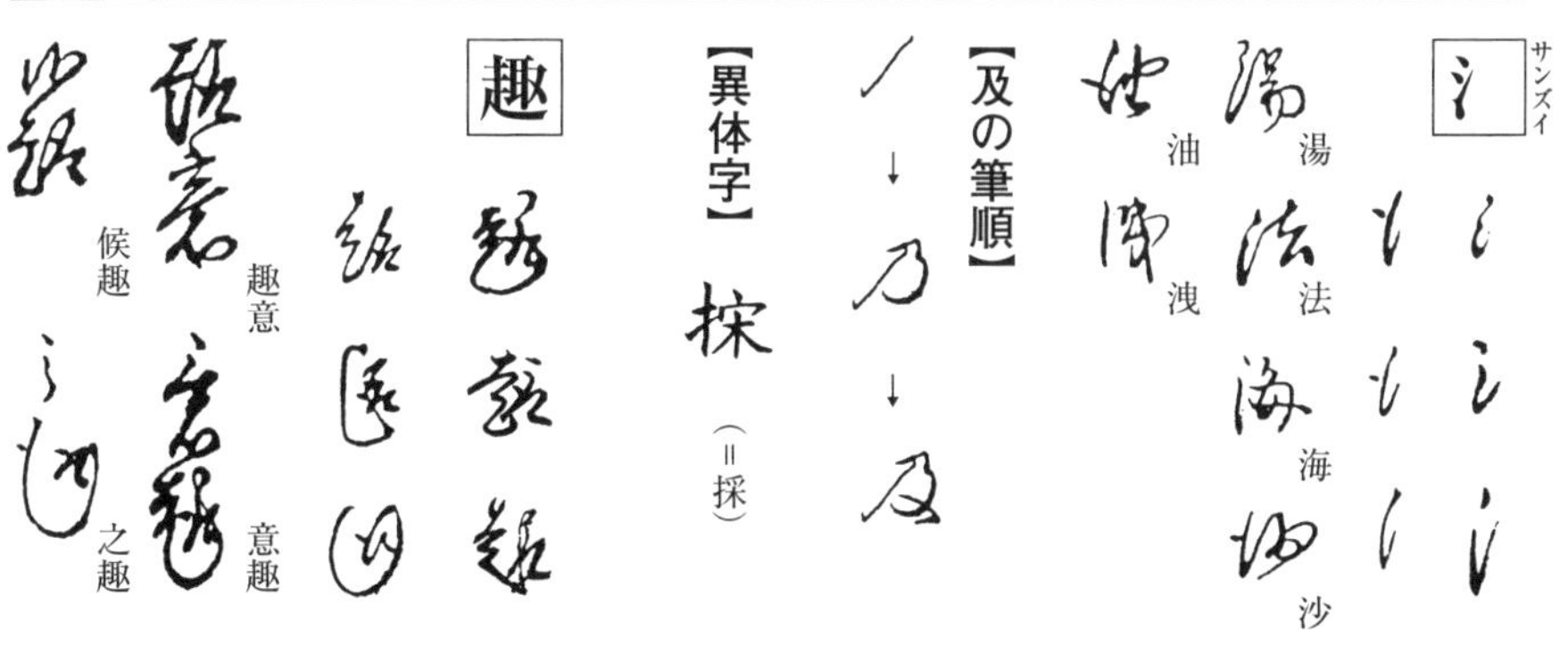

氵
サンズイ
湯
油
法
洩
海
沙
【及の筆順】
【異体字】
(=採)
趣
趣意
意趣
候趣
之趣

（例18）

解読文　御関所江侘入　候　趣　申　立帰村いたし（おせきしょえわびいりそうろうおもむきもうしたてきそん）

文意　関所（役人）にお詫びの趣旨を申し立て、村に帰りまして。

［解説］　1字目は現在でもしばしば目にしますが接頭語の「**御**」です。次のはちょっと見慣れない字だと思います。上部は「宀（わかんむり）」のように書かれた「門（もんがまえ）」に下部が「豸」で、「**関**」の正字体（旧字体）「**關**」です。次の文字も難読です。これは理屈抜きで覚えるしかありませんが、「**所**」です。例14とはまったく字体が違いますので要注意。右下は方向を示す助詞の「**江**（え）」です。5字目の「**侘**（わび）」は「侘（わび）しい」などと用いる場合の語幹の「侘」ですが、ここでは「詫」の代用で使われています。は「走（そうにょう）」でその中が「取」と書かれ、「**趣**」となります。そのような内容の趣旨を「**申立**（もうしたて）」て、以下につながります。さて次のは頻出する典型的なくずし字ですが難読文字の一つです。偏と旁で成り立つ文字であることは判断がつくと思います。しかし、筆順を追ってもまず楷書体に行き着くことはないでしょう。このような場合は覚えてしまうしかありません。これは典型的な「**帰**」の草体です。「帰村（きそん）」「帰国（きこく）」などの熟語があります。ぜひ暗記してください。最後のは変体仮名で「**い（以）**」「**た（多）**」「**し（之）**」です。

関
關
関外
関東
關所
関守
帰
歸
帰村
帰宅
帰農
帰府

(f) 候刻（そうろうきざみ）　時間の経過のある時点を示し、「…した折」「…したとき」「…した時期」の意です。

> (例19) **郷中江参候刻百姓に対し非儀なる事申かけへからす**
> 郷中（ごうちゅう）へ参り候きざみ、百姓に対し非儀（ひぎ）なること申しかけべからず

(例19)

解読文 郷中江参（ごうちゅうえまいり）候刻（そうろうきざみ）、百姓（ひゃくしょう）に対（たい）し非儀（ひぎ）なる事申（こともうし）かけへからす

文意 村に行くときは百姓に対して道理に背くようなことを申しかけてはいけない。

【**解読文**】 1字目は「**郷**」のくずし字です。「江」のくずし字に類似していますので注意してください（下段参照）。は、一画目の縦画が略されていますが（くずしの法則②）「**中**」です。3字目の右寄せの小字は助詞の「**江**（え）」です。1字目の「**郷**」と比較してください。次のは「**参**」です。難読文字ですが頻繁に使われますので確実に覚えておいてください。は、偏が「都」と類似しています。そこで旁に注目し「刂（りっとう）」を手がかりにして字典を見ますと「**刻**」という文字が最も妥当のようです。多くは「**候刻**（そうろうきざみ）」とか「…**之刻**（のきざみ）」などと用いられます。次の「**百姓**（ひゃくしょう）」は問題ないと思います。その下のは変体仮名「**に**」

刻

上刻　卯ノ刻　遅刻　先刻

【**類似文字**】

郷　江

参　參

參考　参向　參府　不参

の字母「爾」（ただし異体字の「尒」）です。は「対」の正字体（旧字体）「對」の草体です。次のは「非」ですが、横画がそれぞれ二本ずつになっていて、一見「兆」にも見えますので注意してください。「儀」はもう読めるでしょう。「非儀(ひぎ)」は「非義」のことで、道理に背くことです。以下仮名混じりですが、最後の六文字の字母を確認しておきましょう。「か(加)」「け(計)」「へ(遍)」「か(可)」「ら(良)」「す(須)」となります。

(g) 候節(そうろうせつ)・候節八(そうろうせつは)　後者は「候節者」とも書きます。「…するとき(は)」「…する折(は)」「…するさい(は)」の意です。

(例20) **田畑譲り候節高拾石以下之者分ケ申間敷候**
田畑譲り候節高拾石(たかじゅっこく)以下の者分け申すまじく候

(例21) **右船新規造建仕候節八村方一統ニ而造建仕候**
右船新規造建(しんきぞうけん)仕(つかまつ)り候節は、村方一統(むらかたいっとう)にて造建仕り候

(例20)

解読文　田畑譲り(たはたゆずり)候節(そうろうせつ)、高拾石以下之者分ケ申間敷候(たかじゅっこくいかのものわけもうすまじくそうろう)

【類似文字】

非

兆

節

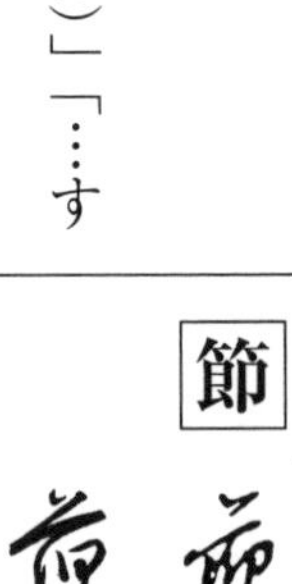

節句

節會(せちえ)

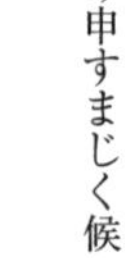
折節(おりふし)

田

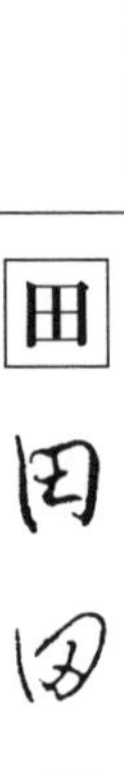

田植

田畠

田地

田舎

文意

田畑を譲るとき、持高が十石以下の者は分けてはいけません。

【解説】 はじめの二文字は「**田畑**（たはた）」で問題ないでしょう。「でんぱた」「でんばた」とも読みます。また、「**畑**」は国字（日本で作られた漢字）です。は、「言（ごんべん）」に「**襄**」で「**譲**」です。は「**節**」ですが、「竹（たけかんむり）」というよりむしろ「艹（くさかんむり）」に近いのが一般的です。次のは「**高**」の典型的なくずし字です。「馬」に似ていますので注意してください。「**拾**」は既出ですが、前出（例11）の「**拾**」より若干読みづらいかもしれません。次のは「右」や「名」に似ていますが、「**石**（こく）」です。は「**以下**（いか）」と読みます。「以」は平仮名「い」の字母ですが、ここでは「い」になる一歩手前の字体になっています。また「已下」とも書きますので覚えておいてください。は「**申間敷候**（もうすまじくそうろう）」と読みます。「**申**（もうす）」に「**間敷**（まじく）」という助動詞の活用形がついた形です。ここでは「…してはいけない」の意味です。詳しくは第6章⑦（285頁）で解説します。

（例21）

解読文

右船新規造建（みぎふねしんきぞうけん）　仕（つかまつり）　候（そうろう）　節ハ（せつは）、村方一統ニ而（むらかたいっとうにて）造建（ぞうけん）　仕（つかまつり）　候（そうろう）

文意

右の船を新規に造船するときは、村方全員で造建します。

【解説】 2字目は「舟（ふねへん）」に旁が「公」で「船」の異体字舩です。次の「新」の旁に注意してください。「折」や「断」と同様です。は「規」で、

畑

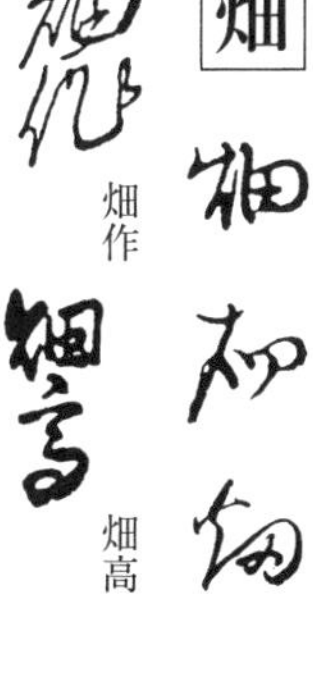

畑作
畑高

譲

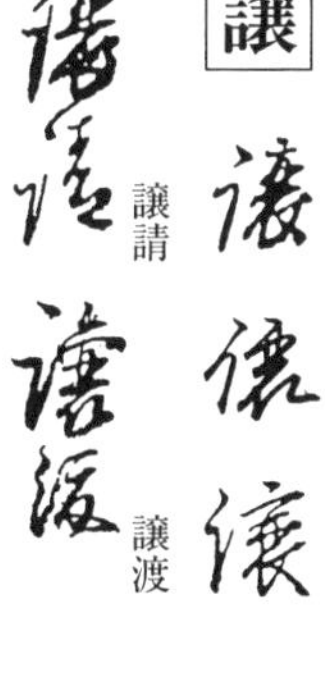

譲請
譲渡

【類似文字】

高
馬

建

建具
建立

【異体字】　規　（＝規）

偏が「矢」となる異体字が書かれています（前頁下段参照）。は見当がつくと思いますが「造建（ぞうけん）」です。「辶（しんにょう）」と「廴（えんにょう）」の違いに注意してください。は「一統（いっとう）」と読み、一同・全員の意味です。

(h) 候段（そうろうだん）

前に述べたことを受け、「…したことは」「…したくだり」の意です。

（例22）格段骨折候段奇特之至候

格段骨折（かくだんほねお）り候段、奇特（きどく）の至りに候

（例22）

解読文 格段骨折 候段（かくだんほねおりそうろうだん）、奇特之 至 候（きどくのいたりにそうろう）

文意 非常に苦労したことは、殊勝この上ないことです。

［解説］冒頭二文字は「格段（かくだん）」と読みます。「格」の偏は「扌（てへん）」と間違いやすいので要注意。「段」の偏はぜひ覚えてください。似た字体には「飠（しょくへん）」などがあります（下段参照）。4字目の「折」は「打」に類似していますので注意してください。次の「候」を読み落とさないように。は「奇」の異体字「竒」です。は「持」にも読めますが、「特」です。たしかに「扌（てへん）」になっていますので「持」とも読めますが、「牛（うしへん）」が「扌（てへん）」に書かれることはままありま

【類似文字（繞）】

通　逐　建　延

段

段々　段々　手段　此段

【類似文字（偏）】

段　飯　臨

【類似文字（旁）】

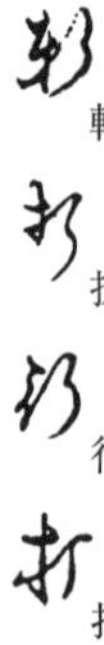

軒　折　行　打

【異体字】 竒（＝奇）

すし、またここでは、「奇特（きどく）」という熟語がありますので「特」で間違いありません。は「至」と読みます。「玉」に類似していますので注意して下さい。

(i) 候而者（そうらいては）

「候」に接続助詞「て」と係助詞「は」が付いたもので、逆接や仮定を示し、「…しては」「…したら」の意です。

（例23）　右改料差出候而者織元村々及難儀候
右改料差し出し候（そうらい）ては、織元村々難儀（なんぎ）に及び候

（例23）

解読文　右改料（みぎあらためりょう）　差出候而者（さしだしそうらいては）、織元村々及二難儀一候（おりもとむらむらなんぎにおよびそうろう）

文意　右の改料を差し出したならば、織元の村々は困窮してしまいます。

【解説】　2字目「改」の旁「文（ぼくにょう）」は典型的なくずし方です。「改料（あらためりょう）」とはここでは運上金のこと。は頻出用語で「差出（さしだす）」です。は本項課題の「候而者（そうらいては）」です。「そうろうては」ではなく「そうらいては」と読みます。一字一字確認して読んでください。は「村々」ですが、2字目の踊り字は一般的には「ゝ」と書かれますが、ここでは縦棒のようになっています。その下のは「及（およぶ）」で、下から返って読みます。は「難」の異体字です（次頁下段）。旁

【類似文字（偏）】

持　旅　物　狂

文（ボクニョウ）

放　散　数　敲

出

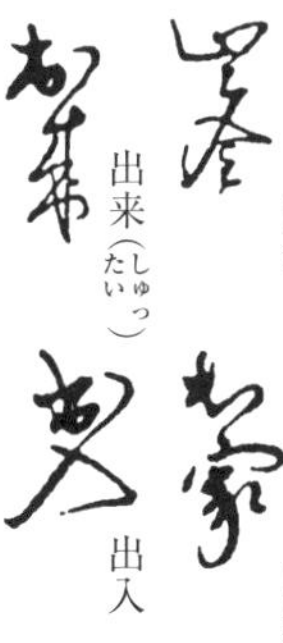

出金　出来（しゅったい）　出家　出入

【類似文字（旁）】

作　難

が「乍」のように書かれていますので注意してください。「儀」はぜひ完璧に覚えてください。「難儀（なんぎ）に及び」で、ここでは生活に行き詰まることを表わしています。

(j) 候通（そうろうとおり）　現代口語とほぼ同様に用いられ、「…したとおり」の意です。

(例24) 先年茂相触候通弥相守 先年も相触れ候通りいよいよ相守り

(例24)

*

解読文　先年茂相触　候　通　弥　相守（せんねんもあいふれそうろうとおりいよいよあいまもり）

文意　先年も触れ出しましたとおり、ますます（しっかりと）守って。

［解読］1字目は筆の流れをなぞれば「先」と読めるでしょう。はすでに出てきましたが「年」です。は「茂」で、変体仮名で助詞の「も」です。「相」は接頭語。5字目は「触」ですが、正字体（旧字体）「觸」の草体です。は「候通（そうろうとおり）」で、「～したとおり」の意味です。その下のは「弥」で、「いよいよ」と読みます。「弓（ゆみへん）」に注意してください。「守」は一般にとくずされます。

【異体字】 （＝難）

通

通達　通路

触　觸

觸口　先觸（さきぶれ）

引　ユミヘン

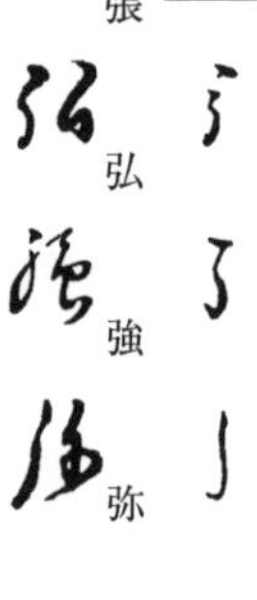
張　弘　強　弥

⒦候処(そうろうところ)・候所

「…したところ」「…したおり」「…したことは」の意です。

(例25) 所持田地先年源八江質地ニ差入置**候処**
所持田地(しょじでんち)先年源八へ質地(しちち)に差し入れ置き候処

(例26) 都合金拾五両差添遣**候処**実正ニ御坐候
都合(つごう)金十五両差し添え遣(つか)わし候処、実正(じっしょう)に御坐候

(例27) 此度其元との江暇遣申**候処**実正也
このたび其元(そこもと)どのへ暇遣(いとまつか)わし申し候処、実正なり

(例28) 御勘定所江窺**候処**先規之通諸役御赦免
御勘定所へ窺(うかが)い候処、先規(せんき)の通り諸役御赦免(しょやくごしゃめん)

(例29) 永代ニ相渡シ申**候所**実正ニ御座候
永代(えいたい)に相渡し申し候所、実正に御座候

(例30) 市場江差出し買売致来り**候所**
市場へ差し出し買売致し来り候所

(例25)

解読文　所持田地先年源八江質地ニ差入置　候処
(しょじでんちせんねんげんぱちえしちちにさしいれおきそうろうところ)

文意　所持していた田地を先年源八に質地として差し入れておきましたところ。

【**解説**】文頭「**所**」は既出（例18）。は例22の「特」と類似していますが、ここでは「**所持**(しょじ)」という熟語から「**持**」と読みます。「**田地**(でんち)」は見当がつくでしょう。は「**先年**(せんねん)」、は人名ですが「**源**」の旁の字体に注意してください。助詞「**江**(え)」もすでに出てきました。次の「**質**」は頻出します。「**差**(さし)」はもう読めますね。「**置**」は「…しておく」という場合の「置」で

処　處

然ル処（しかるところ）

候處

然処

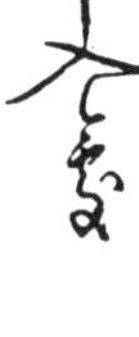
中入候處

【**類似文字**】

特

持

質

質入

質素

質株

質物

す（第6章①）。最後のは筆順を追えば「**処**（ところ）」にたどりつけると思います。

（例26）

解読文　都合金拾五両差添遣候処、実正ニ御坐候（つごうきんじゅうごりょうさしそえつかわしそうろうところ、じっしょうにござそうろう）

文意　合計で金十五両差し添え贈りますことに、間違いございません。

【解説】1字目の偏は「者」、旁は「阝（おおざと）」で「**都**」です。次は「**合**」で、「**都合**（つごう）」という熟語になり、合計の意です。は「**金**」で、「𠆢（ひとがしら）」の下が「主」となります。「全」と似ておりますが、「全」は下が「王」となります。さて、次のは「**拾**」です。本書では三度目ですが、最も読みづらい例です。ただ、下が「**五両**」ですので数字が来るだろうことを判断材料にしますと「**拾**」と読めると思います。「**両**」は二画目の縦画が省略されています。「**差**」は既出ですが比較的読みやすい字体です。の偏は「氵（さんずい）」です。旁に特徴があり、これだけを分離しますと「忝（かたじけなし）」という文字となります。次のは「**遣**」で「キ」に「辶（しんにょう）」の様に書かれています。さて、その下の縦線の行き止まったあたりが「**候**」です。「**実正**（じっしょう）」の「正」は年賀状などでよく見る文字です。つまり「正月」の「**正**」です。文末「**御坐候**（ござそうろう）」は「**坐**」に注意してください。「广（まだれ）」が付きません。

阝 オオザト
鄙
郷
郡
郎
【類似文字】
金
全
遣
遣置
遣金
遣損
氣遣

（例27）

解読文 此度其元との(殿)江暇遣申候処、実正也
（このたびそこもとのえいとまつかわしもうしそうろうところ、じっしょうなり）

文意 このたびあなたに暇を与える（離縁する）ことに、間違いありません。

【解説】この一文は「離縁状」の一部分です。は「此」の典型的なくずし方です。は「广（まだれ）」に「支」と書かれていますが、これで「度」です。は「其」で、頻出文字の一つです。「其元（そこもと）」は「そのもと」とも読み、「あなた」の意です。「日（ひへん）」に平仮名の「あ」のように書かれた文字は「暇（いとま）」で、「ひま」とも読みます。は既出（例26）ですが、「キ」に「辶（しんにょう）」で「遣」です。「暇を遣わす（つかわす）」で、ここでは相手と離縁することをいいます。「處」は「処」の正字体（旧字体）の草体です。最後の「や」のようなくずし字は「也（なり）」です（第6章⑥〈283頁〉参照）。「也」は平仮名「や」の字母でもあります。

（例28）

解読文 御勘定所江窺候処、先規之通諸役御赦免
（おかんじょうしょえうかがいそうろうところ、せんきのとおりしょやくごしゃめん）

文意 御勘定所へ伺いましたところ、以前の取り決めどおり諸役は免除です。

暇

暇隙
暇状（いとまじょう）
農暇（のうひま）

［解説］　1字目は何度も出てきましたが「御」で、尊敬・丁寧をあらわす接頭語です。は「勘定所（かんじょうしょ）」と読みます。「所」はすでに何度か出てきました。6字目は「穴（あなかんむり）」に「規」で「窺（うかがい）」です。「候処（そうろうところ）」の「処」は正字体（旧字体）の「處」です。は「先規（せんき）」と読み、以前からの取り決めのこと。「通」は典型的なくずしです。は「言（ごんべん）」に「者」で「諸」。「赦免（しゃめん）」は、この場合免除されることです。

（例29）

解読文　永代（えいたい）ニ（に）相渡（あいわた）シ（し）申候所（もうしそうろうところ）、実正（じっしょう）ニ（に）御座候（ござそうろう）

文意　永久にお渡ししますことに、間違いありません。

［解説］　文頭のはちょっと癖がありますが筆順を追えば「永代（えいたい）」と解読できるでしょう。は何度も出てきました「手偏にマ」で、接頭語の「相」です。は「氵（さんずい）」に「度」で「渡」。その右下の小字は送り仮名で片仮名の「シ」です。は、ちょっと読みにくいようですが、「申候所（もうしそうろうところ）」と判読します。「実正（じっしょう）」は既出。文末の「御座候（ござそうろう）」はもう大丈夫ですね。

諸

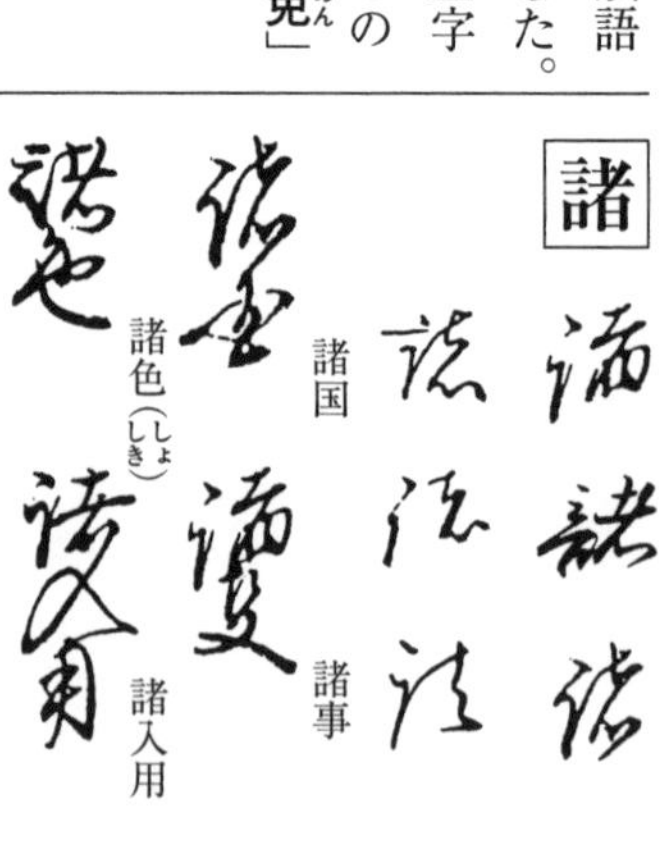

諸国　諸事　諸色（しょしき）　諸入用

永

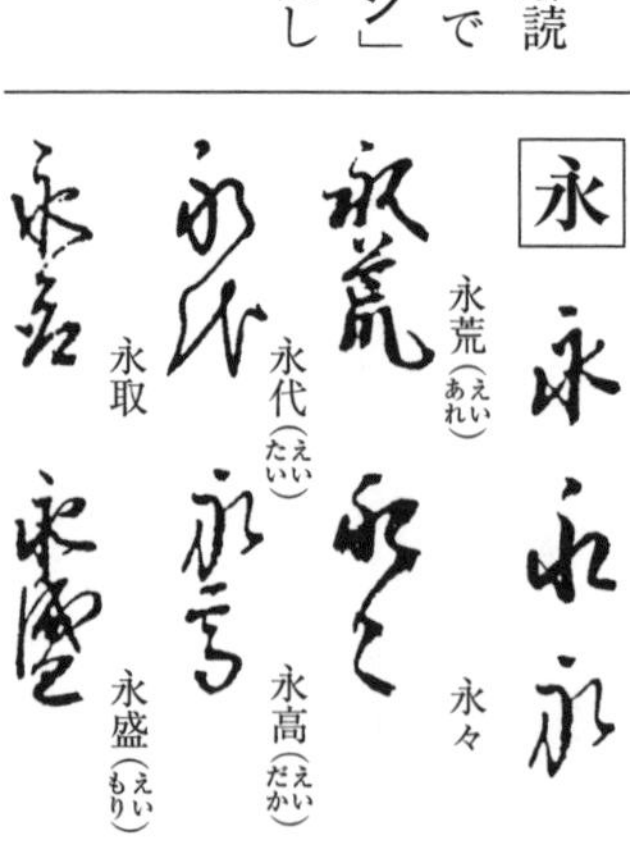

永荒（えいあれ）　永々　永代（えいたい）　永高（えいだか）　永取　永盛（えいもり）

（例30）

解読文　市場(いちば)江(え)差出(さしだ)し買売(ばいばい)致来(いたしきた)り候所(そうろうところ)

文意　市場へ出して売買してきましたところ。

［**解説**］ 1・2字目は筆の流れを追えばわかると思いますが「**市場**(いちば)」です。「**場**」は異体字が用いられています。次の小字は方向を示す助詞の「**江**(え)」で、変体仮名「え」の字母の一つです。は「**出**」で、既出ですがこのくずし方は初めてです。は「**買売**(ばいばい)」と書いてありますが、「売買」のことです。は「**致**」と読み、次のは「**来**」です。これは一画目の横画が省略されています。また、「成」のくずし字とも類似しています。「**致来り**」で「**いたしきたり**」と読み、「～してきました」の意です。最後のは「**所**」ですが、これまで出てきた字体とかなり違っていますがしばしば用いられます。

(1) **候共**(そうろうとも)　逆接の仮定条件を示し「…であっても」「…しても」の意です。

（例31）　若贈物等有之**候共**其儘返却之筈ニ候
もし贈物等(など)これあり候とも、そのまま返却のはずに候

（例32）　然上ハ同人身分ニ付何様之義有之**候共**
しかるうえは同人身分につきいか様(よう)の義これあり候とも

場

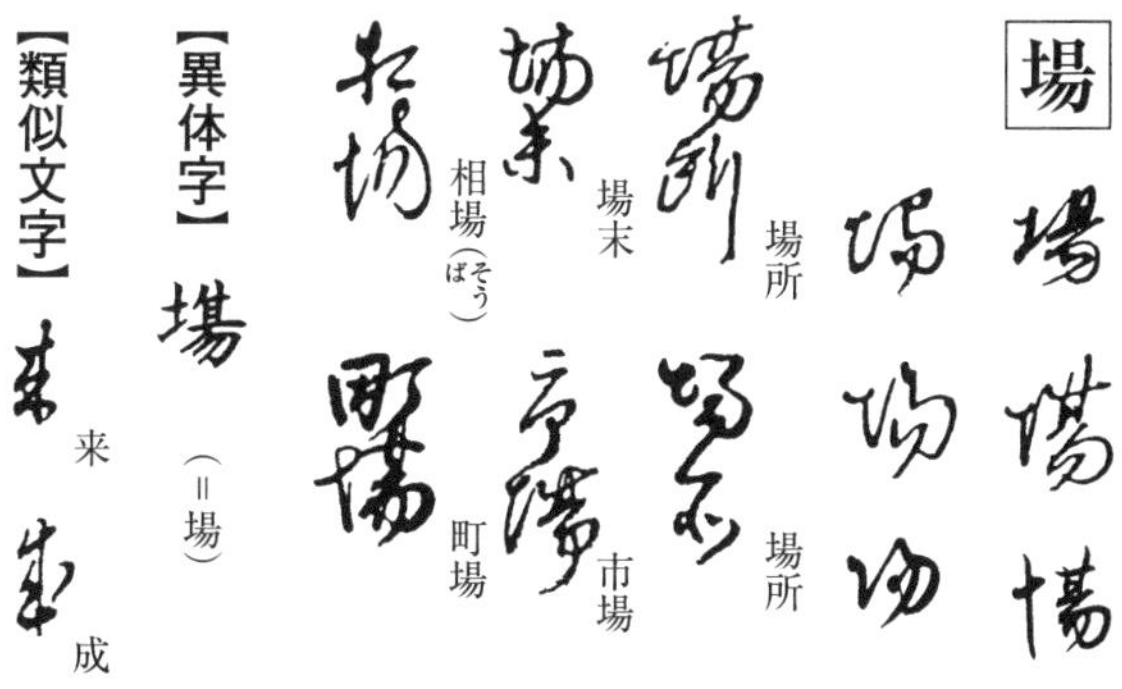

場所　場所　場末　市場　相場(ばそう)　町場

【異体字】　塲（＝場）

【類似文字】　来　成

（例31）

解読文　若贈物等有レ之候共、其儘返却之筈ニ候
（もしおくりものなどこれありそうろうとも、そのままへんきゃくのはずにそうろう）

文意　もし贈り物などがあっても、そのまま返却するはずです。

［解説］文頭のは「若(もし)」です。は、偏が「貝(かいへん)」、旁は「曽」で「贈」となります。貝偏にも旁にも特徴があり難読です。指でなぞるなどしてここで覚えてしまいましょう。なお、旁はと書かれることもありますので、合わせ覚えておいてください。はおよそ見当がつくと思いますが「物」です。偏が、「扌(てへん)」になっていますが、例22で出てきました「特」の場合と同様です。4字目の「ホ」に似たくずし字は「等」の異体字です。「有」は癖のあるくずし方ですが、下の「之(これ)」を手がかりに「有レ之(これあり)」と解読します。「候共」は、下の「其」の一画目がくい込んでいますので見誤らないように注意しましょう。「其」は既出です。次のですが「侭」と書かれています。これは「儘」の異体字です。さて、は「返」ですが、「反」の二画目が左下へ長く延びているところに特徴があります。次の「却」とで「返却(へんきゃく)」となります。最後のですが、1字目は「⺮(たけかんむり)」に「舌」で「筈(はず)」、次は片仮名の「ニ」、最後が「候」です。

貝　カイヘン
財
賦
貯
贈
【異体字】（＝等）
儘
（侭）
其儘（そのまま）
自侭（じまま）
返
返金
返納
却
却而（かえって）
返却
筈

（例32）

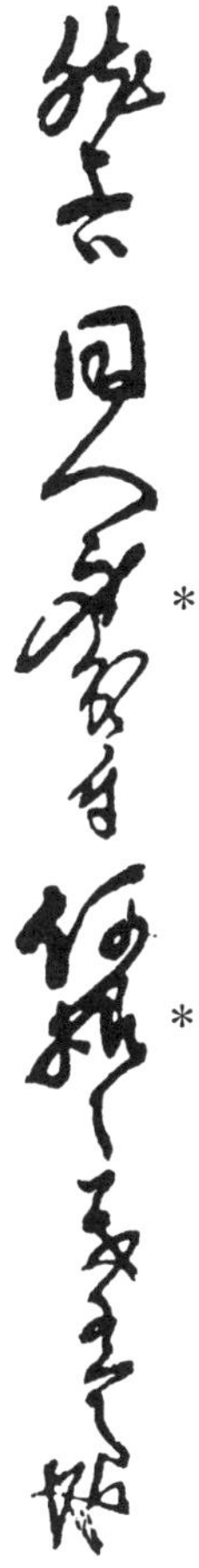

解読文　然上ハ同人身分ニ付何様之義有レ之候共

文意　そうであるからには同人の身上・境遇にどのようなことがあっても。

【解説】1字目は「然」と読みます。これは頻出文字の一つです（184頁参照）。「然者」「然共」「乍レ然」「自然」など多様な用語があります。また字体も何様かあります。本例では、脚部の「灬」が右下に小さく書かれるところに特徴があります。は「身分」と読み、頻出用語です。右下の「ニ」を読み落とさないようにしましょう。は「何様」で、「いかよう」または「なによう」と読みます。「どのような」の意です。次のは「之」です。踊り字のようにも見えますが、前後関係から「之」で間違いありません。「義」については本章3①（85頁）で説明します。「有レ之」は既出ですが、「無レ之」ともども必ず覚えておきたい表現です。「候」の左側に書かれている「共」の字体に要注意。

ⓜ候ハヽ（そうらわば）　「そうろう」の未然形「そうらわ」の「わ」に「ハ」をあて、助詞「ば」が付いて（踊り字の場合が一般的）仮定条件を示します。「…しましたら」の意です。

身

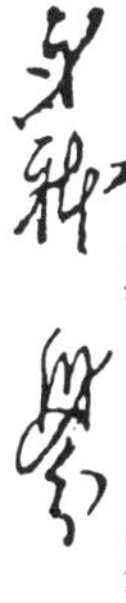

身躰

身分

【類似文字】

身

労

様　様

様躰（ようだい）

様子

貴様

ケ様（かよう）

（例33）若シ行暮候ハ丶、一宿之儀御頼申候
（例34）万一故障之義も有之候ハ丶、加判之者埒明

もし行き暮れ候（そうら）わば、一宿（いっしゅく）の儀御頼み申し候
万一故障の義もこれあり候わば、加判の者埒明（らちあ）け

（例33）

解読文　若（も）シ行暮候（ゆきくれそうら）ハ丶（わば）、一宿之儀（いっしゅくのぎ）御頼申候（おたのみもうしそうろう）

文意　もし途中で日が暮れたら、一晩宿泊させてくれますようにお頼みします。

［解説］は例31の「若」と同じ字体です。右下のは送り仮名の「シ」。は「行」で、旁は「折」の旁「斤（おのづくり）」のくずしに似ていますので注意してください。は「暮」です。「暮」は、日が暮れる、日々暮らす、年の暮れ、などの意味がありますが、ここでは一番目の意味になります。「行暮（ゆきくれ）」は、行く途中で日が暮れることです。は、「候ハ丶」と読みます。「ハ」の次の「」は「候」に似ていますが、繰り返しの記号「丶」です。「宿」は、「宀（うかんむり）」に「百」の一画目の横画から入り、次に「イ（にんべん）」を書き、最後に「日」を書いています。

行

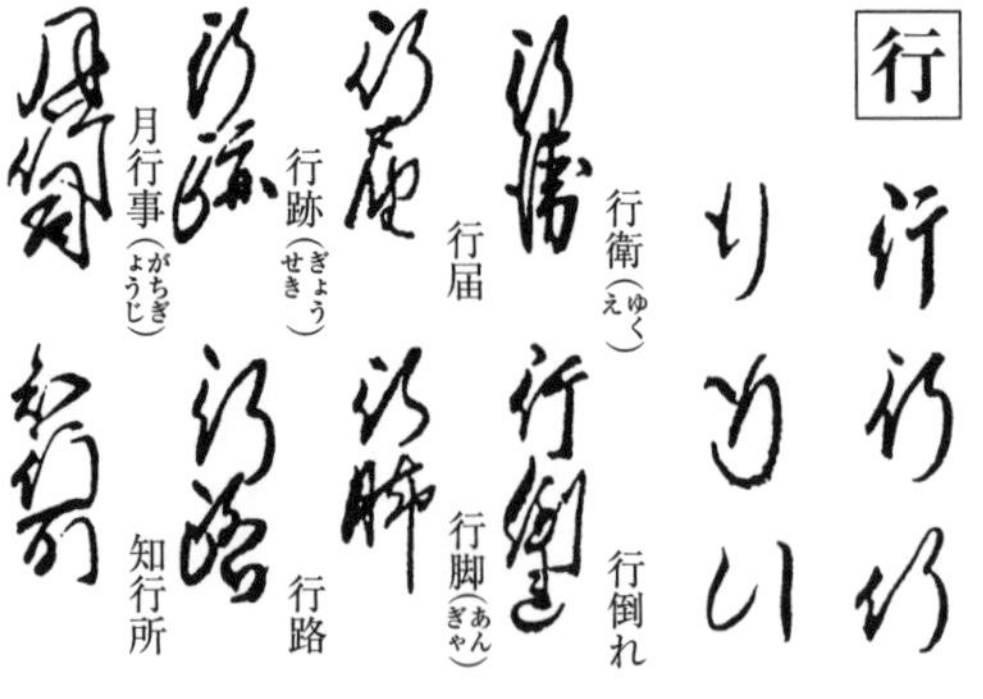
行衛（ゆくえ）
行倒れ
行届
行脚（あんぎゃ）
行跡（ぎょうせき）
行路
月行事（がちぎょうじ）
知行所

（例34）

解読文　万一（まんいち）故障（こしょう）之（の）義（ぎ）も有（これあり）レ之候ハヽ（そうらわば）、加判（かはん）之（の）者（もの）埒明（らちあけ）

文意　もし差し支えがありましたら、保証人が解決し。

［解説］　文頭は「**万一**」と読みます。「**故**」はおもにととが書かれますが、例文は後者です。「**障**」は読めると思います。「**故障**（こしょう）」は、ここでは差し支えの意味です。「**加判**（かはん）」は、この文書に保証人として印を押したこと。最後の二文字は「**埒明**（らちあけ）」と読みます。「**埒**」の「土（つちへん）」は容易に見分けられます。旁は、「守」のくずしと同字体に書かれます。「**明**」は偏が「日」、旁がとなります。「月」は、例9でも解説した「くずしの法則②」の一つで、一画目の縦画が省略される字体です。

(n) 候旨（そうろうむね）

事の趣・次第・事情を示すもので、「…の趣旨は」の意です。

（例35）　全自火ニ紛無御座**候旨**申之候
全く自火（じか）に紛れ（まぎ）御座なく候旨（むね）これを申し候

（例36）　折々相震中**候旨**在所役人共ゟ申越候
折々（おりおり）相震え（ふる）申し候旨、在所（ざいしょ）役人どもより申し越し候

判

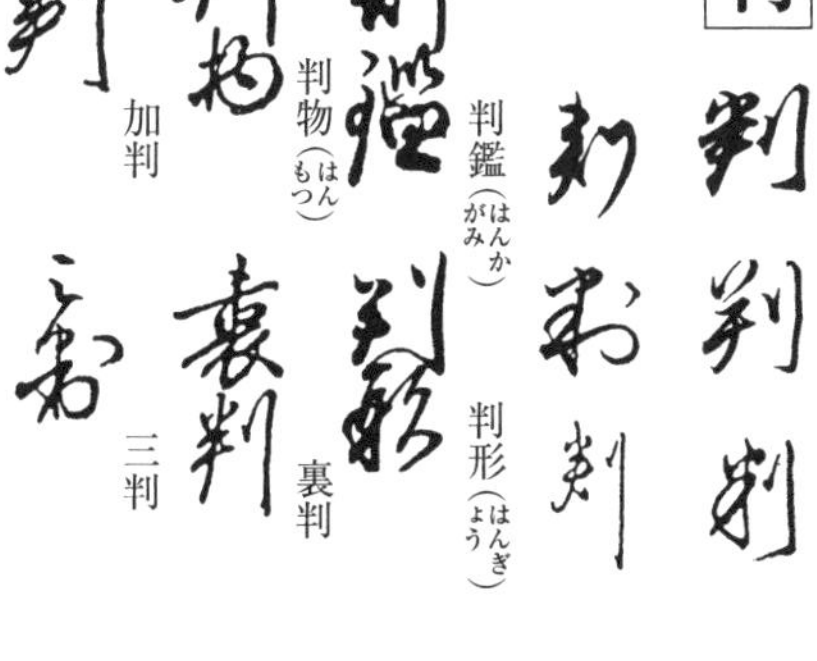

判鑑（はんかがみ）　判形（はんぎょう）　判物（はんもつ）　裏判　加判　三判

旨

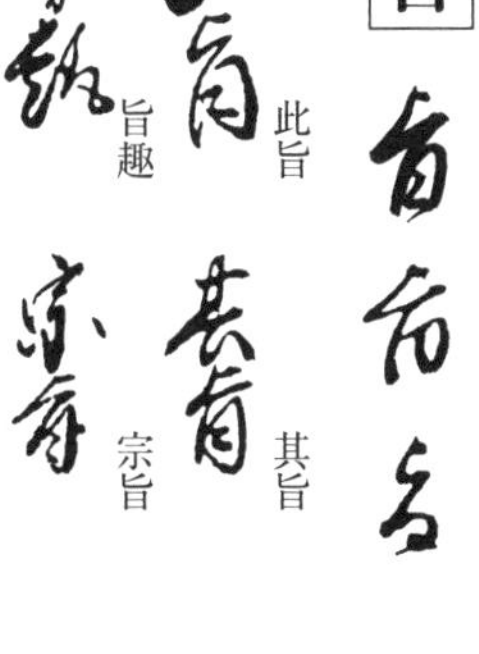

此旨　其旨　旨趣　宗旨

（例35）

解読文　全自火ニ紛無ニ御座一候旨申レ之候
（まったくじかにまぎれござなくそうろうむねこれをもうしそうろう）

文意　まったく自火であることに間違いない趣旨のことを申しました。

【解説】１字目は「𠆢（ひとがしら）」に「王」で「全」です。は「自火（じか）」と読み、自分の家が火元であることをいいます。右下の片仮名「ニ」を読み落とさないように注意しましょう。は「糸（いとへん）」に、旁は「分」で「紛（まぎれ）」と読みます。偏・旁それぞれ典型的なくずしですので必ず覚えてください。「無ニ御座一（ござなく）」はもう読めるでしょう。「候」の下が、「上」に「日」で「旨」の異体字となります。は「虫損（ちゅうそん）」ですが、解読に支障はないと思います。「申レ之候（これをもうしそうろう）」と読みます。

（例36）

解読文　折々相震申候旨、在所役人共ゟ申越候
（おりおりあいふるえもうしそうろうむね、ざいしょやくにんどもよりもうしこしそうろう）

文意　しばしば地震でゆれたとのことを、村方の役人たちから報告してきま

全

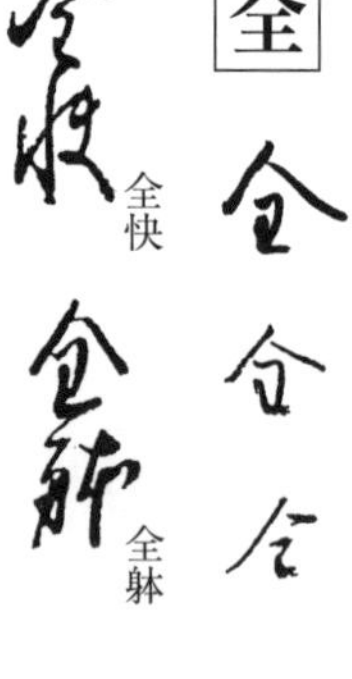
全快　全躰

紛

紛失　紛乱　紛敷（まぎらわしく）　紛敷

【異体字】　㫖（＝旨）

雨　アメカンムリ

雲　露　雪　霜

した。

[解説] 1字目のは「打」に似ていますが、「折」です。は「⻗(あめかんむり)」に特徴があります。下部は「辰」ですので「震」となります。「申候旨(もうしそうろうむね)」は、一気に読めるようにしましょう。は「在」と読み、三画目の縦棒が省略されるのが一般的です。は難読文字ですが「所」です。「在所(ざいしょ)」という熟語で覚えましょう。ここでは村方をさします。は頻出用語ですが、「役人」と読みます。「役」の旁に注意してください。は「候共」の「共」と同じくずしですが、ここでは複数を示す「ども」です。「申」の下は、偏が「走(そうにょう)」で、旁は一画目の横画が省画されていますが「戊」で「越」です。最後は点になった「候」です。

(o) 候故(そうろうゆえ)

理由を示すもので、「…なので」の意です。

(例37) 上方筋ゟ段々被申越候故

上方筋(かみがたすじ)より段々(だんだん)申し越され候故(ゆえ)

(例37)

解読文 上方筋(かみがたすじ)ゟ(より)段々(だんだん)被(もうし)二申越(こされ)一候(そうろう)故(ゆえ)

殳 ホコヅクリ
殺
殿
役
段
越
越度（おっと・おちど）
山越
故
故實
故障
故障
反故（ほご）
筋
筋向ひ
川筋

文意 上方方面からいろいろ言ってきていますので。

【**解説**】「**上方筋**（かみがたすじ）」は、京都もしくは近畿地方をさします。「**段**」は既出ですが（例22）、偏に特徴があります。また、本例の場合、旁が「従」の旁に似ていますので注意してください。踊り字の下の文字は一見「衣」に見えますが、受身・尊敬の意味の助動詞「**被**（る・らる）」で、下から返って読みます。「**越**」は例36でも出てきましたので比較してください。文末の「**故**」は、例34で「故障」という語句でみましたが、典型的な「**故**」のくずしの一つです。

(p) 候由（そうろうよし）　伝聞を示し「…とのこと」「…だそうで」の意です。

（例38）　**此節信州浅間山焼候由**
この節（せつ）信州浅間山焼け候由（よし）

（例38）

解読文 此節（このせつ）信州（しんしゅう）浅間山焼（あさまやまやけ）　候由（そうろうよし）

文意 このたび信州の浅間山が噴火したとのこと。

【**解説**】1字目「**此**」は既出（例27）ですが、本章3②（88頁）で詳しく解説します。2字目「**節**」の「竹（たけかんむり）」はかなり省略されていて、「即」のようにも読め

願筋

道筋

【類似文字（旁）】

段

従

【類似文字】

被

衣

由

由緒

理由

不自由

州

（刕）
（刄）

摂州

相刕

ますが、かすかに冠がありますので、「此節（このせつ）」で間違いありません。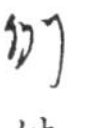は「州」で「刕・[illegible]」と書かれることもあります。は正字体（旧字体）「淺」のくずしです。は「焼（やけ）」と読み、火山の噴火を意味します

浅

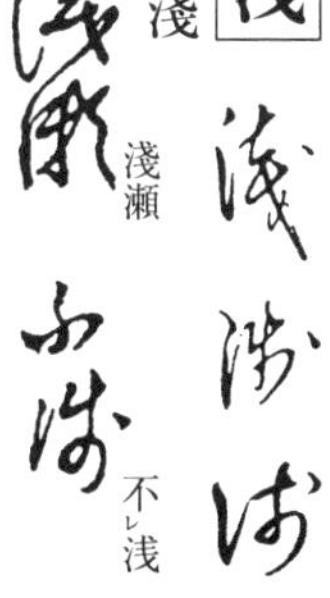

浅
浅瀬
不レ浅

中ざらい

第1章「候文の基本」1節「候を読み解く」で説明しました課題について、復習しましょう。左の例文を解読してください。

(1) 

(2) 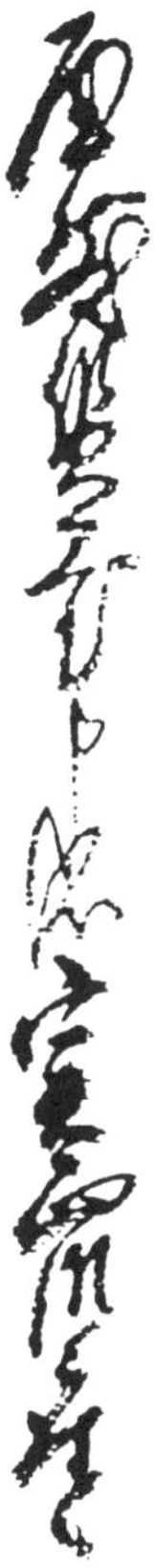

(3) 

(4) 

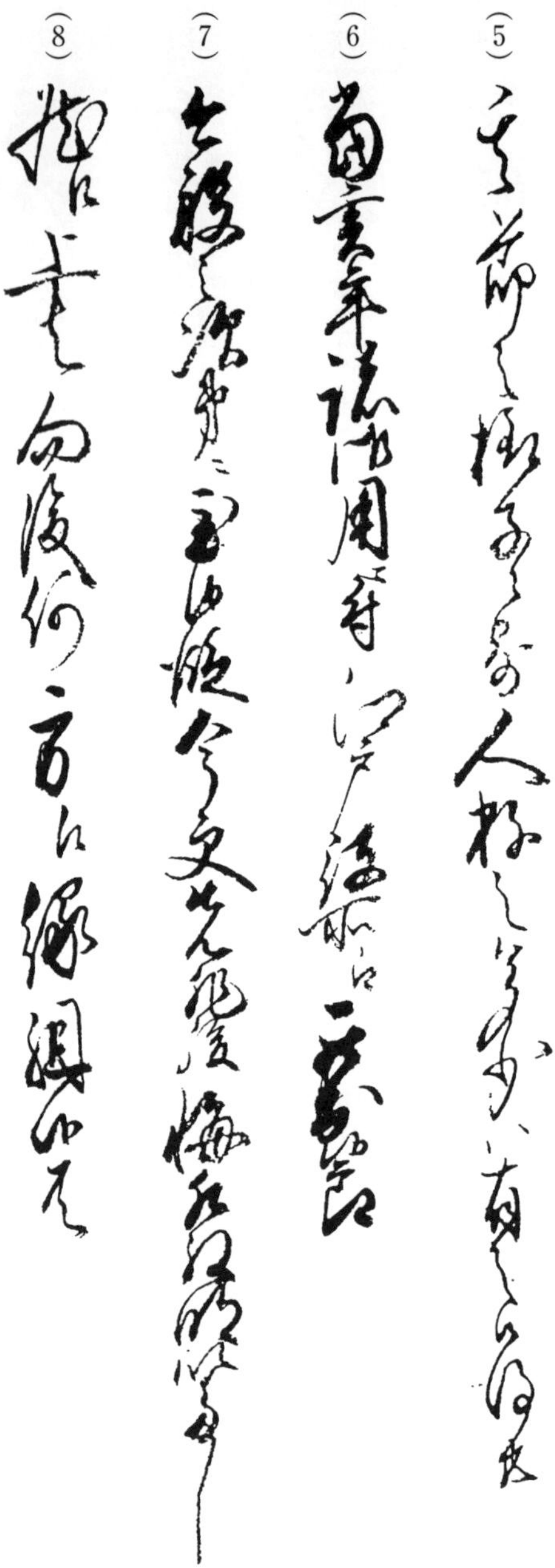

(5)
(6)
(7)
(8)

解読文

(1) 此度惣御荷主衆中様へ御頼申上候
(2) 屋敷質置申所実正御座候
(3) 跡式相続可レ致実子無二御座一候
(4) 此段相達申上候間、以二村順一早々順達いたし
(5) 其節之様子ニ寄、人数之多少ハ有レ之候得共
(6) 当亥年諸御用ニ付江戸役所江罷出候節
(7) 今般之次第ニ至候段、今更先非後悔発明いたし
(8) 然ル上者向後何方江縁組候共

2　基本動詞を読み解く

英語にはhaveやtake・makeなどのように基本的な動詞があり、これを理解することにより、多くの表現が可能となり、また、それを把握できなければ相手の謂わんとするところが不明になってしまいます。古文書にもこれに似た基本的な動詞があり、これをマスターすることで飛躍的に古文書の理解が進むのです。

本書では、古文書に現れる数多い動詞のなかから頻出する一〇語の基本動詞を選び、その例文を読解することにより、より早く正確に古文書を理解できるよう演習したいと思います。

①　有(あり)・在

「あり」は物事の出現や存在が認識されたときに用いられる動詞で、「…がある」「存在する」の意です。また、古文書ではしばしば下に「之」を置き「有ㇾ之(これあり)・在ㇾ之」と用いられます。

（例39）　若有違犯之族者双方可誅罰之

もし違犯の族(やから)あらば、双方これを誅罰すべし

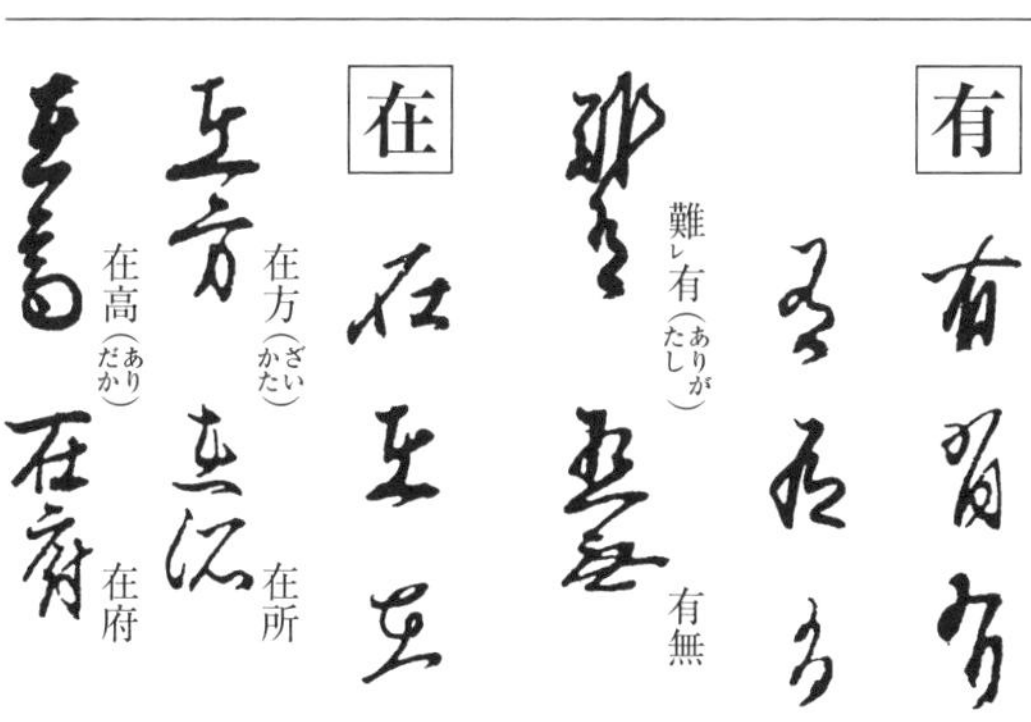
有
難ㇾ有(ありがたし)
有無
在
在方(ざいかた)
在所
在高(ありだか)
在府

（例40）御継飛脚有之節ハ少茂無滞

御継飛脚これある節は少しも滞りなく

（例41）御当家　御先祖様重御由諸被為在候

御当家御先祖様重き御由緒あらせられ候

（例39）

解読文　若有ニ違犯之族一者、双方可レ誅ニ罰之一（もしいぼんのやからあらば、そうほうこれをちゅうばつすべし）

文意　もし法に背くものがいたら、双方とも処罰しなさい。

【解説】１字目は「艹（くさかんむり）」に「右」で「若（もし）」。次は「ナ」に「月」と書いて「有（あり）」と読み、下から返って読みます。３字目は「麦に辶（しんにょう）」で「違」の異体字です。次は「犭（けものへん）」に「已」のように書かれていますが「犯」です。「違犯」で「いぼん」と読み、法令や命令に背くことです。６字目の「族」は「やから」と読みます。「双方（そうほう）」は虫損になっていますが読むのに支障はないでしょう。次の「マ」は助動詞「可（べし）」で、下から返って読みます。「誅」は問題ないでしょう。は「罒（よんかしら）」に下が「言（ごんべん）」に「寸」で、「罰」の異体字です。最後が「之」ですが、下から「これを誅罰（ちゅうばつ）すべし」と読みます。

（例40）

犯

違犯（いぼん・いはん）

再犯

【異体字】

（＝罰）

飛

【類似文字（旁）】

遣

継

解読文

御継飛脚有ㇾ之節ハ少茂　無ㇾ滞（おつぎびきゃくこれあるせつはすこしもとどこおりなく）

文意

御用の継飛脚があるときは少しも滞らせずに（継ぎ送ります）。

【解説】　1字目は接頭語の「御」。2字目のは「継」と読みます。偏は「糸」（いとへん）で、旁は「遣」にも読めますが「㡭」です。次のは「飛脚」（ひきゃく）です。「飛」は難読ですがぜひ覚えてください。「脚」の「月」（にくづき）は読み取れると思いますが、旁がやや複雑です。これは「阝」（おおざと）の上に「去」が乗っている形になっています。は典型的な「有」のくずし字。下の「之」を先に読み「これあり」と読みます。「節」は何度か出てきましたのでもう読めると思います。「竹」（たけかんむり）でなく「艹」（くさかんむり）になっている点に特徴がありましたね。「少」は三画目の点が最後に打たれます。「茂」（も）は助詞で変体仮名です。「無」（なく）は下から返って読みます。文末のは「氵」（さんずい）に「帯」で「滞」です。

（例41）

*

解読文

御当家（ごとうけ）　御先祖様重御由諸被ㇾ為ㇾ在　候（ごせんぞさまおもきごゆいしょあらせられそうろう）

文意

ご当家のご先祖様には尊い由緒がおありです。

【解説】　2字目は典型的な「当」のくずし字です。3字目の下が一字分開いているのは闕字（けつじ）です。「御先祖様」（ごせんぞさま）に畏敬の念を表しています。は、一見「守」のようにも読めますが、「重」です。は「由緒」（ゆいしょ）と書かれています

飛脚　飛脚　飛札（ひさつ）　飛札

【語彙解説】

継飛脚（つぎひきゃく）：「次飛脚」とも書き、幕府が各宿場に置いた公用荷物・信書などを逓送した飛脚。

【少の筆順】

祖

祖父　先祖

が、前後関係から「由緒」の書き間違いでしょう。さて、文末のは、「被」「為」「在」と書かれています。「被」「為」は第2章「上に返って読む字」で説明しますが、両方とも尊敬の助動詞で「せられ」と読みます。したがって、下から順に上に返って「在(あ)らせられ」と読み、尊敬の意を含んでいます。

②　遊（あそばす）

「する」という意の尊敬語で、「…なさる」の意です。「被レ遊（あそばされ）」「被レ為レ遊（あそばせられ）」などと用いられます。

（例42）**御関所無相違御通被遊可被下候**
御関所相違なく御通し遊ばされ下さるべく候

（例43）**御水帳忠兵衛組江御渡可被遊段被仰渡候**
御水帳忠兵衛組へ御渡し遊ばさるべき段、仰せ渡され候

（例44）**本多家江御再縁被為遊**
本多家へ御再縁遊ばせられ

（例42）

解読文　御関所無二相違一（おせきしょそういなく）御通被レ遊可レ被レ下候（おとおしあそばされくださるべくそうろう）

文意　関所を間違いなくお通しなされてください。

遊
遊興
遊行（ゆぎょう）
遊藝
遊所
遊女
被レ遊
被レ遊
被レ為レ遊

（例43）

【解説】は「無二相違一（そういなく）」と読みます。「手偏にマ」で接頭語の「相」、「麦に辶（しんにょう）」で「違」の異体字です。は尊敬の助動詞「被（れ）」で下から返って読みます。したがって「被レ遊」で「あそばされ」と読みます。「遊」は「扌（てへん）」に平仮名の「を」のように書きます。実は「扌（てへん）」ではなく「方（かたへん）」で「を」の上部が「斿」、下部のが「辶（しんにょう）」です。以下は「可」「被」「下」で「下（くだ）さるべく」と読みますが、頻出する語句ですので丸暗記して下さい。

解読文　御水帳忠兵衛組江御渡可レ被レ遊段、被二仰渡一候（おみずちょうちゅうべえくみえおわたしあそばさるべきだん、おおせわたされそうろう）

文意　検地帳を忠兵衛の組にお渡しなされるように命じられました。

【解説】文頭「御水帳（おみずちょう）」は検地帳のことです。次のは人名で「忠兵衛」と読みます。大きな村落はいくつかの組に分かれましたが、その中の一つの組をさします。は「糸（いとへん）」に「且」で「組」です。が「遊」です。前例とほぼ同字体で「扌（てへん）」に「を」と書かれています。次のは「段」で、上に述べてきたことをさします。は「仰渡（おおせわたし）」と読み、命ずることです。その上に受身・尊敬の「被（れ）」がありますので「仰せ渡され」と読み、「命じられました」となります。

【人名（〜兵衛）】

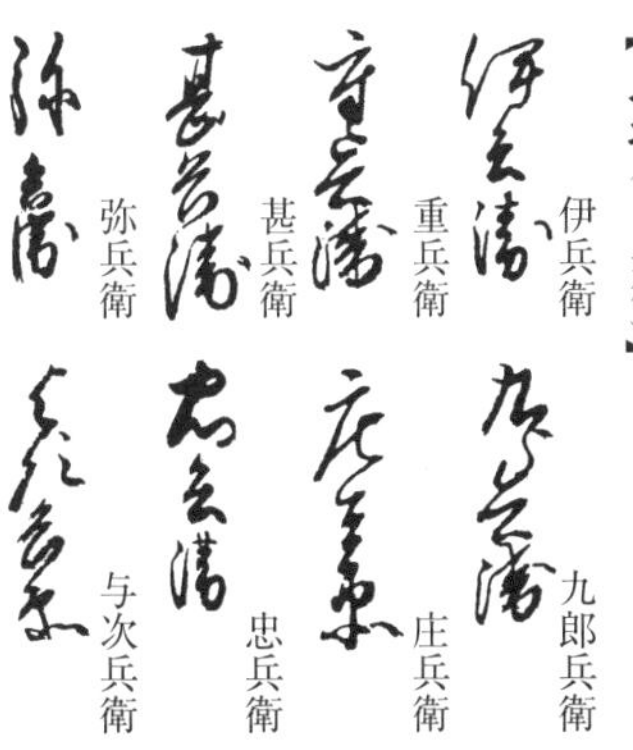

伊兵衛　重兵衛　甚兵衛　弥兵衛　九郎兵衛　庄兵衛　忠兵衛　与次兵衛

（例44）

解読文　本多家江御再縁被ㇾ為ㇾ遊（ほんだけえごさいえんあそばせられ）

文意　本多家へご再縁なされました。

【解説】１字目「**本**」の筆順に注意してください。６字目のは「**再**」の異体字です。最後の三文字は「**被ㇾ為ㇾ遊**」と書いて「**あそばせられ**」と読みます。

③ 仰（おおす）

江戸時代の文書の多くは、支配者と被支配者との間で取り交わされる公文書であるため、支配者が命令や通達などを相手に伝えるときに「仰す」という語彙が頻繁に使われます。被支配者側からいえば尊敬または受身の意が含まれ「被」が「仰」の上につき「仰せられ」となります。現代語に訳すときは、「命じる（命じられる）」となります。

（例45）決而難題ケ間敷儀被　**仰**出候儀無之候

決して難題がましき儀仰せ出だされ候儀これなく候

（例46）上野表ゟ被**仰**越候間此段為心得申達候

上野表より仰せ越され候間、この段心得のため申し達し候

再

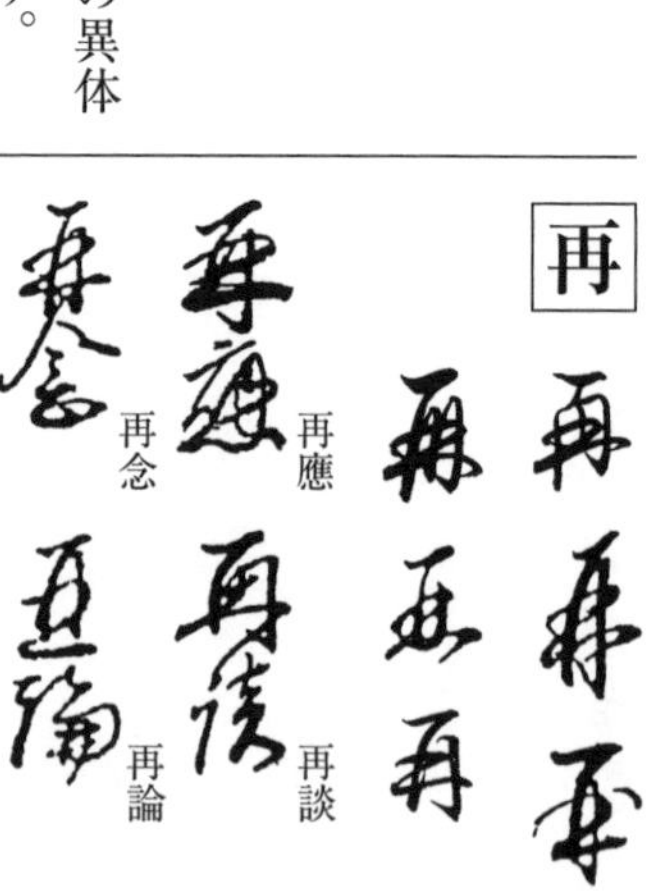

再応　再談　再念　再論

【異体字】冄（＝再）

仰

仰上　仰出　仰聞　仰下　仰進　奉ㇾ仰

（例47）他所米御領内江入候事御停止被　仰付候

他所米御領内へ入り候事、御停止(ちょうじ)仰せ付けられ候

（例48）天保度以来去ル中年厳重ニ被仰渡候処

天保度以来去る中年(さるどし)厳重に仰せ渡され候処

（例45）

解読文 決而(けっして)難題(なんだい)ケ(が)間(ま)敷(しき)儀(ぎ)被ニ　仰(おおせ)出(いだされ)一候(そうろう)儀(ぎ)無レ之(これなく)候(そうろう)

文意 決して無理難題めいたことを命じられることはありません。

［解説］ はすでに解説しました（例10）が「決而(けっして)」と読みます。は「難」の異体字(美+隹)です。次のは、「題」の繞(にょう)部分が旁部分の下まで伸びていませんが、旁は「頁」ですので「題」で問題ないでしょう。は「ケ間敷(がましく)」と読みます。…らしく、…ような、…のきらいがある、…めいた、などの意味です。8字目のは「儀」です。…のこと（は）、…の件（は）などの意です。さて、次の「衣」に似た助動詞「被(る・らる)」から「仰出(おおせいで)」までで、「おおせいだされ」と読み、上述のことを命じられた、ということになります。「仰」の字体は典型的なくずし字です。

（例46）

仰付　仰渡

仰付　信仰

題

題号　難題

題目　問題

解読文　上野表ゟ被二仰越一候間、此段為二心得一申達候

文意　上野国元から命じられましたので、このことを心得のため申し達します。

［**解説**］ は「野」の異体字です。5字目の は平仮名の「ら」に似た助動詞「**被**」。次の は「**仰**」です。はじめての字体ですが、これも頻出します。次の「**越**」とで「**仰せ越す**」という複合動詞を作っています。「**越**」 は楷書では「走」に書きますが、くずし字では偏の形となる場合が多いようです。 は本章1③（23頁）で出てきました「**候間**」で、…しましたので、と現代語訳します。さて、後半を読んでいきましょう。 は「**此**」です。前出（例27）とほぼ字体は同じです。次の「**段**」 は何度か出てきました。次の「ゐ」のようなくずしは「**為**」です。これは下から返って、「…のため」「…として」などと読みます。本例はどちらでも該当しそうですが、本書では「**心得のため**」と読んでみました。なお、「**心**」の字体も初出ですが頻出する字体です。「**申達**」の「**達**」は、「辶」の上が「奉」のくずし字 とほぼ同字体です（下段参照）。

（例47）

＊

解読文　他所米御領内江入候事、御停止被二仰付一候

文意　他国米が領内に入ることを禁止するよう命じられました。

［**解説**］文頭の「**他所米**」は他国産の米をさします。10字目の はかなりくず

【異体字】

（＝野）

走（ソウニョウ）

超　越　趣　趣

心

心願　心得（こころえ）　心底（しんてい）　心掛　安心　無心

【類似文字】

達　奉

停

されていますが「事」です。現在でもこのように書かれる方を見受けます。は「イ（にんべん）」、旁は難読ですが「亭」で「停」。次は「止」で、「停止」という熟語になります。これは江戸時代では「ちょうじ」と読み、禁止することです。頻出用語ですから必ず覚えてください。は受身・尊敬の助動詞「被（れ）」。その下のが「仰付（おおせつけ）」です。この「仰」の字体もはじめてです。

（例48）

解読文　天保度（てんぽうど）以来（いらい）去ル（さる）申年（さるどし）厳重ニ（げんじゅうに）被二仰渡一（おおせわたされ）候処（そうろうところ）

文意　天保年間以来去る申年に厳重に命じられましたところ。

【解説】　3字目のは「度」です。「天保度（てんぽうど）」で天保年間（一八三〇〜四四）を指します。は「厳重（げんじゅう）」と読みます。右下の「ニ」を読み落とさないように注意してください。その下のは受身・尊敬の助動詞「被（れ）」です。次のは「仰」。これは、ここだけ切り抜いたらなかなか読めませんが、この字体はしばしば用いられます。その次のはかなり省画されていますが、「氵（さんずい）」に「度」で「渡」となり、三文字で「仰せ渡され（おおせわたされ）」と読みます。

停止（ちょうじ）　停止　停止　停止

【語彙解説】

停止（ちょうじ）：差し止めること。禁止すること。身分の高い人の死去により、歌舞・音曲を止めさせること。

天

天下　天気　天水場（てんすいば）　仰天（ぎょうてん）

渡

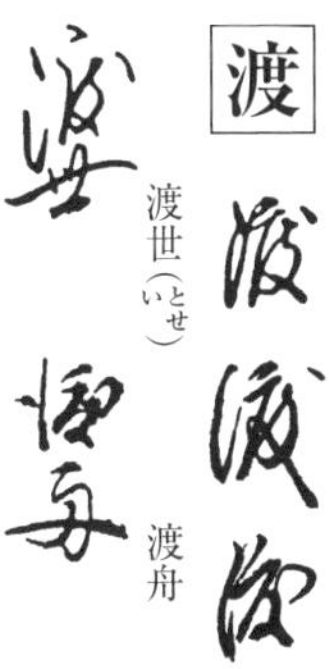

渡世（とせい）　渡舟

④ 聞（きく）

たんに物音を聞く、の意味のほかに、「きける」と読み、言い聞かせるという意味もあります。また、「聞済」は「ききすます」と読み、聞き届ける、承知する、納得するの意味です。

（例49）早束御聞済被成御免被下忝奉存候
早速御聞き済ましなされ御免下されかたじけなく存じ奉り候

（例50）是悲共前段御願筋之義被為聞召訳
ぜひとも前段御願い筋の義聞こし召しわけさせられ

（例49）*

解読文 早束御聞済被レ成、御免被レ下 忝 奉レ存 候

文意 早速お聞き届けなされ、お許しくだされかたじけなく存じ上げます。

［解説］ 1字目は「早」。2字目は「束」ですが、熟語で「早速」とするところを「速」に「束」の字を当てています。は「氵（さんずい）」に「斉」で「済」。は「門（もんがまえ）」に「夕」と書いて「聞」と読みます。「聞済」で「ききすまし」と読み、聞き届けることです。は受身・尊敬の助動詞「被（れ）」。次のは一画目の横画が略されている「成」。は「忝（かたじけなく）」の典型的なくずしです。文末の三文字は「奉レ存

聞

聞入
聞済（ききすまし）
聞付
聞届ケ
風聞
中聞

早

早々
早朝
早速
早鐘
早稲（わせ）
最早（もはや）

候」で、「ぞんじたてまつりそうろう」と読みます。

（例50）

解読文　是悲共（ぜひとも）前段（ぜんだん）御願（おねがい）筋（すじ）之（の）義（ぎ）被レ為二聞召訳一（きこしめしわけさせられ）

文意　ぜひとも先般の願い事をお聞き入れくだされ。

【解説】冒頭三文字は「**是悲共**（ぜひとも）」と読みます。「**悲**」は「**非**」の当て字ですが、近世文書ではしばしば用いられます。4字目の「**前**」[くずし字]は問題ないと思います。次の文字と合わせ「**前段**（ぜんだん）」となり、前に述べたことを指します。[くずし字]は、偏が「**原**」です。旁は縦一本線になっていますが[くずし字]が一般的です。つまり「**願**」というくずし字です。下部は中央から半分に切りますと、左側が横画が略された「**月**」右側が「**力**」になっています。したがって「**筋**」という字です。さて、[くずし字]ですが、一字目は「**被**」、二字目は「**ゐ**」のように書かれる「**為**」、三字目は「**門**」に「**夕**」で「**聞**」、四字目は「**召**」の異体字[くずし字]、最後が「**言**（ごんべん）」に「**尺**」で「**訳**」と書かれています。つまり、「**被為聞召訳**」となりますが、ではどう読むのでしょうか。「**被レ為**」は助動詞で「**せられ**」でしょう。「**聞召**」は「**きこしめす**」と読み、お聞きになる、お許しになる、などの意味があります。最後の「**訳**」は「**分**」とも書き、「**わく**（わける）」という動詞です。判断する、理解する、などの

召

召出　召抱　召仕（めしつかい）　召連　召放　召捕

訳　譯

訳合　訳柄（わけがら）　訳而　此譯

【異体字】

（＝召）

意味があります。したがって、「きこしめしわけさせられ」と読み、お聞きくだされ、ご了承くだされ、ご納得くだされ、などの意味になります。

⑤ 下（くだす）

「下す」は、高いところから低いところへものを移すことで、(a)身分の高い人から下位の人に品物を与えること、あるいは命令や判決を申し渡す場合などの動詞として用いられる場合と、(b)「…してください」などと補助動詞として用いられる場合があります。

（例51）**其罪を許御褒美可被下之**
その罪を許し御褒美これを下さるべし

（例52）**今般名主本役ニ被　仰付被下置候様**
今般名主本役に仰せ付けられ下し置かれ候様（よう）

（例53）**其御所之御作法之通り御取捌可被下候**
その御所の御作法の通り御取りさばき下さるべく候

（例51）

解読文　其罪（そのつみ）を許（ゆるし）御（ご）褒美（ほうび）可レ被レ下レ之（これをくださるべし）

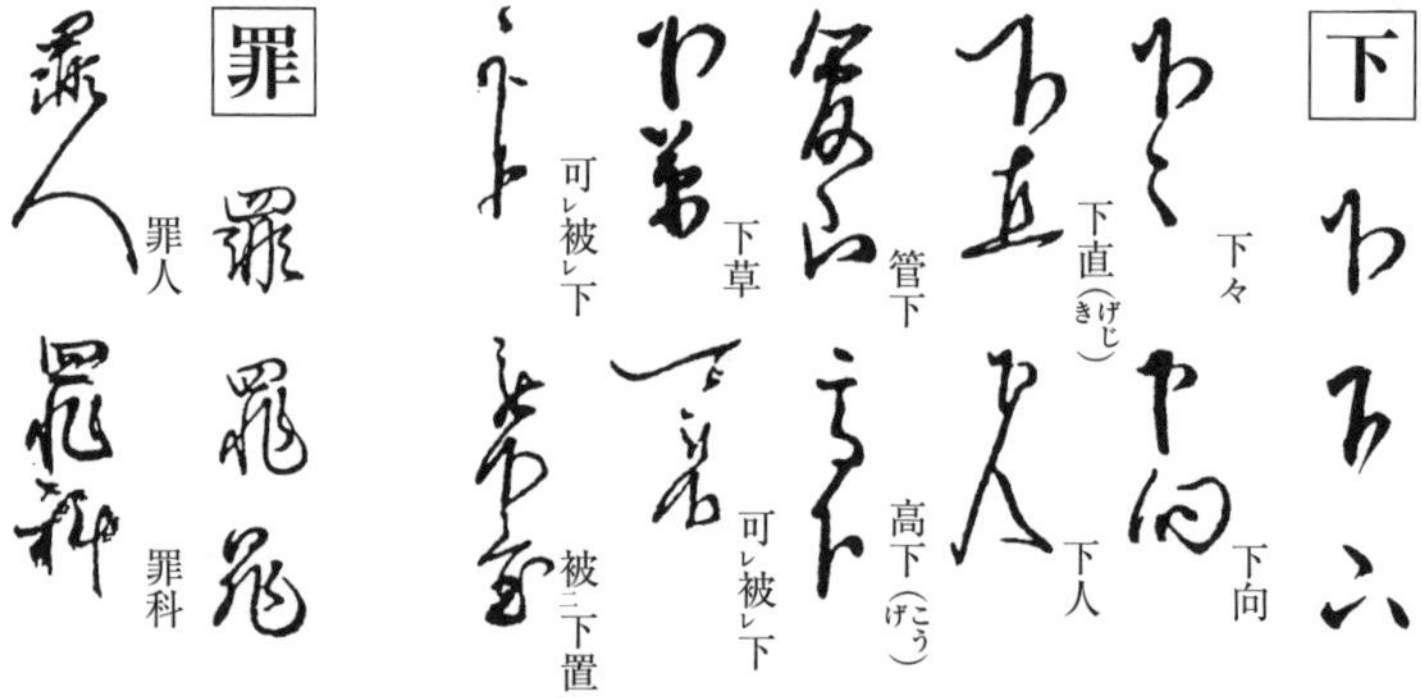

下
下々
下向
下直（げじき）
下人
管下
高下（こうげ）
下草
可レ被レ下
可レ被レ下
被二下置一
罪
罪人
罪科

文意（訴え出た者は）その罪を許しご褒美をとらせる。

【解説】 1字目「其（その）」は行書体に近いので問題ないでしょう。は上部が「罒（よんがしら）」で下部が「兆」と書かれています。例19で「非」のくずし字がであったことから、この下部は「非」と解したほうがよいようです。つまり、「罪」です。は「言（ごんべん）」に「午」で「許」となります。ですが、「广（まだれ）」になっていますが、本来は「衣」の「亠（なべぶた）」部分に「保」、下部に「衣」の下半分が書かれた文字です。したがって、「褒」のくずし字ですが、「广（まだれ）」のように書かれるところにこのくずし字の特徴があります。は、「美」の典型的なくずし字です。二文字を合わせ「褒美（ほうび）」となります。は「二」の下に点で「可（べし）」、次のは受身・尊敬の「被（る）」、次は「下」、最後が「之」で、「これをくださるべし」と読みます。

（例52）

解読文 今般（こんぱん）名主本役（なぬしほんやく）ニ被二仰付一（おおせつけられ）被二下置一（くだしおかれ）候様（そうろうよう）

文意 このたび名主本役に命じてくださいますよう。

【解説】 1字目「々」の形に似た文字は「今」の典型的なくずし字です。2字目は「舟（ふねへん）」に「殳」で「般」。上の文字と合わせ「今般（こんぱん）」という熟語になります。次の「名主（なぬし）」は見当がつくでしょう。「本」は、楷書体とは筆順が違うことに注意してください。「大」に「十」と書く場合や縦画から書く場合もあります

大罪　死罪

美

美濃　美服　美麗　称美

今

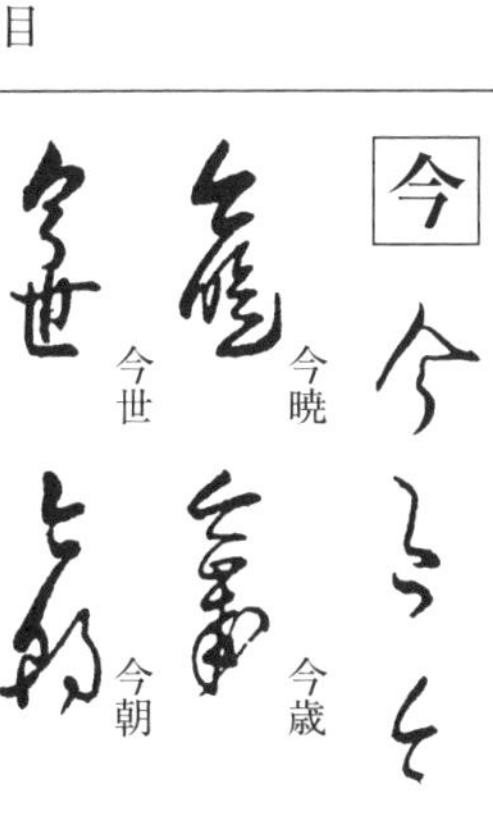
今暁　今歳　今世　今朝

【本の筆順】

（下段参照）。「役」は何度か出て来ました。次の「二」は読み落としやすいので要注意。以下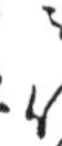は、受身・尊敬の「被（られ）」、一字あいているのは闕字（けつじ）、「仰」の字体は例46と同じです。「付」は問題ないと思います。したがって、「仰（おお）せ付（つ）けられ」と読みます。さらに、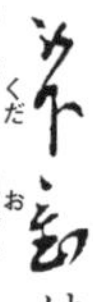は、1字目が助動詞の「被（れ）」、次が「下」、その下は「置」となって、「下（くだ）し置（お）かれ」となります。…してください、の意です。なお、「置」は「至」に類似していますので注意してください。

（例53）

解読文　其御所之御作法之通り御取捌可レ被レ下候（そのおところのごさほうのとおりおとりさばきくださるべくそうろう）

文意　そちらの土地の風習にしたがって御処置（葬って）ください。

［解説］これは「往来手形」の一部分です。1字目「其（その）」は、そちらの、の意です。は「作法（さほう）」と読みます。きまりやしきたりのことです。「作」の旁は「乍レ恐（おそれながら）」などの「乍」。は「取」の典型的なくずし字体です。その次のは「扌（てへん）」に「別」で「捌（さばく）」です。「唀」という文字を用いることもあります。その次の以下は、「二」の下に「の」と書く「可（べく）」、「衣」に似た「被（る）」、3文字目が「下」で、「下（くだ）さるべく」と読みます。

一↓大↓本
｜↓木↓村
【類似文字】
置
至
作
作取
作間（さくま）
作物
小作
取
取扱
取永（とりえい）
取替
取締

⑥ 存（ぞんず）

「思う」「考える」の謙譲語で、相手に対してあらたまった気持ちをこめて用いられます。また、「知る」「承知する」の謙譲語として用いられることもあります。

（例54）願之通被　仰付被下候者難有可奉存候
　　願いの通り仰せ付けられ下され候わば、ありがたく存じ奉るべく候

（例55）及飢渇ニ候もの数多出来歎ケ敷奉存候
　　飢渇に及び候者あまた出来（しゅったい）、嘆かわしく存じ奉り候

（例56）殊御馬被成御拝領目出度奉存候
　　ことに御馬御拝領なられ、目出度（めでた）く存じ奉り候

（例54）

解読文　願之通被二（ねがいのとおりおおせつけられ）　仰付一被レ下候者（くだされそうらわば）、難レ有可レ奉レ存候（ありがたくぞんじたてまつるべくそうろう）

文意　願いのとおりに命じてくださいましたならば、ありがたく存じ上げます。

【解説】1字目の「願」は、すでに何度か出てきましたのでもう読めるでしょう。2字目は「之」、次は「通」です。次のは「被二　仰付一（おおせつけられ）」と読みます。「付」は難読です。左上が「亻（にんべん）」で右下が「寸」ですが、読み慣れないとなかなかそうは読めません。さて、次のは「被レ下」で「くだされ」と読み

存

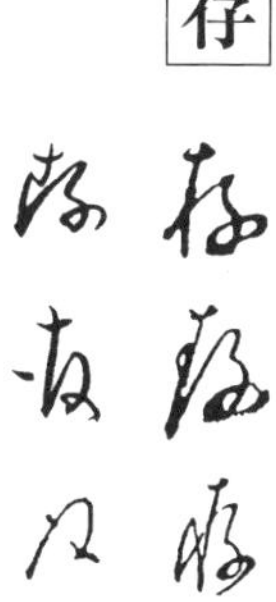

存居（ぞんじおり）

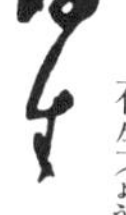
存生（ぞんじょう）

存知

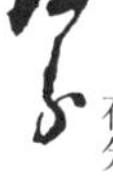
存分

存命

存寄（ぞんじより）

付

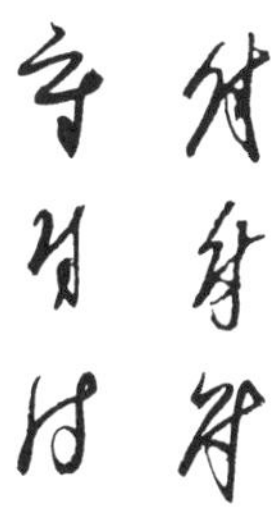

付札（つけふだ）

書付

毛付（けつけ）

刻付（こくづけ）

ます。次の「候者（そうらわば）」はもう見当がつくでしょう。は「難レ有（ありがたく）」と読みます。以下は、片仮名の「マ」に似た「可（べく）」、「奉（たてまつる）」は典型的なくずし字、ははじめの横画が省略された「存」で、下から「存（ぞん）じ奉（たてまつ）るべく」と読みます。

（例55）

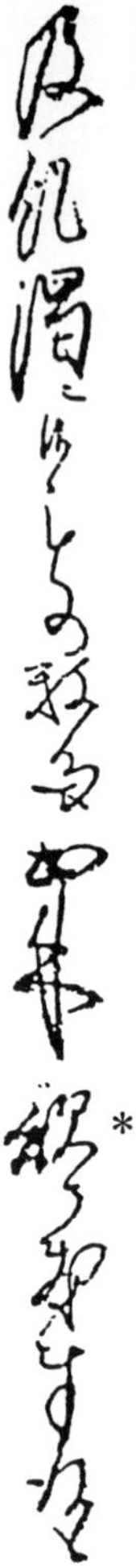

解読文　及（きかつにおよび）二飢渇一候（そうろう）もの数多出来（あまたしゅったい）、歎ケ敷（なげかわしく）奉レ存（ぞんじたてまつり）候（そうろう）

文意　飢渇に陥った者が大勢現れ、嘆かわしく存じます。

【解説】１字目「及（およぶ）」は下から返って読みます。は「飠（しょくへん）」に「几」で「飢」です。は「氵（さんずい）」に「曷」で「渇」となります。「飢渇（きかつ）」は、飢饉などによる空腹とのどのかわきのことをいいます。「候」の下は変体仮名で「も（毛）」「の（乃）」と読みます。は「数」の異体字です。これは、偏の「女」が省略されて「米（こめへん）」となったものです。は「多」の典型的なくずし字です。「数多（あまた）」で「あまた」と読み、数量の多いことをいいます。さて、次のは「出来（しゅったい）」と読みます。意味は、現れること、事件が起こること、できあがることですが、ここでは一番目が適当と思います。次のは「歎ケ敷（なげかわしく）」と読みます。「敷」は形容詞の活用語尾「しく」の当て字です。また、は「歎」の異体字です。「奉」はすでに出てきましたので、もう読めるでしょう。が「存」で、「存（ぞん）じ奉（たてまつ）る」となります。

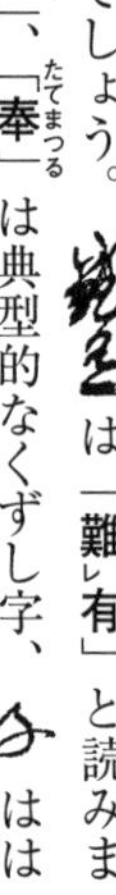

申付　割付

飠（ショクヘン）

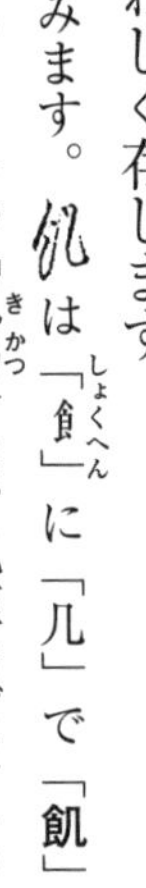

餌　飼　餘　飯

【異体字】　敉　（＝数）

歎

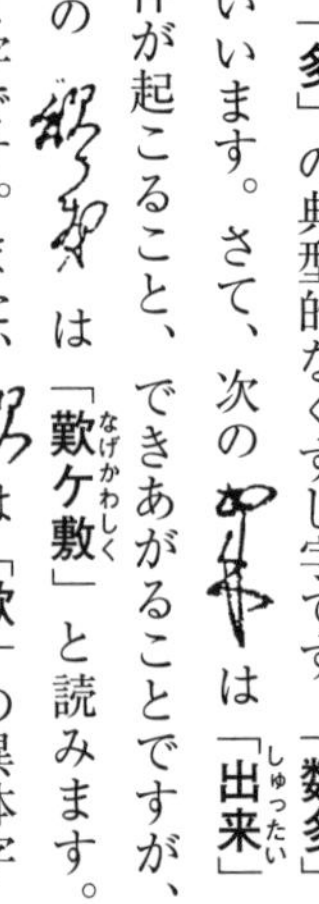

歎願　歎訴

【異体字】

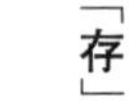

（＝歎）

（例56）

*

解読文　殊(ことに)御馬(おうま)被レ成二(なられ)御拝領一(ごはいりょう)、目出度(めでたく)　奉レ存(ぞんじたてまつり)　候(そうろう)

文意　ことに御馬を拝領されたことはめでたく存じます。

[解説]　1字目の偏は「糸(いとへん)」とも「弓(ゆみへん)」とも考えられますが正解は「歹(かばねへん)」で、旁は「朱」です。「**殊**(ことに)」と読みます。「**御馬**」は読めるでしょう。次の二文字は「**被レ成**」で、下から返って「**なられ**」「**なされ**」と読みます。は「**拝**」です。これはすでに出て来ましたので、その多用なくずし方は例1の下段を参照してください。次のは「**領**」です。「**拝領**(はいりょう)」という熟語を覚えておきましょう。「**存**」の字体は典型的な字体です。

⑦ 仕(つかまつる)

「つかえまつる」の転で、元来目上の人に仕え奉ることをさしますが、近世では一般に「する」「なす」「行う」などの謙譲語で、「…してさしあげる」「…いたします」「…申し上げる」などの意で用いられます。

（例57）　急度十月中ニ皆済可仕候

きっと十月中に皆済仕るべく候

領

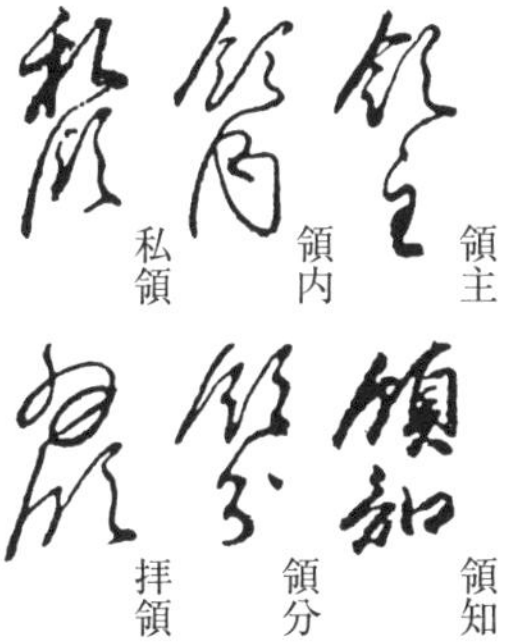

領主　領内　私領　領知　領分　拝領

仕

御仕置(おしおき)　仕着(しきせ)　仕来(しきたり)　仕附(しっけ)

（例58）万事堪忍第一ニ而喧咙口論仕間鋪候
（例59）博奕等一切不仕農業計出精仕候

万事堪忍第一にて喧嘩口論仕るまじく候
博奕等一切仕らず、農業ばかり出精仕り候

（例57）

解読文 急度(きっと)十月中(じゅうがつじゅう)ニ(に)皆済(かいさい)可レ仕(つかまつるべく)候(そうろう)

文意 必ず十月中に皆済いたします。

[解説] 1字目は「**急**」と読みます。2字目は既出ですが「**度**」です。「**急度**(きっと)」で、「必ず、厳しく」の意となります。の1字目は読めるでしょう。上部が「比」、下部が「白」で「**皆**」です。2字目はすでに一度出て来ましたが、難読文字です。とくに旁は筆順をなぞっても判読できません。覚えてしまうしかないのですが、これは「斉」で、偏が「氵(さんずい)」ですので「**済**」となります。「**皆済**(かいさい)」はその年の年貢をすべて納めることです。次のは、「マ」に似た「**可**(べく)」です。

（例58）

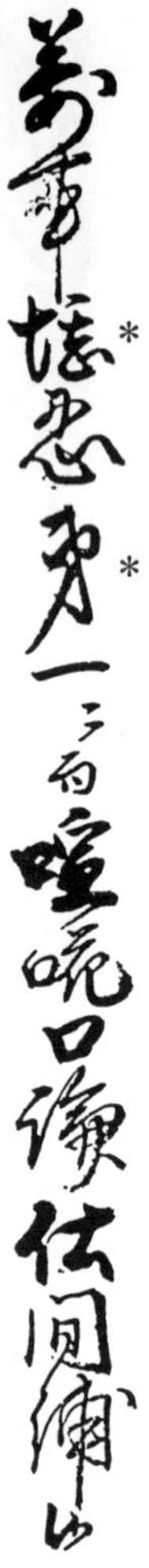

解読文 万事(ばんじ)堪忍(かんにん)第一(だいいち)ニ(に)而(て)喧咙(けんか)口論(こうろん)仕(つかまつる)間鋪(まじく)候(そうろう)

仕舞(しまい)

召仕(めしつかい)

皆

皆々

皆済(かいさい)

皆済

皆納

皆畑

皆無

堪

文意　すべて辛抱を第一にわきまえ、けんか・言い争いをしてはいけません。

【解説】　1字目は「**万**」の正字体（旧字体）「**萬**」です。2字目は虫損ですが「**事**」で問題ないでしょう。3字目の　は「土（つちへん）」に旁が「甚」の草体で「**堪**」です。次の　「**忍**」とで「**堪忍**（かんにん）」となり、身体的な苦痛や苦しい境遇に耐え忍ぶことです。5字目　は「第」の異体字です。「**喧咜**」　はともに「口（くちへん）」で、旁は上が「宣」、下が「花」と書かれています。「**咜**」は、「**嘩**」の異体字で国字（日本で作られた漢字）です。次の　は見当がつくと思いますが「**口論**（こうろん）」です。さて、「**仕**」は読めると思いますが、その次の　はどうでしょう。「**間**」はともかく、次のくずし字は偏が判然としません。これは「**鋪**」です。「**仕間鋪**（つかまつるまじく）」とセットにして覚えてしまいましょう。

（例59）

解読文　博奕（ばくち）等（など）一切（いっさい）不（つかまつら）レ仕（ず）、農業（のうぎょう）計（ばかり）出精（しゅっせい）仕（つかまつり）候（そうろう）

文意　博奕などはいっさいせず、農業だけ一所懸命につとめます。

【解説】　1字目は難読文字です。「十（じゅう）」に旁は「専」で、「**博**」となります。次の　は上部が「亦」、下部が「大」で「**奕**」です。「**博奕**」で「**ばくち**」または「**ばくえき**」と読み、頻出語彙の一つです。また、1字目の旁「専」も単独で出ますので覚えておいてください。「**博奕**」は、このほかに「博打」と書く場合も

堪忍

堪忍

第

第一

次第

【異体字】

（＝第）

博

博労（ばくろう）

【類似文字】

計

斗

あります。3字目は、「ホ」に似た「等」の異体字です。「一切（いっさい）」は読めるでしょう。次は、平仮名「ふ」の字母でもある漢字の「不」です。これは下から返って読みますから、「不レ仕（つかまつらず）」となります。次の「農業（のうぎょう）」は見当がつくでしょう。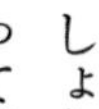は「斗」と書いて「ばかり」とも読めますが、「言（ごんべん）」に「十」と解して「計」とも読めます。次のは「出」、は「米（こめへん）」に「青」で「精」。「出精」で「しゅっせい」と読み、精を出し励みつとめることです。

⑧ 成（なす・なる）

「なす」は、ある行為をする、行う、なしとげる、物を作る、などの意味の動詞です。また、「成し下す」で、命令などをお下し（くだ）になる、の意味となります。また、「なる」は、思いがかなう、することができる、などの動詞のほかに、補助動詞として「お書きになる」「ご拝領になる」などと用いられます。なお、「成」は「なす」と「なる」の両様に読める場合がありますので、前後関係を読み込んで判断してください。

（例60）是迄追々御仕置相成候得とも

これまで追々御仕置に相成り候えども

（例61）道中御堅固先頃御在所江被成御着之由、珍重御事候

道中御堅固、先ごろ御在所へ御着き成さるるの由（よし）、珍重の御事に候

精
精々（せいぜい）
精進
出精（しゅっせい）
入レ精（せいをいれ）

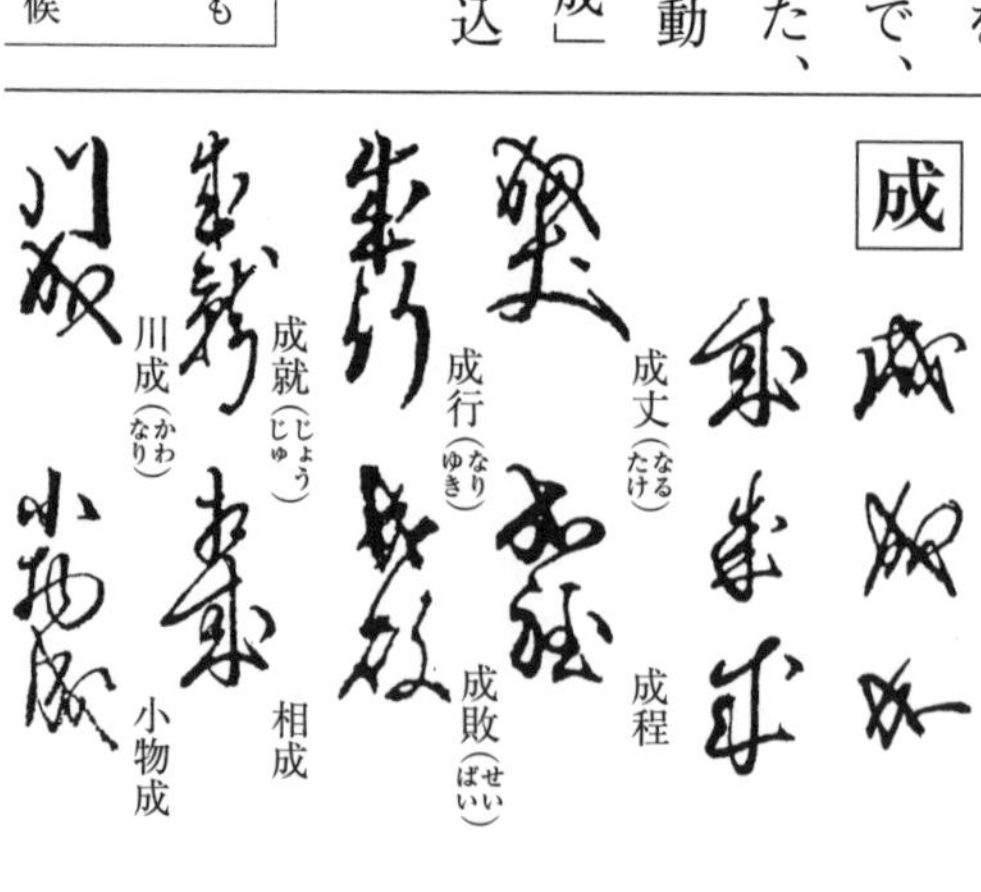

成
成丈（なるたけ）
成程
成行（なりゆき）
成敗（せいばい）
成就（じょうじゅ）
相成
川成（かわなり）
小物成

（例62）御年貢諸夫銭之儀者年々貴殿方ニ而御上納可被成候
御年貢諸夫銭の儀は、年々貴殿方にて御上納成さるべく候

（例63）格別之御勘弁を以御聞済被成下
格別の御勘弁をもって御聞き済まし成し下され

（例60）

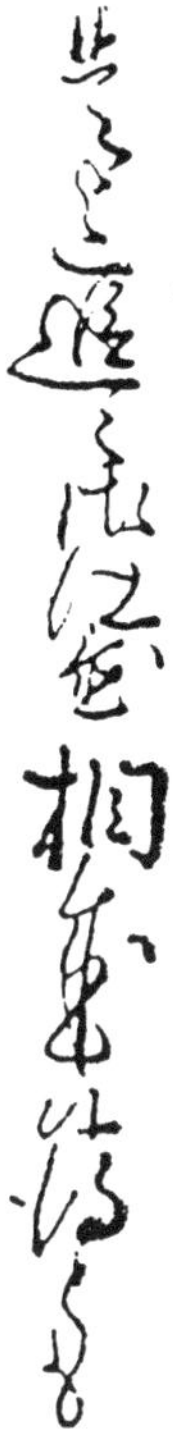

解読文 是迄（これまで）追々（おいおい）御仕置（おしおき）相成（あいなり）候得（そうらえ）とも

文意 今までたびたび処罰してきましたが。

【**解説**】 1字目「**是**」は頻出します（第1章3②〈88頁〉）。2字目は、「**迄**」の異体字です。「**是迄**（これまで）」という語彙を覚えてください。次のは「**追々**（おいおい）」と読みます。だんだん、たびたび、などの意味があります。「**御仕置**」は、もう読めるでしょう。は、語調を整える接頭語の「**相**（あい）」。は難読文字ですが、「**成**」と読みます。「来」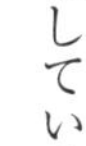に類似していますので区別できるようにしてください。

（例61）

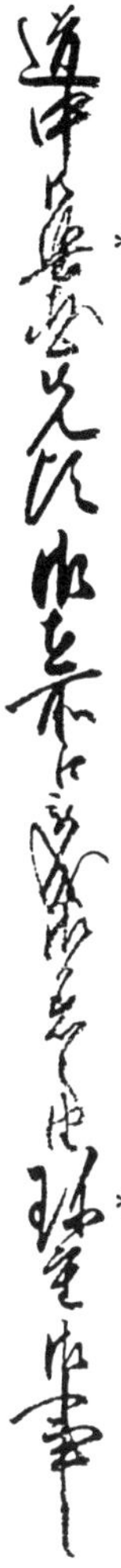

解読文 道中（どうちゅう）御堅固（ごけんご）、先頃（さきごろ）御在所（ございしょ）江（え）被レ成ニ（おつきなさるる）御着一之由（のよし）、珍重（ちんちょう）御事（のおんことに）候（そうろう）

夏成

罷成

【**異体字**】 （＝迄）

【**語彙解説**】
仕置（しおき）：①支配。②取り締まり。③処分。処罰。④幕府の所払い・敲（たたき）以上の場合をいう。

堅

文意 道中はご健康で、先般在所にお着きになったとのこと、めでたいことです。

【解説】 4字目は「堅」です。左上の「臣」がかなり省画されていますが、右側は「又」、下部は「土」に見えますが「土」です。次のは「固」ですが、左右の点が「口(くにがまえ)」の典型的なくずし字体です。中央が「古」で、は「口(くにがまえ)」の三画目の横線です。は難読ですが、次のが「所」であることから、「在所(ざいしょ)」という熟語を思いついていただきたい。は「被レ成」で「なされ」または「なられ」と読みます。は既出ですが「着」です。の1字目は「王(おうへん)」に「尔」で「珎」ですが、これは「珍」の異体字です。次の「重」とで「珍重(ちんちょう)」となって、めでたいこと、祝うべきことをいいます。

(例62)

解読文 御年貢(おねんぐ)・諸夫銭之儀者(しょぶせんのぎは)、年々貴殿方ニ而(ねんねんきでんかたにて)御上納可レ被レ成候(ごじょうのうなさるべくそうろう)＊

文意 年貢・諸夫銭は、毎年あなたの方で上納してください。

【解説】 これは「質地証文」の慣用文です。「年貢(ねんぐ)」の「年」は既出。は「工」に「貝」で「貢」です。「諸夫銭(しょぶせん)」は夫役（労役）の代わりに納める金銭です。は「貴殿(きでん)」の一般的に書かれるくずし字で、頻出します。最後の「可レ被」はもう読めると思います。次のが「成」です。一画目の横線と二画目「ノ」が略されていて、慣れないと読みにくいと思います。

堅固(けんご)
堅相守
珍
珍重(ちんちょう)
珍重
【異体字】
珎
(＝珍)
殿
殿守(とのも)
貴殿

（例63）

*

解読文 格別（かくべつ）之（の）御勘弁（ごかんべん）を以（もって）御聞済（おききすまし）被（なし）二成下（くだされ）一

文意 特別のご熟考をもってお聞き届けくださって。

［解説］ 文頭「**格別**（かくべつ）」は筆順をたどれば判読できると思います。は「甚」に「力」で「**勘**」です。次の「**弁**」は問題ないでしょう。「**勘弁**（かんべん）」という語彙で、この場合の意味はよく考えることです。「**聞済**（ききすまし）」は既出です。

⑨ 為（なす）

意味としては「成」と同様です。やはり、動詞として用いられる場合と補助動詞として用いられる場合があります。

（例64）老人妻子之扶助無覚束如何共可**為**様無之
老人・妻子の扶助おぼつかなくいかんともなすべき様これなく

（例65）御吟味之上御裁許被**為**　仰付被下置候ハ、
御吟味の上、御裁許仰せ付けなされ下しおかれ候（そうら）わば

勘

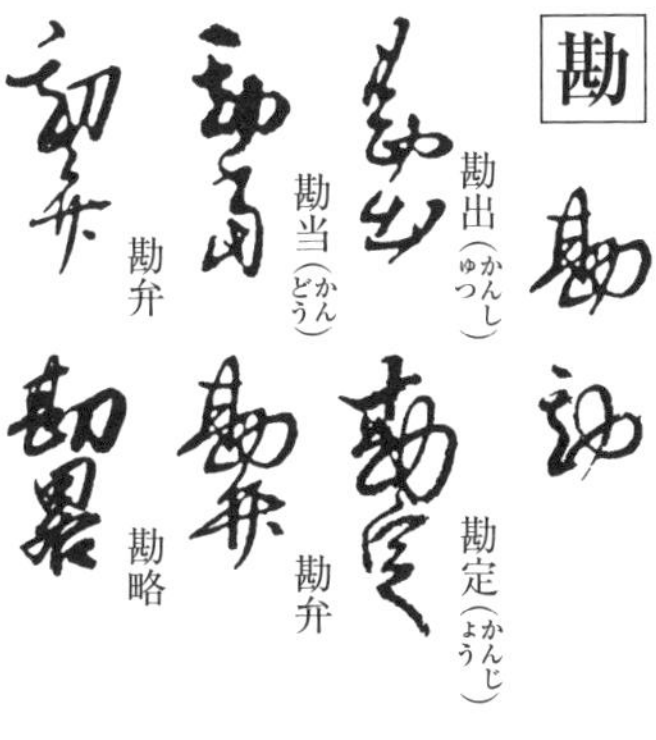

勘出（かんしゅつ）
勘当（かんどう）
勘弁
勘定（かんじょう）
勘弁
勘略

（例64）

解読文　老人（ろうじん）・妻子（さいし）之（の）扶助（ふじょ）無二（お）覚束一（ぼつかなく）如何共（いかんとも）可レ（べき）為（なす）様（よう）無レ（これなく）之

文意　老人・妻子の扶助がおぼつかなく、いかんともしようがなく。

［**解説**］　6字目のは「扌（てへん）」に「夫」で「扶」、次のは偏の横画が略されていますが「**助**」で、「**扶助**（ふじょ）」となります。8字目のは「**無**」で、下から返って読みます。は「**覚**」、は「**束**」です。「**無二覚束一**」で「**おぼつかなし**」と読み、心もとないことをいいます。は「**如何共**」で「**いかんとも**」と読みます。片仮名の「マ」に似た「**可**」の次が動詞の「**為**（なす）」です。仮名の「ゐ」の様に書かれています。

（例65）

解読文　御吟味（ごぎんみ）之上（のうえ）、御裁許（ごさいきょ）被レ（おおせ）為二（つけ）仰付一（なされ）被二（くだし）下置一（おかれ）候ハ、（そうらわば）

文意　調査のうえ、裁定をお命じになってくだされば。

［**解説**］　2・3字目は、両方「口（くちへん）」で、旁が「今」と「未」ですから「**吟味**（ぎんみ）」となります。7字目は「**裁**」です。「衣」の部分が若干違いますが、

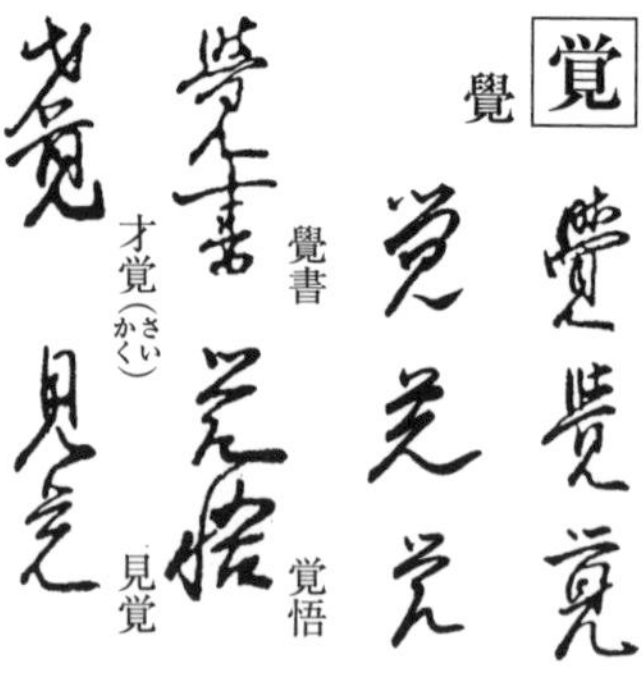

覚　覺　覚書　才覚（さいかく）　覚悟　見覚

裁　裁断　裁許

許　許容　裁許

次が「**許**」ですので「**裁許**（さいきょ）」という熟語で問題ありません。幕府などの裁定をいいます。その次は、平仮名の「ら」のような助動詞「**被**（れ）」、やはり「ゐ」のような補助動詞「**為**（なす）」で下から「**仰**（おお）**せ付**（つ）**けなされ**」と読みます。

⑩ 申（もうす）

「言う」の謙譲語で、自分をへりくだって相手に敬意を示す場合に用いられます。「申し上げる」「言上する」の意です。また、他の動詞について補助動詞としても用いられ、「…申し上げる」と現代語訳します。頻出する用語として「可ㇾ申（もうすべく）」「申上」「申入」「申聞（もうしきけ）」「申触」「申達」「申分」「申訳」や、「不ㇾ及ㇾ申（もうすにおよばず）」「申間敷（もうすまじく）」などと用いられます。また、補助動詞としては「差上申」「取極申（とりきめもうす）」などと用いられます。

（例66）霜月十日限ニ急度相済可**申**候
霜月十日ぎりにきっと相済まし申すべく候

（例67）中立次第急度相糺咎可**申**付候
申し立て次第きっと相糺し咎（とが）を申し付くべく候

（例68）御規則之通被　仰付聊**申分**無御座候
御規則の通り仰せ付けられいささか申し分御座なく候

（例69）御年貢ハ**不及申**諸役旁々無違背相勤可**申**候
御年貢は申すに及ばず諸役かたがた違背なく相勤め申すべく候

（例70）御村方江少も御苦労相懸**申間**敷候
御村方へ少しも御苦労相懸け申すまじく候

【語彙解説】
裁許（さいきょ）：「才許」とも書き、裁決すること。訴訟の判決。裁定。決定。

申

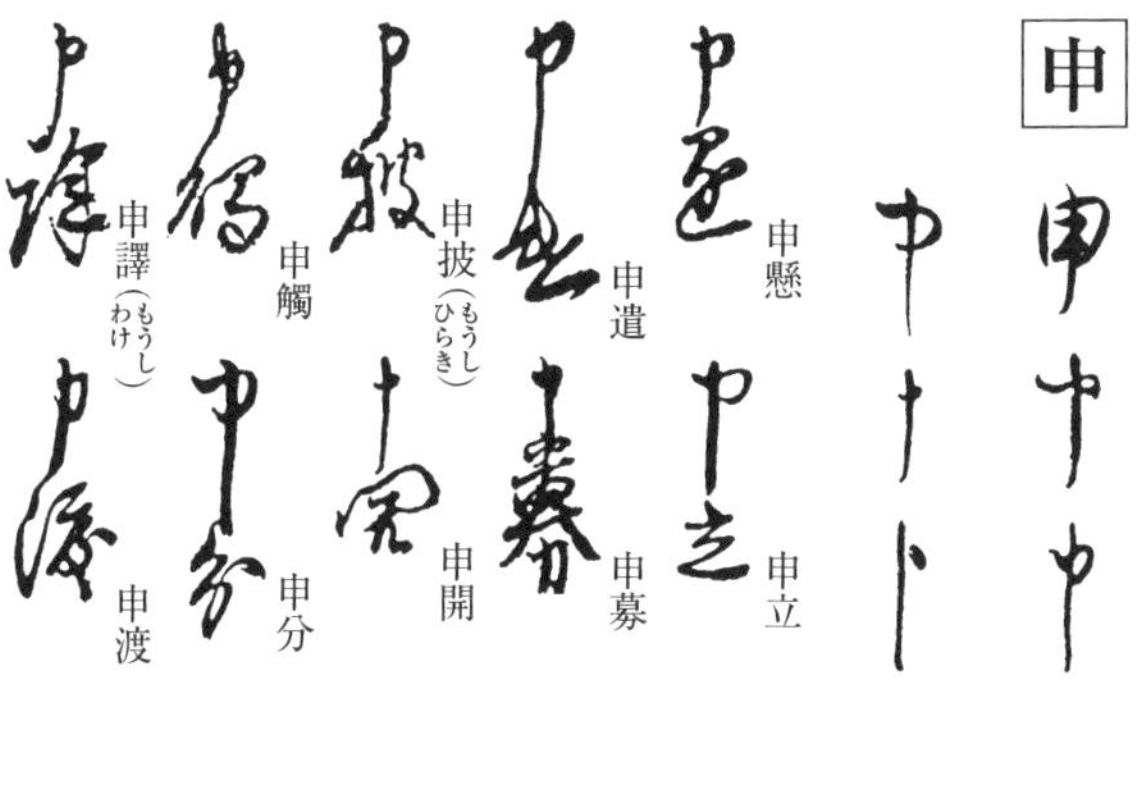

申懸
申立
申遣
申募
申披（もうしひらき）
申開
申觸
申分
申譯（もうしわけ）
申渡

（例71）往古之訳一切相知不申候
往古の訳一切相知れ申さず候

（例72）拙者共と対決之上双方共口書指上申候処
拙者どもと対決の上、双方とも口書指し上げ申し候処

（例73）相互ニ出情売捌猥りニ不相成候様取極申処
相互に出精売り捌きみだりに相成らず候様取り極め申す処

（例66）

解読文　霜月十日限ニ急度相済可レ申候

文意　十一月十日までに必ず納めます。

［解説］文頭は「⻗」に「相」で「霜」、2字目は「月」ですので、「霜月」となり陰暦十一月のことです。次のは「十日」ですが、「日」の横画が略されています（くずしの法則④）。5字目は「限」で「きり」と読みます。「急度」は、必ず、の意です。「済」の旁の字体に注意してください。前出（例49）とはかなり違います。

（例67）

月

月次

月番

極月（ごくげつ）

来月

【語彙解説】

急度（きっと）：①必ず。相違なく。②厳しく。しっかりと。「急度叱り」は、刑罰の一種で厳しい叱責のこと。③たしかに。

解読文　申立次第急度相糺（もうしたてしだいきっとあいただし）　咎可二申付一候（とがをもうしつくべくそうろう）

文意　申し立て次第に厳しく糾明し罰を申し付けなさい。

【解説】　1字目は「中」に読めますが「**申**」です。次の　は「**立**」ですので、「**申立**（もうしたて）」となります。3字目　は「冫（にすい）」ですが、旁は明確ではありません。次の文字はどうでしょう。　は「第」の異体字　でした。したがって、熟語で「**次第**（しだい）」と読みます。つまり　は「欠」のくずし字だったわけです。　は何度か出てきました「**急度**（きっと）」です。8字目　は「糸（いとへん）」に「乚」で「**糺**（ただし）」です。意味は糾明すること。次の　は上部が「外」、下部が「口」で、「**咎**」の異体字です。「**とが**」または「**とがめ**」と読み、罪や罰のことです。

（例68）

解読文　御規則之通被二仰付一（ごきそくのとおりおおせつけられ）　聊（いささか）　申分無二御座一候（もうしぶんござなくそうろう）

文意　規則通り命じられ少しも不満はありません。

【解説】　2字目　は「規」の異体字　です。次の　は「貝（かいへん）」に「刂（りっとう）」で「**則**」となります。9字目　は「耳（みみへん）」に「卯」で「**聊**」となり、「**いささか**」と読みます。　は「**申分**」で「**もうしぶん**」「**もうしわけ**」と読みます。例文の場合は前者を採用しました。意味は、不満に思うことです。

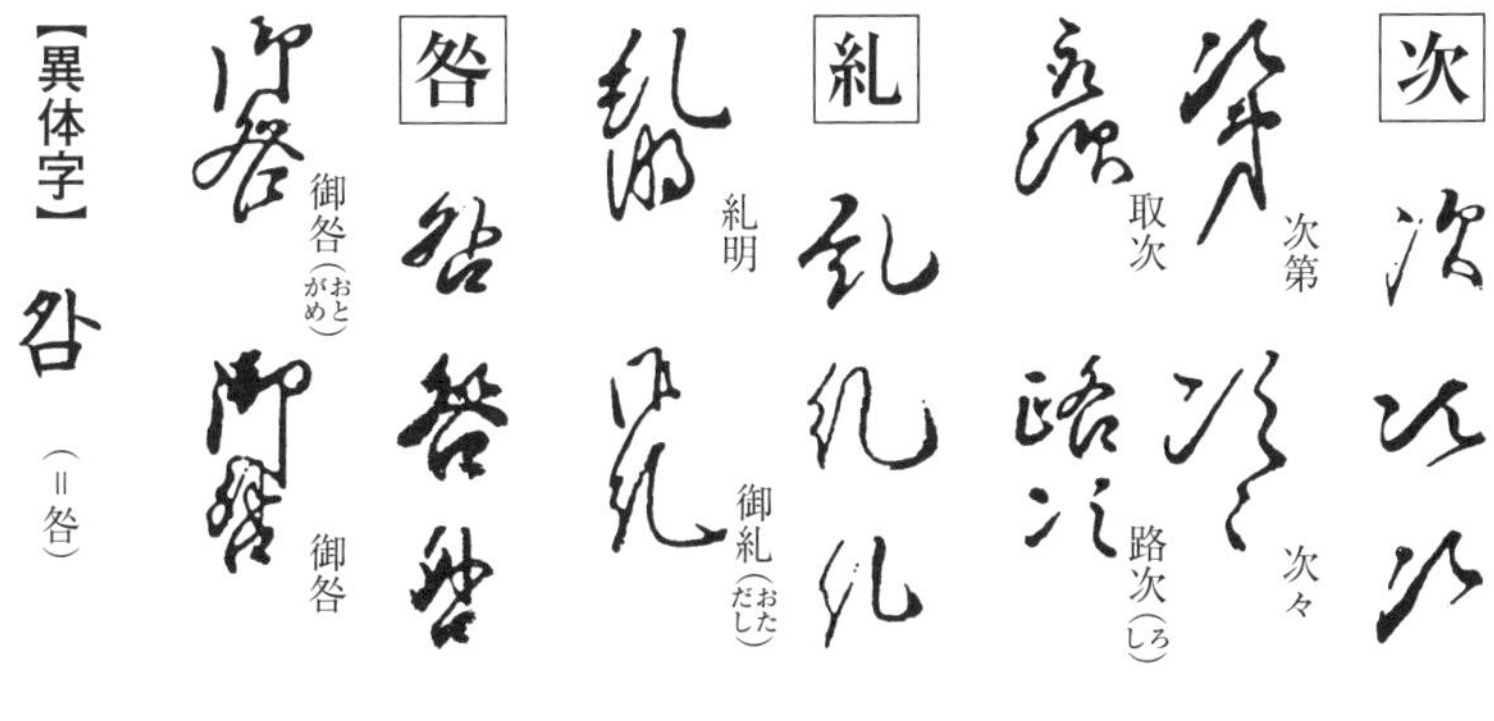
次
次第
次々
取次
路次（ろし）
糺
糺明
御糺（おただし）
咎
御咎（おとがめ）
御咎
【異体字】
（＝咎）

（例69）

解読文 御年貢ハ不レ及レ申、諸役旁々無二違背一相勤可レ申候
（おねんぐはもうすにおよばず、しょやくかたがたいはいなくあいつとめもうすべくそうろう）

文意 年貢は言うまでもなく、諸役なども違反せず納めます。

［解説］「**不及申**（もうすにおよばず）」は、言うまでもなく、の意です。は「言（ごんべん）」に「者」で「**諸**」。「**諸役**（しょやく）」は、本年貢以外の雑税や労役のことです。は「**旁々**（かたがた）」で、あれこれ、いろいろの意です。は「麦に辶（しんにょう）」で「**違**」の異体字です。は上部が「北」、下部が「月」で「**背**」となります。「**違背**（いはい）」は規則に背くこと。は「堇」に「力」で「**勤**」です。勤務することや年貢などを納めることをいい、ここでは後者のことです。

（例70）

解読文 御村方江少も御苦労相懸申間敷候
（おんむらかたえすこしもごくろうあいかけもうすまじくそうろう）

文意 村方には少しも苦労をかけません。

［解説］ 証文類の慣用文です。8・9字目のは「**苦労**（くろう）」と読みます。「**労**」の冠（かんむり）部分が明確でないため「分」とも読めますが、慣用文ですので「**労**」で間

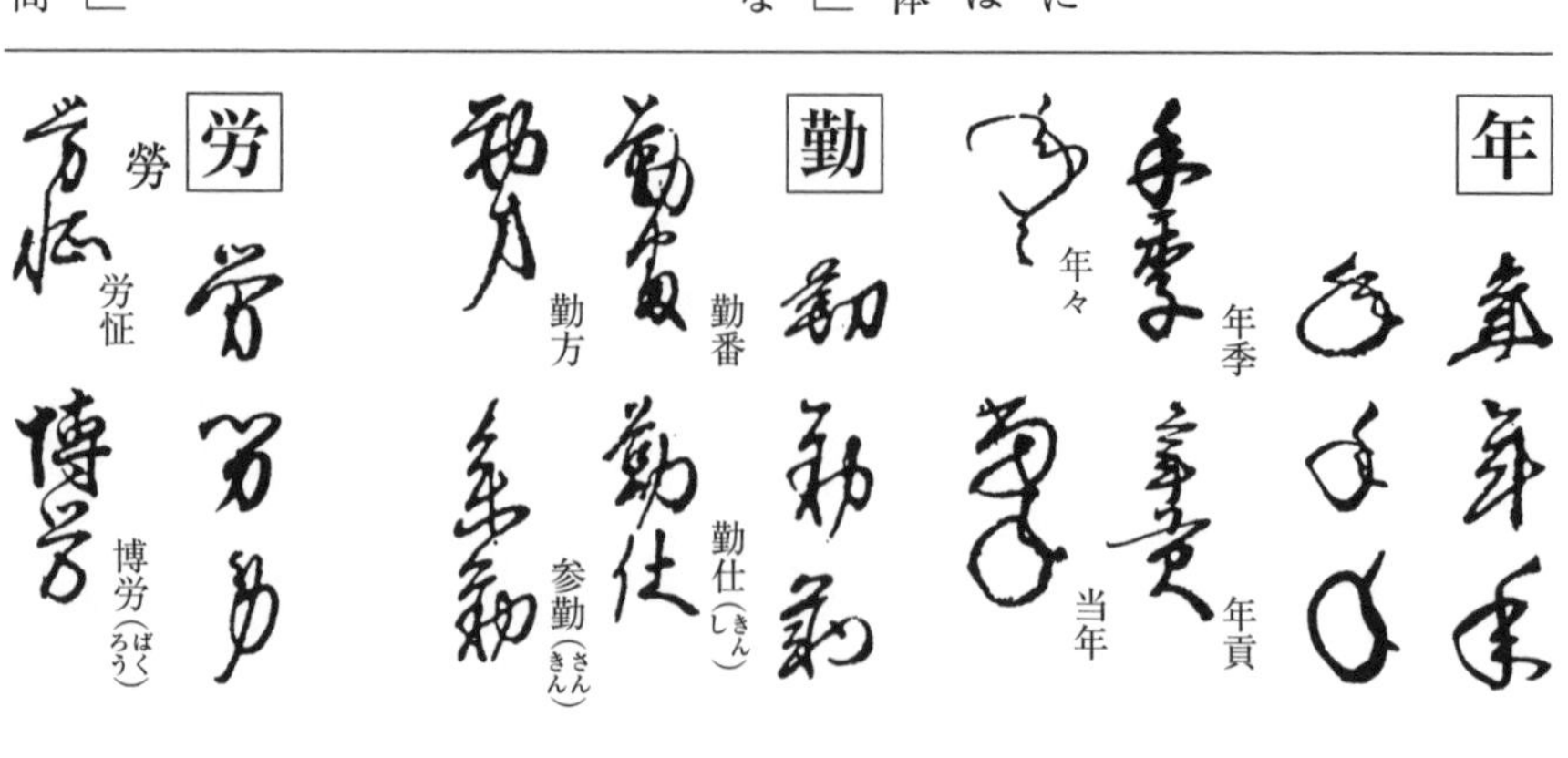

年
年季
年貢
年々
当年
勤
勤番
勤方
勤仕（きんし）
参勤（さんきん）
労
勞
労怔
博労（ばくろう）

違いありません。[くずし字]の1字目は「手偏にマ」で接頭語の「相（あい）」。次は難読文字ですが頻出します。平仮名の「を」のようですが「懸」と読みます。文末の[くずし字]は既出ですが「間敷（まじく）」と読みます。「可（べし）」の否定形で「…しない」「…してはいけない」などと訳します。

（例71）

解読文　往古（おうこ）之（の）訳（わけ）一切（いっさい）相知（あいしれ）不レ申（もうさず）候（そうろう）

文意　昔の事情はまったくわかりません。

【解説】[くずし字]は「彳（ぎょうにんべん）」に「生」で「徃」となり、これは「往」の異体字です。[くずし字]は「太」にも読めますが、前後関係から「古」と考えた方が妥当でしょう。「往古（おうこ）」で昔のことをいいます。9字目の[くずし字]は「不」で、下から返って「不レ申（もうさず）」と読みます。

（例72）

解読文　拙者共（せっしゃども）と対決（たいけつ）之（の）上（うえ）双方（そうほう）共（とも）口書（くちがき）指上（さしあげ）申（もうし）候（そうろう）処（ところ）

文意　私どもと裁判で対決のうえ、双方が口書を差し出しましたところ。

懸

懸合　懸り物　懸引　心懸

【異体字】　徃（＝往）

古

古恪　古郷　古検　古来

【解説】［くずし字］は「扌（てへん）」に「出」で「拙」です。5字目［くずし字］は既出ですが、「対」の正字体（旧字体）の「對」です。「決」はもう読めるでしょう。「対決（たいけつ）」は、裁判で原告と被告が口頭で主張することです。［くずし字］は「口書（くちがき）」と読み、裁判で当事者の主張を筆記した供述書で「口上書（こうじょうしょ）」ともいいます。［くずし字］は「指（さし）」です。旁上部の「ヒ」の一画目が略された字体となっています。

（例73）

解読文 相互（そうご）ニ（に）出情売捌猥（しゅっせいうりさばきみだ）りニ不二相成一（あいならず）候様取極申処（そうろうようとりきめもうすところ）

文意 互いに精を出して、売りさばきがみだりにならないように規則を決めましたところ。

【解説】2字目［くずし字］は慣れないと読みにくいくずし字ですが「互」と読みます。「楽」［くずし字］に類似していますので注意して下さい。「出情」［くずし字］は「出精（しゅっせい）」の当て字で、精を出すことです。［くずし字］は「扌（てへん）」に「別」で「捌（さばく）」と読みます。［くずし字］は「犭（けものへん）」に「畏」で「猥（みだりに）」と読み、本来は原則をおし曲げて、の意です。［くずし字］は「取極（とりきめ）」で、「取決」とも書きます。

対　對

對決　對馬　對談　相對（あいたい）

互

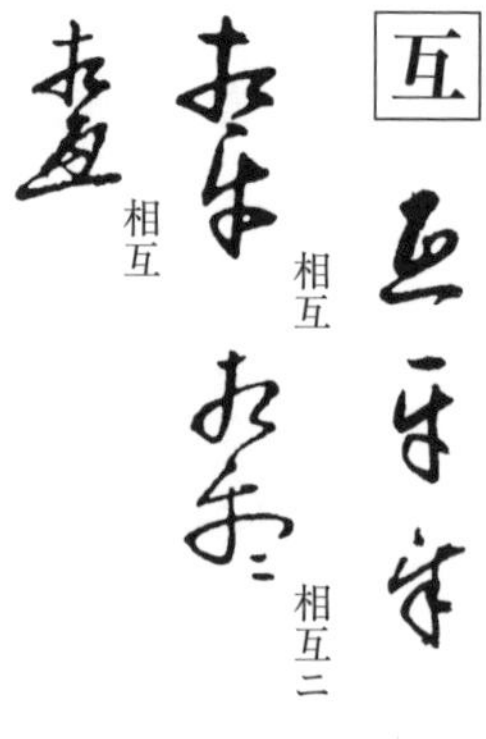

相互　相互ニ　相互

中ざらい

第1章「候文の基本」2節「基本動詞を読み解く」の復習をしましょう。次の例文を解読してください。

(1)

(2)

(3)

(4)

(5)

(6)

(7)

(8)

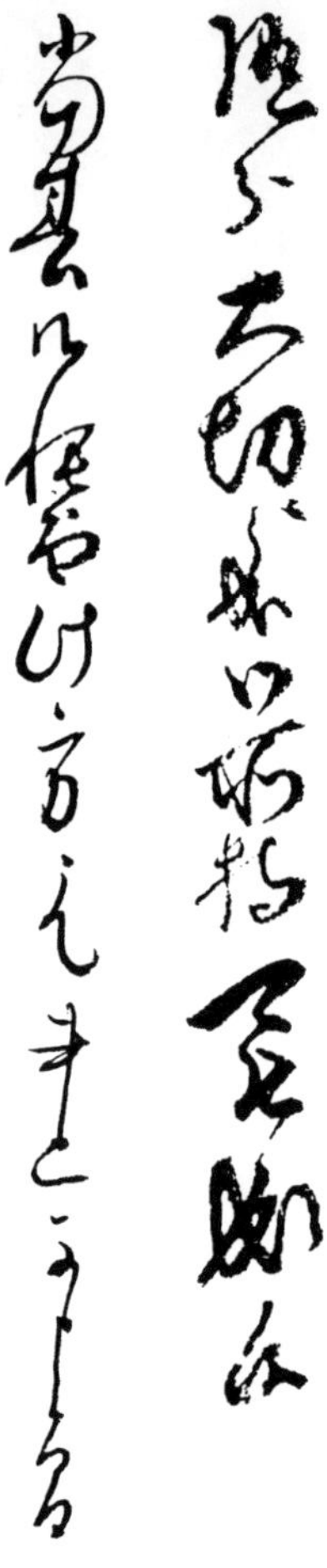

解読文

(1) 福嶋御関所無二相違一可レ有二御通一候

(2) 諸役六尺給米共ニ御免被レ遊候旨

(3) 御用向被二仰付一次第、片時無二御差支一出情仕

(4) 早束御聞済被レ下忝奉レ存候

(5) 国々御関所無二相違一御通シ可レ被レ下候

(6) 掛合之上熟談内済仕候趣意

(7) 随分大切ニ被レ成、御所持可レ被レ成候

(8) 当春御帳面此方ニて書上可レ申候間

3　頻出文字を読み解く

古文書を読み解くためには、頻出文字を克服することが最低の条件といえます。これまでも頻出文字はいくつも出てきましたが、とくにここに上げる四つはほとんどの古文書に現れます。これらは「候」や「様」と同様、頻出文字だけに字体もさまざまなものがあります。本書ではそれらの字体のすべてとはいわないまでも、なるべく多くの例文をあげます。また例示できなかった字体については下段に掲示します。

①　儀(ぎ)・義

(a)名詞として「こと」「事柄」「わけ」などの意で用いられる場合と、(b)接尾詞として、自分の側を示す語彙について「…こと」「…について」「…に関して」の意を表します。なお、「義」は「儀」の略字で「儀」の代用、または当て字として用いられます。

(例74)　堰之儀者上野村差障相成候間

堰の儀は上野村差し障り相成り候間

(例75)　若相違之儀御座候ハヽ加判之者何方迄茂罷出

もし相違の儀御座候わば、加判の者いず方までも罷(まか)り出で

儀
儀定(ぎじょう)
新儀
祝儀(しゅうぎ)
難儀
義
祝義
評義
難義
私義

（例76）渡守給金之義者壱ケ年ニ金五両ツ、

渡し守給金の義は壱か年に金五両ずつ

（例77）右水主共間々不作法之義有之候

右水主（かこ）ども、まま不作法の義これあり候

（例74）

解読文　堰之儀者上野村差障相成候間

文意　堰のことは上野村の支障になりますので。

［**解説**］１字目は大変読みにくいくずし字ですが、一般的にはとくずします。つまり「**堰**（せき）」です。川や水路を堰き止めて水流を調節する設備をいいます。３字目の「**儀**」はもっとも頻出する字体です。８字目は「**差**」の典型的なくずし方です。次の「**障**」とで「**差障**（さしさわり）」という語彙になります。支障、さまたげ、不服などの意です。最後の「**候間**（そうろうあいだ）」はもう読めるでしょう。

（例75）

解読文　若相違之儀御座候ハヽ、加判之者何方迄茂罷出

堰

堰場

井堰（いせき）

障

故障

巨障（こしょう）

差障り

【**語彙解説**】

加判（かはん）…①「加印」ともいい、印を押すこと。②将軍の意を伝える老中が奉書に花押を加えること。

文意 もし、相違のことがありましたら、判を押したもの（保証人）がどこまでも出かけて（解決します）。

【解説】証文類の慣用文です。文頭のは「若（もし）」。「儀（ぎ）」は前例に比べさらにくずされています。特に偏に注意してください。は、上部の点が「罒（よんがしら）」で、下部が「能」です。「罷」で「まかり」と読み、語調を整える接頭語のような働きをする動詞です。は「出」ですが、難読文字です。「何方迄も（いずかたまでも）」を受けて「出かける」の意味が理解できれば見当がつくでしょう。

（例76）

解読文 渡守給金之義者壱ケ年ニ金五両ツヽ（わたしもりきゅうきんのぎはいっかねんにきんごりょうずつ）

文意 渡し守の給金については一年に金五両ずつ。

【解説】2字目のは「守」です。「寺」と類似していますので要注意。3字目は「糸（いとへん）」に「合」で「給」です。6字目は「義」です。左下が省略されるのが一般的です。文末から4字目は数字の「五」です。数字については一通り読めるようにしてください。次は金貨の単位の「両（りょう）」です。

（例77）

両　兩

両替　両日　両年　両判

【金貨の換算】
一両＝四分
一分＝四朱

水

解読文

右水主共(みぎかこども)、間々(まま)不作法(ぶさほう)之義(のぎ)有レ之候(これありそうろう)

文意

右の水主たちはしばしば乱暴に振る舞うことがあります。

【解説】  は「**水主**(かこ)」と読み、船を操る人をいいます。 はもう読めますね。次の踊り字  とあわせて「**間々**(まま)」と読みます。 は「**不作法**(ぶさほう)」と読み、礼儀にはずれる振る舞いのことで、「無作法」とも書きます。

② 此・之・是・斯(この・これ・かく)

一般に「この」または「これ」などと読む代名詞で、自分の側にある物や人・場所などをさしたり、自分自身や現在の時点をさし示します。「此節(このせつ)」「此者(このもの)」「此方(このほう)」「此段(このだん)」あるいは「有レ之(これあり)」「無レ之(これなく)」「是迄(これまで)」「依レ是(これにより)」などと用いられます。また、「かく」と読み、「如レ此(かくのごとし)・如レ是・如レ斯」などとも用いられます。

(例78) **此免定を以順路ニ致割合**
この免定をもって順路に割合致し

(例79) **此節持病ニ而難儀仕候ニ付退役仕度奉願上候**
この節、持病にて難儀仕り候につき、退役仕りたく願い上げ奉り候

(例80) **此度格別之思召を以苗字帯刀御免被　仰付候間**
このたび、格別の思召しをもって、苗字・帯刀御免仰せ付けられ候間

(例81) **此度私悴右馬之輔義御手代御奉公ニ差上候**
このたび、私悴(せがれ)右馬之輔義(ぎ)、御手代御奉公に差し上げ候

水神
水押
洪水
水損
水夫(かこ)
出水

此

此間
此侭
此節
此段

之

（例82）**此段**申送り候間

この段申し送り候間

（例83）已後**此方**人数相除候間其村人数ニ可被差加候

已後この方人数相除き候間、その村人数に差し加えらるべく候

（例84）**依此**白紙帳面弐冊相渡置候間

これにより、白紙帳面二冊相渡し置き候間

（例85）百姓商人ゟ船賃壱人ニ付拾六文ツ、**取之**

百姓・商人より船賃一人につき十六文ずつこれを取り

（例86）**依之**私共連判仕指上申候

これにより、私ども連判仕り指し上げ申し候

（例87）若相背村中之妨に相成者**有之**者可申出事

もし相背き村中の妨げに相成る者これあらば、申し出ずべき事

（例88）川通水損**在之**場所者年々検見可申付候

川通り水損これある場所は、年々検見申し付くべく候

（例89）非義非道之義**無之**様心付可申候

非義・非道の義これなき様、心付け申すべく候

（例90）盗賊等之御仕置**是又**同前ニ相守堅可申付事

盗賊等の御仕置これまた同前に相守り、堅く申し付くべき事

（例91）尤**是迄**村方人数ニ相違無御座候

もっとも、これまで村方人数に相違御座なく候

（例92）**是迄**申争之廉者扱人貰請

これまで申し争いの廉（かど）は扱い人貰い請け

（例93）右申上度**如是**御坐候也

右申し上げたく、かくの如くに御坐候なり

（例94）先者右之段申上度、**如斯**ニ御座候

先（まず）は右の段申し上げたく、かくの如くに御座候

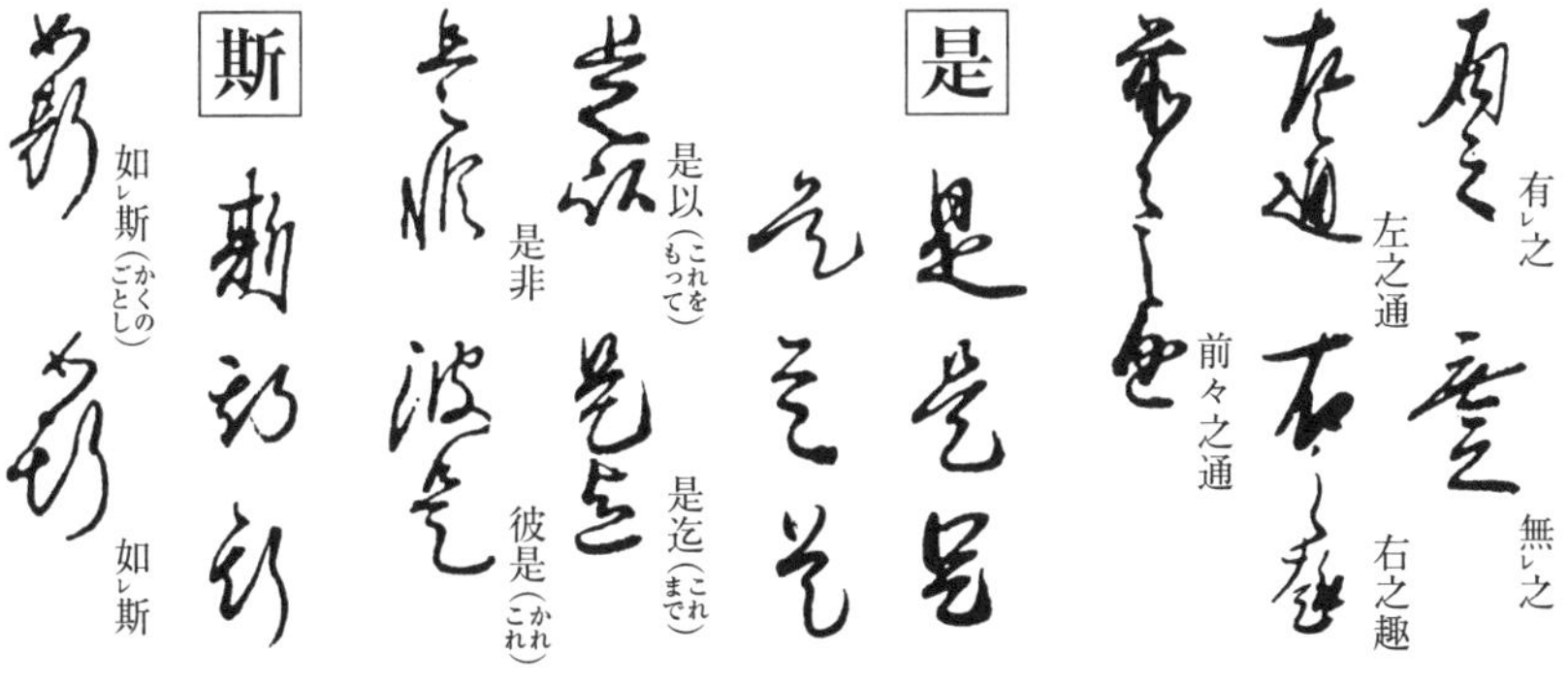

有レ之
無レ之
左之通
右之趣
前々之通
是
是以（これをもって）
是迄（これまで）
是非
彼是（かれこれ）
斯
如レ斯（かくのごとし）
如レ斯

（例78）

＊

解読文　此免定を以順路ニ致二割合一（このめんじょうをもってじゅんろにわりあいいたし）

文意　この免定によって正しく配分し。

［**解説**］文頭のが「**此**」ですが、既出の字体（例27）とかなり違います。は「**免定**（めんじょう）」と読み、「免状」とも書き、年貢割付状のことです。は「**順路ニ**（じゅんろに）」で、道理にしたがって、の意です。

（例79）

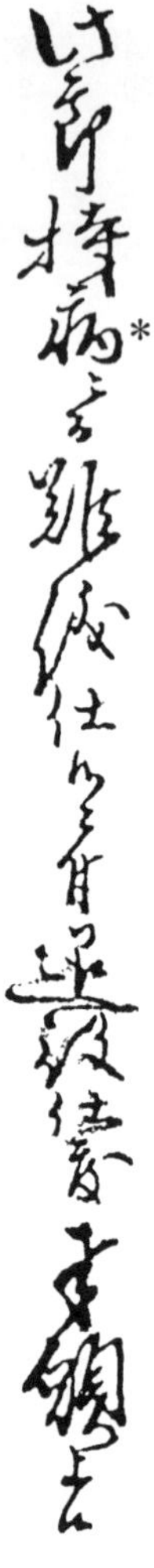

＊

解読文　此節持病ニ而難儀仕候ニ付、退役仕度奉二願上一候（このせつじびょうにてなんぎつかまつりそうろうにつき、たいやくつかまつりたくねがいあげたてまつりそうろう）

文意　このごろは持病で難儀していますので、役職を退きたくお願い申し上げます。

［**解説**］　1字目は典型的な「**此**」のくずし字です。2字目は「**郎**」に見えますが「**節**」です。1字目と合わせ「**此節**（このせつ）」と読み、このごろは、の意です。7字目は「**難**」の異体字です。次は前項（85頁）で説明しました「**儀**」です。

割

割掛
割付
割賦（わっぷ）
割元
割符（わっぷ）
宿割

病

病氣
病苦
病死
病身
病人
持病

（例80）

解読文　此度(このたび)格別(かくべつ)之(の)思召(おぼしめし)を以(もって)苗字(みょうじ)・帯刀(たいとう)御免(ごめん)被(おおせ)二仰付(つけられ)一候(そうろう)間(あいだ)

文意　このたび特別のお計らいで、苗字・帯刀をお許しくださいましたので。

［**解説**］文頭の「**此**」は頻出する字体ですので確実に覚えてください。は「**思召**(おぼしめし)」と読み、お思いになる、お考え、などの意です。「**御免**(ごめん)」は、許可されることです。

（例81）

解読文　此度(このたび)私(わたくし)悴(せがれ)右馬之輔(うまのすけ)義(ぎ)、御手代(おてだい)御奉公(ごほうこう)ニ(に)差上(さしあげ)候(そうろう)

文意　このたび私の悴右馬之輔を手代奉公に差し上げます。

［**解説**］「**此**(この)」も難読文字ですが、しばしば用いられる字体です。は「**悴**(せがれ)」の異体字です。この他に、「伜」「躮」などが用いられます。は「車(くるまへん)」に「甫」で「**輔**(すけ)」です。は前項（85頁）で学習しました「**義**」です。「**手代**(てだい)」は、主人の下で手伝いをする人をいいます。

思

思召（おぼしめし）

思食（おぼしめし）

悴

（伜）

悴共（せがれども）

世悴（よせがれ）

【**異体字**】　伜　（＝倅）

（例82）

解読文　此段（このだん）申送り（もうしおく）候間（そうろうあいだ）

文意　この件を申し送りますので。

［**解説**］文頭は「**此段**（このだん）」と読みます。「**段**」はすでに出てきました（例22・37）のでもうマスターしたことと思います。また、「**従**」 に類似していますので注意してください。

（例83）

解読文　已後（いご）此方（このほう）人数（にんずう）相除（あいのぞき）候間（そうろうあいだ）、其村（そのむら）人数（にんずう）ニ可レ被二差加一（さしくわえらるべく）候（そうろう）

文意　以後はこちらの人別をのぞきますので、そちらの村の人別に加えてください。

［**解説**］これは「人別送り状」の一節です。文頭は「**已後**（いご）」で「以後」と同意です。は「**此方**」で、「**このほう**」とも「**こなた**」とも読み、こちら、この人、わたくし、などの意味です。は「**数**」の異体字**敉**です。は「**其村**（そのむら）」と読み、そちらの村、の意味です。

送

送方
送り荷
送状
送手形

除

除高（のぞきだか）
除地（じょち）
川除（かわよけ）
掃除

（例84）

解読文　依レ此白紙帳面弐冊相渡置候間（これによりはくしちょうめんにさつあいわたしおきそうろうあいだ）

文意　これによって白紙の帳面を二冊渡しておきますので。

【解説】1・2字目は下から返って「これにより」と読みます。5字目は「巾」（はばへん）に「長」で「帳」です。8字目のは「冊」の異体字です。

（例85）

解読文　百姓・商人ゟ船賃壱人ニ付拾六文ツヽ取レ之（ひゃくしょう・しょうにんよりふなちんひとりにつきじゅうろくもんずつこれをとり）

文意　百姓・商人から船賃として一人あたり十六文ずつ取り。

【解説】6字目のは「船」の異体字です。次のは「賃」で、右上の「壬」が「己」となります。最後の「之」（これ）は読まない場合もあります。字体は、平仮名の「え」のように書かれています。

（例86）

帳

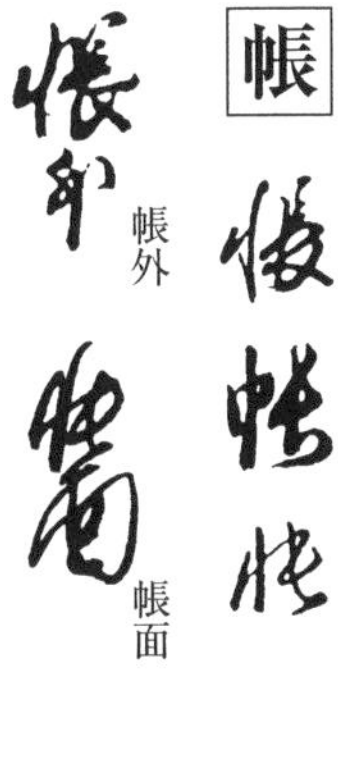

帳外　帳面

冊　册

冊数　短冊（たんざく）

【異体字】冊（＝冊）

【異体字】舩（＝船）

拾

拾分一　六拾壱文

解読文　依レ之私共連判仕指上申候（これによりわたくしどもれんぱんつかまつりさしあげもうしそうろう）

文意　これによって私どもが連判し差し上げます。

［解説］「依レ之（これにより）」は前出（例84）の「依レ此」より一般的に用いられます。6字目  は「判」の異体字です。「指（さし）」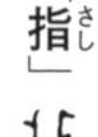 は接頭語（第5章④〈268頁〉）です。

（例87）

解読文　若相背村中之妨に相成者有レ之者可レ申出レ事（もしあいそむきむらじゅうのさまたげにあいなるものこれあらばもうしいずべきこと）

文意　もし違反して、村中の妨げとなる者がいたら申し出ること。

［解説］3字目  は上部が「北」、下部が「月」で「背」です。8字目  は変体仮名の「に」で字母は「爾」の異体字「尓」です。 は「有レ之者（これあらば）」と読みます。「之」が片仮名の「ミ」のように書かれています。

（例88）

解読文　川通水損在レ之場所者年々検見可レ申付レ候（かわどおりすいそんこれあるばしょはねんねんけみもうしつくべくそうろう）

文意　川筋で水損の被害にあった場所は毎年検見を申し付けます。

［解説］3・4字目の  は「水損（すいそん）」と読み、大雨などで田畑などが水の被

連

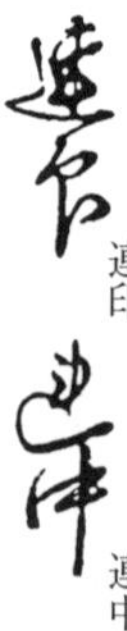

連印　連中

連判　連々

【異体字】判（＝判）

背

相背（あいそむき）　違背（いはい）

【異体字】損（＝損）

検

検

害を受けることです。「**損**」は異体字が用いられています（前頁下段）。5字目のは「**在**」で下から返って「**これあり**」と読みます。「有レ之」と同様に用いられます。12字目のは「木（きへん）」に旁は「僉」で、「**検**」の正字体（旧字体）「**檢**」です。

（例89）

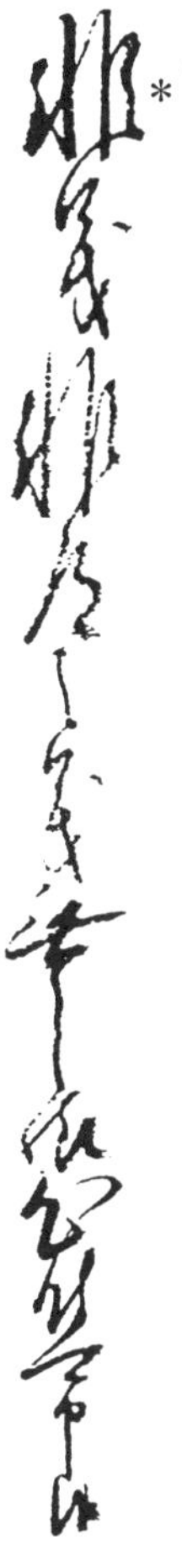

解読文　非義（ひぎ）非道（ひどう）之（の）義（ぎ）無レ之様（これなきよう）心付（こころづけ）可レ申（もうすべく）候（そうろう）

文意　正義でないことや道理にはずれることがないように注意しなさい。

【**解説**】文頭「**非義**（ひぎ）」は、不法、正義でないこと、義理にそむくこと、道理にはずれることをいいます。4字目は「**道**」です。「**常**」と類似していますので要注意。「**非道**（ひどう）」は、人の道にはずれること、人情にはずれること、の意。「**無レ之様**（これなきよう）」の「**之**」はほとんど縦線になっています。

（例90）

解読文　盗賊等（とうぞくなど）之（の）御仕置（おしおき）是又（これまた）同前（どうぜん）ニ（に）相守（あいまもり）堅（かたく）可ニ申付一事（もうしつくべきこと）

文意　盗賊などの処罰は、これまた前と同じように（規則を）守り、きつく申し付けること。

検使　検地　検断　検見（みけ）

非

非儀　非人　非道　非分

【**類似文字**】

道　常

事

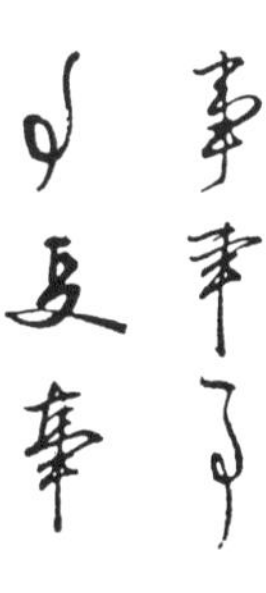

［解説］ 2字目の偏は「貝(かいへん)」で「賊」と読みます。3字目は「ホ」のように書かれる「等」の異体字です。「御仕置(おしおき)」は、処罰、刑罰の意味です。「是」は下部の「疋」が省画されているところに特徴があります。10字目は「冂(えんがまえ)」の中に点が打たれ「同」。次の文字とで「同前(どうぜん)」となります。これは「同然」の当て字で、変わりがないことをいいます。最後のは、頻出するくずし字で「事」です。

（例91）

解読文

尤(もっとも)是迄(これまで)村方(むらかた)人数(にんずう)ニ相違(そうい)無(なく)二御座(ござ)一候(そうろう)

文意

もちろんこれまで当村の一員に間違いありません。

［解説］ 文頭のは「尤(もっとも)」と読みます。二画目の「ノ」が短く、その途中から三画目に移っています。2字目の「是」は前例同様下部の「ノ」の部分が省画されています。3字目のは「占」に「辶(しんにょう)」で「迄」の異体字です。最後の「相違無二御座一候(そういござなくそうろう)」は慣用的な表現ですので暗記してしまいましょう。

（例92）

事柄　曲事(くせごと)　諸事　無事　返事　見事(みごと)

数　數

数多(あまた)　数量　家数　人数

解読文　是迄（これまで）申争（もうしあらそい）之（の）廉者（かどは）扱人（あつかいにん）貰請（もらいうけ）

文意　これまで言い争ってきた事柄は仲裁人が引き受け。

【**解説**】1字目「**是**」は前例と異なり下部の省画はありません。次のは「**迄**」の異体字です。上が「**申**」ですので「**申争**（もうしあらそい）」でよいと思います。4字目のはちょっと読みにくいくずし字です。6字目の「**廉**」は「**かど**」と読み、事情、理由、事柄などの意味があります。8字目は「扌（てへん）」に「及」で「**扱**」です。「**扱人**（あつかいにん）」は、仲裁人のことです。また、「曖（あつかう）」と書く場合もあります。10字目のは上部が「世」で下部が横画の省略された「貝」で「**貰**」です。

（例93）

＊

解読文　右申上度（みぎもうしあげたく）、如ㇾ是（かくのごとくに）御坐候也（ござそうろうなり）

文意　右のことを申し上げたく、このとおりでございます。

【**解説**】これは書状の書止（かきとめ）部分の例文です。したがって、かなりくずし方が特殊で初心者の方には読みにくいかも知れません。文頭は「**右**」で問題ないでしょう。その次のは「**申上**（もうしあげ）」と読みます。4字目のは「**度**（たく）」、5字目めは「め」のように見えますが「**如**（ごとし）」です。次のが「**是**」で、「**如ㇾ是**（かくのごとくに）」と読みます。次のは「**御坐**（ござ）」でしょう。「座」「唑」と区別がつくよう

廉

廉々（かど）
廉々
廉直
右等之廉

扱

扱人
取扱

坐

【異体字】

（=坐）

【類似文字】

坐
座

にしてください。その下の点が「候」で、最後の〔くずし字〕は、変体仮名「や」の字母でもある漢字の「也」です。

（例94）

解読文 先者(まずは)右(みぎ)之(の)段(だん)申上度(もうしあげたく)、如(かくのごとく)レ斯ニ(に)御座候(ござそうろう)

文意 まずは右の件を申し上げたく、このとおりでございます。

［解説］本例も書状の書止(かきとめ)部分です。重複をさけて説明します。文頭は「**先者**」で「**まずは**」と読みます。５字目の〔くずし字〕は「**段**」です。９字目の〔くずし字〕は「女(おんなへん)」に「口」で「**如**(ごとし)」、次の〔くずし字〕は「**斯**」です。「**如レ斯**」で「**かくのごとく**」と読みます。

③ 其(その)・夫(それ)

一般に(a)「その」または(b)「それ」と読み、(a)の場合、話し手が、前に述べたことを了解していることをさし示したり、距離的に聞き手側にあると思われるものをさし示すときに用いられます。(b)の場合は、相手や相手側にある物・人・場所などをさしたり、相手自身や過去あるいは将来のある時点をさし示したりします。「其上(そのうえ)」「其節(そのせつ)」「其段(そのだん)」「其方(そのほう)」「其旨(そのむね)」あるいは「夫々(それぞれ)」などと用いられます。

其

其後
其段
其許（そこもと・そのもと）
其元

また、「其村（そのむら）」「其御地（そのおんち）」は、そちらの村、そちらの土地、の意です。

（例95）**其節**至り一言之異変仕間敷候
その節に至り一言の異変仕るまじく候

（例96）**其段**有躰ニ急度可申上事
その段有体（ありてい）にきっと申し上ぐべき事

（例97）自今以後ハ**其所**ニ而介抱いたし
自今以後はその所にて介抱いたし

（例98）勿論御年貢諸役等**其方**ゟ御勤可被成候
もちろん御年貢・諸役等、その方よりお勤めなさるべく候

（例99）**其外**如何様之変事等出来候共
その外いか様の変事等出来（しゅったい）候とも

（例100）右八右衛門**其外夫々**厳科ニ被行候
右八右衛門その外それぞれ厳科に行われ候

（例95）

解読文　其節至り一言之異変　仕　間敷候（そのせつにいたりいちごんのいへんつかまつるまじくそうろう）

文意　その時になって一言も契約に違反することは申しません。

［解説］　1字目は「其（その）」の典型的なくずし字です。2字目は、「艹（くさかんむり）」のように書かれていますが、「⺮（たけかんむり）」で「節」です。「其節（そのせつ）」で、その時に、の意味です。3字目は「至」ですが、「玉」に類似していますので区別が付くようにしてください。6字目のは「言」です。8字目は難読です。上部は「己」、下

夫

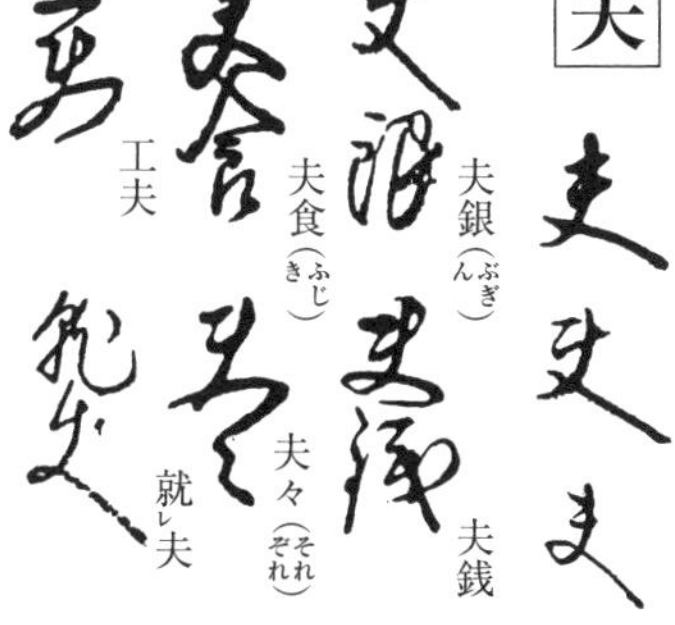
夫銀（ぶぎん）
夫銭
夫食（ふじき）
夫々（それぞれ）
工夫
就レ夫

【類似文字】

至
玉

【異体字】

（＝異）

部が「大」です。これは「異」の異体字です。その下のは「変」です。「異変（いへん）」は「違変」とも書き、契約を違えることを言います。

（例96）

解読文 其段有躰ニ急度可㆓申上㆒事（そのだんありていにきっともうしあぐべきこと）

文意 その件についてありのままに必ず申し上げなさい。

【解説】「其段（そのだん）」は、それまでに述べてきた件、の意です。「躰」は「体（體）」の異体字です。は「有躰（ありてい）」と読み、ありのままのことです。「急度（きっと）」はもう読めますね。

（例97）

解読文 自今以後ハ其所ニ而介抱いたし（じこんいごはそのところにてかいほう）

文意 今後はそちらで介抱をし。

【解説】 2字目は「今」です。判読しにくい字体ですが、このように書かれることが多いのでぜひ覚えてください。3字目のは「以」ですが、「自今以後（じこんいご）」という用語は頻出します。6字目の「其（その）」は「そちら」の意味です。

【異体字】 躰（＝体〈體〉）

躰〈体〉

有躰（ありてい）
実躰（じってい）
一躰（いったい）
右躰

介

介抱
厄介

抱

家抱（けほう）
召抱

10字目の は筆順をたどれば「介」と読めるでしょう。最後の変体仮名は「い(以)」「た(多)」「し(之)」です。

(例98)

解読文　勿論御年貢・諸役等、其方ゟ御勤可レ被レ成候

文意　当然年貢・諸役などはあなたが負担してください。

【解説】この例文は証文類の一節です。1字目は「向」のように読めますが、2字目が「論」ですので、「勿論」と読みます。5字目 は、上部が「ム」で下部が横画が省画された「貝」で「貝」の異体字「貟」となりますが、前後関係から考えますと「年貢」の「貢」と解したほうが良いでしょう。6字目 は「言」(ごんべん)に「者」で「諸」。次の は「イ」(にんべん)のように書かれていますが、「彳」(ぎょうにんべん)に「殳」で「役」です。「諸役」は本年貢以外の夫役や軍役をいいます。 は「其方」で「そのほう」または「そなた」と読みます。

(例99)

解読文　其外如何様之変事等出来候共

勿

勿論

無二勿体一(もったいなし)

【類似文字】

勿

向

変　變

変事

変地

文意

そのほかどんな異変が起こっても。

【**解説**】１字目が「**其**(その)」です。次の は、筆順を追うと「夕」に「卜」で「**外**(ほか)」となります。次は で「**如何様**(いかよう)」と読み、どのような、の意です。次の「し」に似たくずし字は「**之**」です。「**変**」の次の は「**事**」で、「**変事**(へんじ)」となり、異変のことをいいます。その下の「ホ」に似たくずし字は既出ですが「**等**」の異体字 です。 は「**出来**(しゅったい)」と読み、物事が起こること。最後の点以下 は「**候共**(そうろうとも)」で、「～しても」の意となります。

(例100)

解読文

右八右衛門(みぎはちえもん)其外夫々(そのほかそれぞれ)厳科(げんか)ニ(に)被レ行(おこなわれ)候(そうろう)

文意

右の八右衛門をはじめその他の者は、それぞれ厳罰に処せられました。

【**解説**】２字目以下は人名です。「―右衛門」「―左衛門」については下段に何例かを掲載しましたので参考にしてください。「**其外**(そのほか)」 はもう読めるでしょう。８字目 が「**夫**(それ)」です。 は「**厳科**(げんか)」と読み、厳しい処罰をいいます。右下の「**ニ**」を読み落とさないように注意してください。次の は大変読みにくいくずし字ですが、その下が「**行**」ですから、下から返って「**行われ**」と読み、受身の助動詞「**被**(れ)」と解して良いと思います。

違変

事変

【**語彙解説**】

出来（しゅったい）…「しゅつらい」の転訛。出てくること。事が起こること。発生すること。物ができ上がること。

【**人名**（～右衛門）】

加右衛門

喜右衛門

佐五右衛門

新右衛門

善右衛門

杢右衛門

【**人名**（～左衛門）】

市左衛門

儀左衛門

五郎左衛門

庄左衛門

長左衛門

弥惣左衛門

④ 何　なに・いずれ・いかが

(a)「何(いず)れ」などと、選択を示す場合などに用いられます。また、「何(いず)れ(も)」は、どれも、すべて、の意に用いられます。(b)「何方(いずかた)」などと、場所を問う場合などに用いられます。(c)「如何(いかが)」などと、疑問の意を表す場合に用いられます。また、「いかに」とも読み、疑問に思ったり問いかけたりする場合に用いられます。(d)「何様(いかよう／なによう)」「如何様(いかよう)」などと用い、物事の状態や程度などを疑い問う場合に用いられます。

(例101) **何れ**之浦ニ而茂私之荷物かくして不可積之
いずれの浦にても私の荷物かくしてこれを積むべからず

(例102) **何レ**ニ而も双方相談之上前条通り可取計
いずれにても双方相談の上前条通り取り計らうべし

(例103) 一類共**何茂**立合相談之上相極候
一類どもいずれも立ち合い相談の上相極め候

(例104) 口入之者**何方**迄も罷出申わけ可仕候
口入れの者いず方までも罷り出で申しわけ仕るべく候

(例105) 事実者**如何**可有之哉
事実(ことじつ)ならばいかがこれ有るべきや

(例106) 縦郷替御国替**何様**之義御座候とも
たとい郷替え御国替えいか様の義御座候とも

(例107) 湯小屋ニて**如何様**之儀出来候共
湯小屋にていか様の儀出来(しゅったい)候とも

(例108) 縦御代官替り**如何様**之御法度御座候共
たとい御代官替りいか様の御法度御座候とも

何

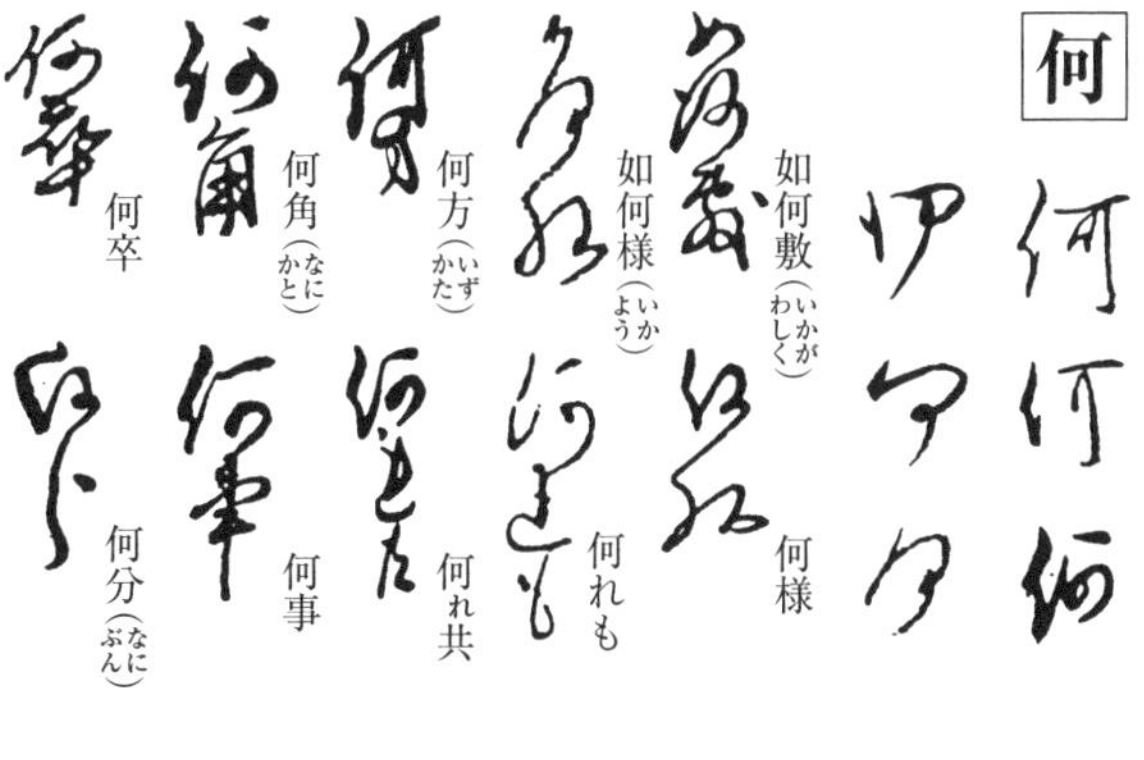

如何敷(いかがわしく)
何様
如何様(いかよう)
何れも
何方(いずかた)
何れ共
何角(なにかと)
何事
何卒
何分(なにぶん)

（例101）

解読文　何(いず)れ之浦(のうら)ニ而(にて)茂(も)私(わたくし)之(の)荷物(にもつ)かくして不レ可レ積レ之(これをつむべからず)

文意　どこの浦においても私用の荷物を隠して積み込んではならない。

[解説]　文頭「イ(にんべん)」に「可」で「**何**」です。2字目のは、変体仮名「れ」で字母は「**連**」です。「**何れ**(いず)」で、どこ、の意味です。最後のは下から順番に返って「**これを積むべからず**」と読みます。

（例102）

解読文　何(いず)レ(れ)ニ而(にて)も双方相談(そうほうそうだん)之(の)上(うえ)前条(ぜんじょう)通(どお)り可二取計一(とりはからうべし)

文意　どちらにしましても双方が相談のうえ前書のとおり処理しなさい。

[解説]　文頭は、「**何レニ而も**(いずれにても)」と書かれています。8字目は「手偏にマ」で「相」、次のは「言(ごんべん)」に「七」「ス」と書いて「談」、したがって「**相談**(そうだん)」と読みます。文末は、「マ」に似た助動詞の「**可**(べし)」、次は「**取**」、最後が「斗」にも読めますが「**計**」で、「**取り計**(と)(はか)**らうべし**」と読みます。

積

積入　積出シ　大積(おおづもり)　右之積

双　雙

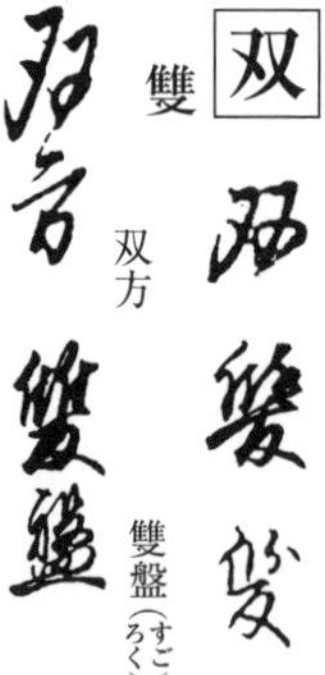

双方　雙盤(すごろく)

条　條

別条　ケ條

（例103）

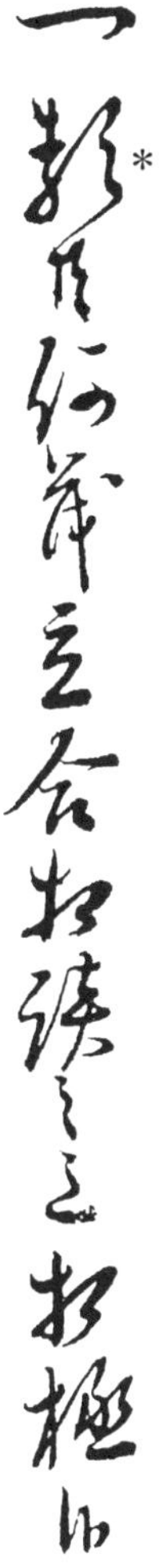
*

解読文　一類共何茂立合相談之上相極　候（いちるいどもいずれもたちあいそうだんのうえあいきめそうろう）

文意　一族が全員立ち会い相談のうえ決めました。

［**解説**］2字目の旁は「頁（おおがい）」ですが、偏が判然としません。覚えてしまうしかありませんが、偏は「类」と書かれています。したがって、「**類**」です。「**一類**（いちるい）」で同族や一族をさします。は「**何茂**（いずれも）」と読みます。

（例104）

解読文　口入之者何方迄も罷出申わけ可レ仕候（くちいれのものいずかたまでもまかりいでもうしわけつかまつるべくそうろう）

文意　斡旋業者がどこまでも出て行き弁解いたします。

［**解説**］文頭の「**口入之者**（くちいれのもの）」は、奉公人などを斡旋することを生業にしている者をさします。「入」は「人」に類似していますので注意しましょう。5字目のが「**何**」です。「向」「匆」に類似した字体となっています。次の「**方**」とで、「**何方**（いずかた）」と読みます。「**申**」の次の変体仮名はそれぞれ「**わ**（王）」「**け**（計）」と読みます。

類

類焼
衣類
類族
親類

（例105）

解読文 事実者（ことじつならば）如何（いかが）可レ有レ之哉（これあるべきや）

文意 事柄が本当ならばどのようにしましょうか。

［解説］ 文頭は「**事実者**（ことじつならば）」と読んで、本当のことならば、の意味です。は「**如何**（いかが）」と読みます。最後のは疑問を表わす助詞の「**哉**（や）」です。

（例106）

解読文 縦（たとい）郷替（ごうがえ）御国替（おくにがえ）何様（いかよう）之（の）義（ぎ）御座候（ござそうろう）とも

文意 たとえ郷替え・御国替えなど、どのようなことがありましても。

［解説］ 1字目は「糸（いとへん）」に「従」で「**縦**（たとい）」と読みます。2字目は「江」ではなく、「**郷**」です。次のは「**替**」で、「**郷替**（ごうがえ）」となります。村の分離統合や境界の変更を意味します。次の「**御国替**（おくにがえ）」は、領主交代の場合をいいます。「**国**」は正字体（旧字体）の「**國**」の草体です。7・8字目のが「**何様**（いかよう）」です。「**様**」だけ切り離したらなかなか読めません。「**何様**」という熟語で覚えてしまいましょう。

郷

郷蔵（ごうぐら）　在郷

国

國

国中　國々

替

相替　代替

（例107）

解読文　湯小屋（ゆごや）ニて如何様（いかよう）之儀（のぎ）出来（しゅったい）候共（そうろうとも）

文意　湯小屋（温泉宿）でどのようなことが起こっても。

【**解説**】文頭「**湯小屋**（ゆごや）」は、温泉宿をいいます。次のは「**二て**」です。は「**如何様**（いかよう）」と読みます。三文字をセットで覚えてください。「**出来**（しゅったい）」は例99を参照してください。

（例108）

解読文　縦（たとい）御代官替（おだいかんかわ）り如何様（いかよう）之御法度御座候共（のごはっとござそうろうとも）

文意　たとえお代官が替わり、どんな法令がございましても。

【**解説**】1字目「**縦**（たとい）」はすでに出てきました。4字目のは「友」に似ていますが「**官**」です。5字目「**替**」は何度か出てきました。が「**如何様**（いかよう）」です。「**様**」の字体に注意してください。「**法度**（はっと）」は、将軍の名で発布された法令や、一般的には掟や法規をいいます。文末は、かなりくずされていますが「**候共**（そうろうとも）」です。

屋

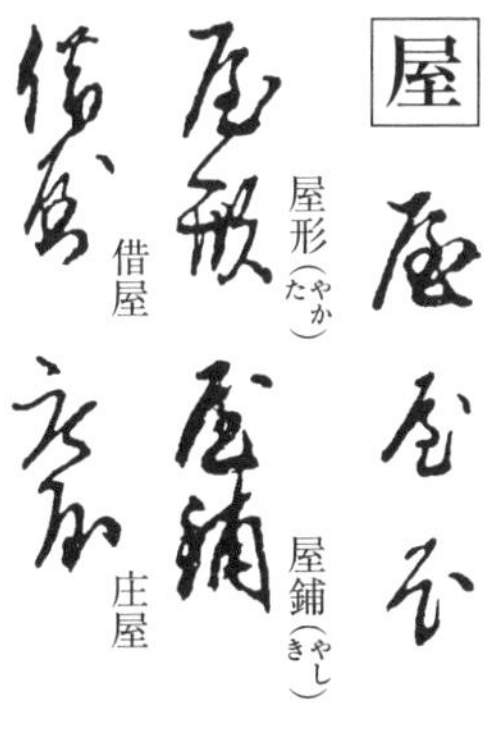

屋形（やかた）　借屋　屋鋪（やしき）　庄屋

官

官員　僧官　官職　代官

【**類似文字**】

官　友

中ざらい

第１章「候文の基本」３節「頻出文字を読み解く」で学習したことを復習しましょう。次の文例を解読してください。

(1)

(2)

(3)

(4)

(5)

(6)

(7)　(8)　(9)

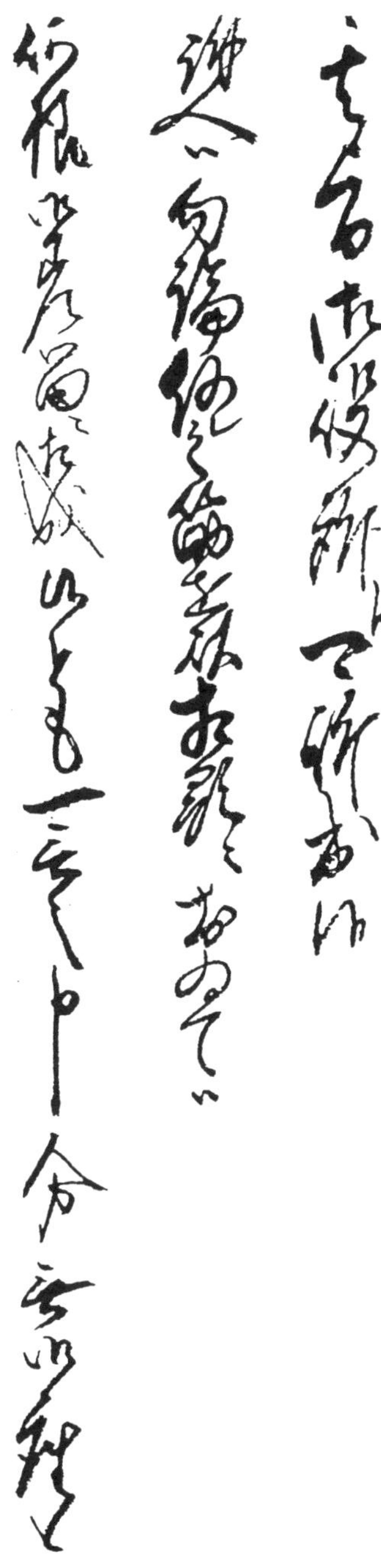

解読文

(1) 私共儀農業之間御運上差上水車稼仕来候
(2) 残金之義者来ル十一月中御渡被レ下候
(3) 此度下方煙草商人一統申来候
(4) 依レ之引請証文入置申候所、仍如レ件
(5) 算用相違有レ之者重而可二指引一者也
(6) 是迄之通り取締役申付候間
(7) 其旨御役所江可二訴出一候
(8) 訴人ハ勿論何レ之筋を以相顕ニおゐてハ
(9) 何様御差留ニ相成候とも一言之申分無二御座一候

第2章 上に返って読む字（返読文字）

古文書の特徴は漢文調（漢文訓読文）であることはすでに述べましたが、漢文では主語・目的語・動詞・助詞（助辞）などの位置が日本語の場合と違って、むしろ英語に近いといわれます。つまり、動詞が目的語の前に、助詞が名詞の前に来ます。漢文訓読の場合には、下から上に返って読むことからこれらの動詞や助動詞などを「返読文字」といいます。本章では、これを、「助動詞」「動詞」「助詞」「その他」に分類して、文例をあげながら解説します。

1 助動詞

① 如（ごとし）

おもに名詞の上に付いて、他の物事と同一または類似していることを示します。「…と同様に」「…の通り」「…のように」の意です。

如
如何（いかが）
如何
如何様（いかよう）
如ㇾ斯（かくのごとし）

（例109）町々番所如先規無懈怠毎夜可相勤之
町々番所先規の如く懈怠なく毎夜これを相勤むべし

（例110）如前々之双方相違無御座候
前々の如く双方相違御座なく候

（例111）度々相納候請取通ひと引替如斯候
たびたび相納め候請取り通いと引き替え、かくの如くに候

（例112）此段御頼一札入置申処、如件
この段御頼み一札入れ置き申す処、件（くだん）の如し

（例109）

解読文 町々番所（まちまちばんしょ）如二先規一（せんきのごとく）無二懈怠一（けたいなく）毎夜（まいよ）可レ相二勤之一（これをあいつとむべし）

文意 町々の番所は以前の決まりどおり怠りなく毎夜勤務しなさい。

［解説］ 3字目のは「番」です。一画目が省画される字体に特徴があります。次のは「所」で、「番所（ばんしょ）」となります。これは、町の辻々に設けられ番人が詰めた警備所です。5字目が「如（ごとし）」です。8字目以下のは「無二懈怠一（けたいなく）」と読みます。文末は、最後の「之（これ）」から上に返って読みます。

（例110）

如レ此

如在（じょさい）

如レ件（くだんのごとし）

如来

番

番入

番頭

番所

番付

番屋

月番

方

解読文 如二前々之一双方相違無二御座一候

文意 前々のとおり双方とも異議ございません。

［**解説**］文頭の  が「**如**」です。「**前々之**」まで読んで上に返ります。9字目の「**無**」 も前例同様に返読文字です。「**相違御座なく候**」は慣用句ですのでまるごと暗記してください。

（例111）

解読文 度々相納候請取通ひと引替如レ斯候

文意 たびたび納入したときの請取の通い帳と（この皆済目録とを）引き替えますことは、このとおりです。

［**解説**］この例文は、「年貢皆済目録」の慣用表現です。6・7字目  は「**請取**」と読みます。「**通ひ**」は、「通い帳」のことです。「**替**」は既出です。文末の「**如レ斯候**」は慣用句ですので、暗記してください。「**斯**」 の替わりに「此」などが用いられることもあります。

（例112）

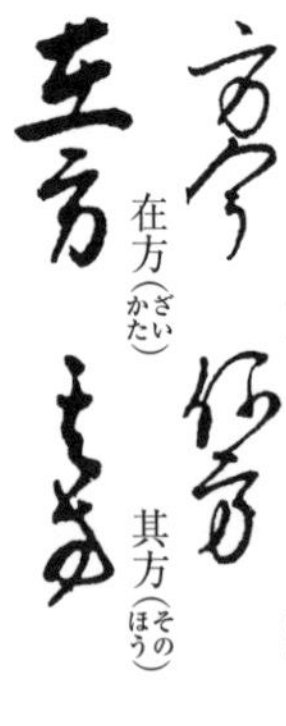

方今（ほうこん）　在方（ざいかた）　何方（いずかた）　其方（そのほう）

請

請印　請書　請取　請負（うけおい）　請状　請判

解読文 此段御頼一札入置申処、如レ件（このだんおたのみいっさついれおきもうすところ、くだんのごとし）

文意 この件につきましてお頼みの証文を入れておきますところ、上記のとおりです。

［解説］ これは、「人別送り状」の書止（かきとめ）部分の慣用文です。文頭は、すでに出てきましたが「**此段**（このだん）」です。4字目のは「**頼**」。6字目は、一見「札」にも読めますが、「**一札**（いっさつ）」という熟語から「**札**」と読みました。は、上部の二点が「罒（よんがしら）」で下部が「直」ですので「**置**」となります。は、文末の慣用句で「**如レ件**（くだんのごとし）」です。頻出しますので暗記してください。

② 不（ず）

動詞や助動詞の未然形に接続して打消しを表します。「…ない」の意で、「不レ残（のこらず）」「不レ得レ止（やむをえず）」「不レ限二何事一（なにごとにかぎらず）」「珍重不レ少（ちんちょうすくなからず）」「不レ包（つつまず）」などと用いられます。

（例113）右田**不**残亡所ニ相成罷在候処
右田残らず亡所に相成り罷り在り候処

（例114）所々相尋候得共行衛相知**不**申候
所々相尋ね候えども行衛（ゆくえ）相知れ申さず候

（例115）村々小前之者江**不**洩様申渡
村々小前の者へ洩れざる様申し渡し

（例116）村々之内耕作致**不**情出来方**不**宜
村々の内耕作不精（ぶしょう）致し出来方（できかた）宜しからず

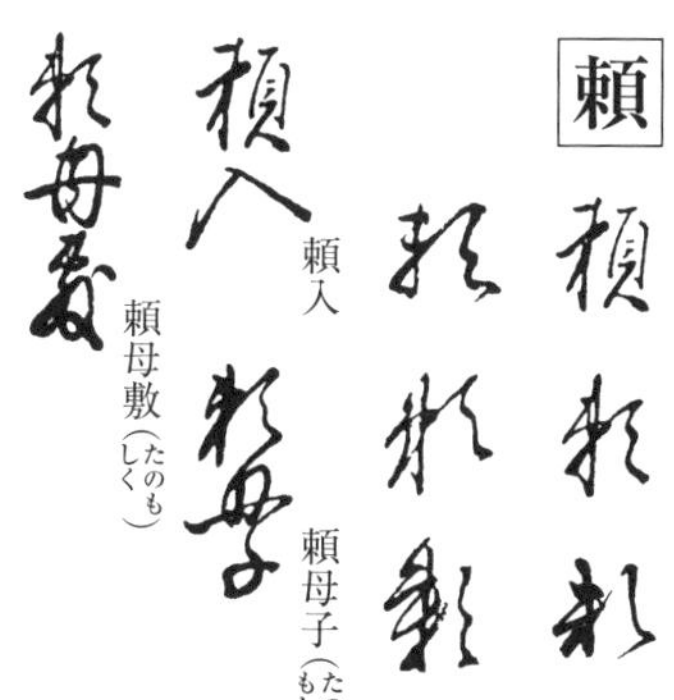
頼
頼入
頼母子（たのもし）
頼母敷（たのもしく）

不
不穏
不儀
不束（ふつつか）
不圖（ふと）
不当
不念
不納
不法
不埒（ふらち）
不二取敢一（とりあえず）

（例113）

解読文　右田不レ残亡所ニ相成罷在候処（みぎたのこらずぼうしょにあいなりまかりありそうろうところ）

文意　右の田地はすべて荒地になったままでありましたところ。

［**解説**］　3字目は平仮名の「ふ」に読めますが、これは「ふ」が漢字の「**不**」を字母としているためです。4字目は慣れないと読みにくい文字です。暗記するしかないと思いますが、「**残**」と読みます。は「**亡所**（ぼうしょ）」と読み、耕作者がいないために荒廃した田畑のことです。

（例114）

解読文　所々相尋候得共行衛相知不レ申候（しょしょあいたずねそうらえどもゆくえあいしれもうさずそうろう）

文意　あちらこちら捜索しましたが行方がしれません。

［**解説**］例14とほぼ同文です。字体を比較しながら読んでください。1字目は「**所**」ですが、何度か出てきましたのでもうマスターしたことと思います。4字目も例14で解説しましたが「**尋**」です。8字目のは「**行**」です。9字目のは人名などでも見られる文字です。「仁兵衛」などという場合の

残
殘
残金
残高
残暑
不レ残
亡
亡所
損亡
衛
衞
衛士
警衛

「衛」です。

（例115）

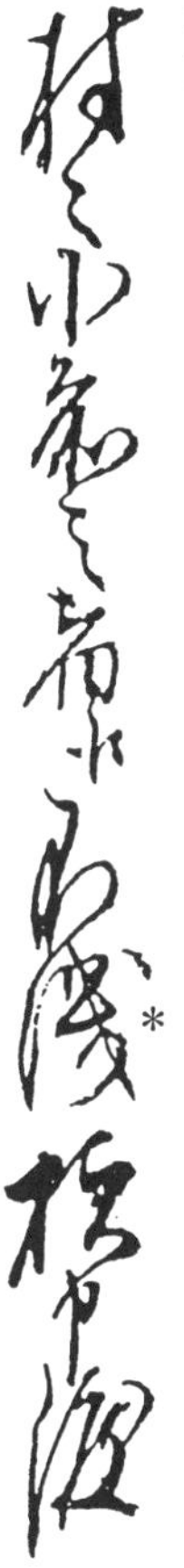

解読文 村々小前之者江不レ洩様申渡（むらむらこまえのものえもれざるようもうしわたし）

文意 村々の百姓へ洩れがないよう全員に申し渡し。

［解説］  は「小前（こまえ）」と読み、本百姓ですが特別な権利や家柄を持たない者をいいます。8・9字目の  は「不レ洩（もれず）」と読みます。

（例116）

解読文 村々之内耕作致二不情一出来方不レ宜（むらむらのうちこうさくぶしょういたしできかたよろしからず）

文意 村々では耕作を不精して作物の実りがよくありません。

［解説］ 5・6字目  は筆順をたどれば判読できると思いますが「耕作（こうさく）」と読みます。次の  は「致（いたす）」で下から返って読みます。「不情」  は「不精」の当て字で「ぶしょう」と読みます。次の  は「出来方」で、農作物の実りや収穫のことです。最後の  は「不レ宜（よろしからず）」と読みます。「宣」のくずし字は、異体字の  が用いられることが一般的です。

洩

洩聞　洩落

相洩　不レ洩

耕

犂耕　馬耕

情

情出　出情

③ 為 す・さす・たり

(a)おもに未然形につく使役を表す助動詞で、「為二読聞一（よみきかせ）」「為二差出一（さしださせ）」「為レ致（いたさせ）」などと用いられます。(b)おもに体言などについて断定・指定を表す助動詞で、「…だ」「…である」の意です。「為二禁制一（きんせいたり）」「可レ為二曲事一（くせごとたるべし）」などと用いられます。このほかに、「…として」「…のため」などと読む場合もありますが、これは本章4③（169頁）で解説します。

(例117) 小前末々迄逸々**為**読聞一同承知奉畏候
小前末々（すえずえ）までいちいち読み聞かせ一同承知畏（かしこ）み奉り候

(例118) 村役人連印之証文**為**取替置候上者
村役人連印の証文取り替わせ置き候上は

(例119) 札を出し草木**為**取申候間
札を出し草木取らせ申し候間

(例120) 以来村役人引受右躰之義決而**為**致間敷候
以来村役人引き受け右躰の義決して致さすまじく候

(例121) 切死丹宗門之儀累年**為**御制禁
切死丹宗門の儀累年御制禁たり

(例122) 詮義之上名主組頭**可為**越度候事
詮義の上名主・組頭越度たるべく候事

(例117)

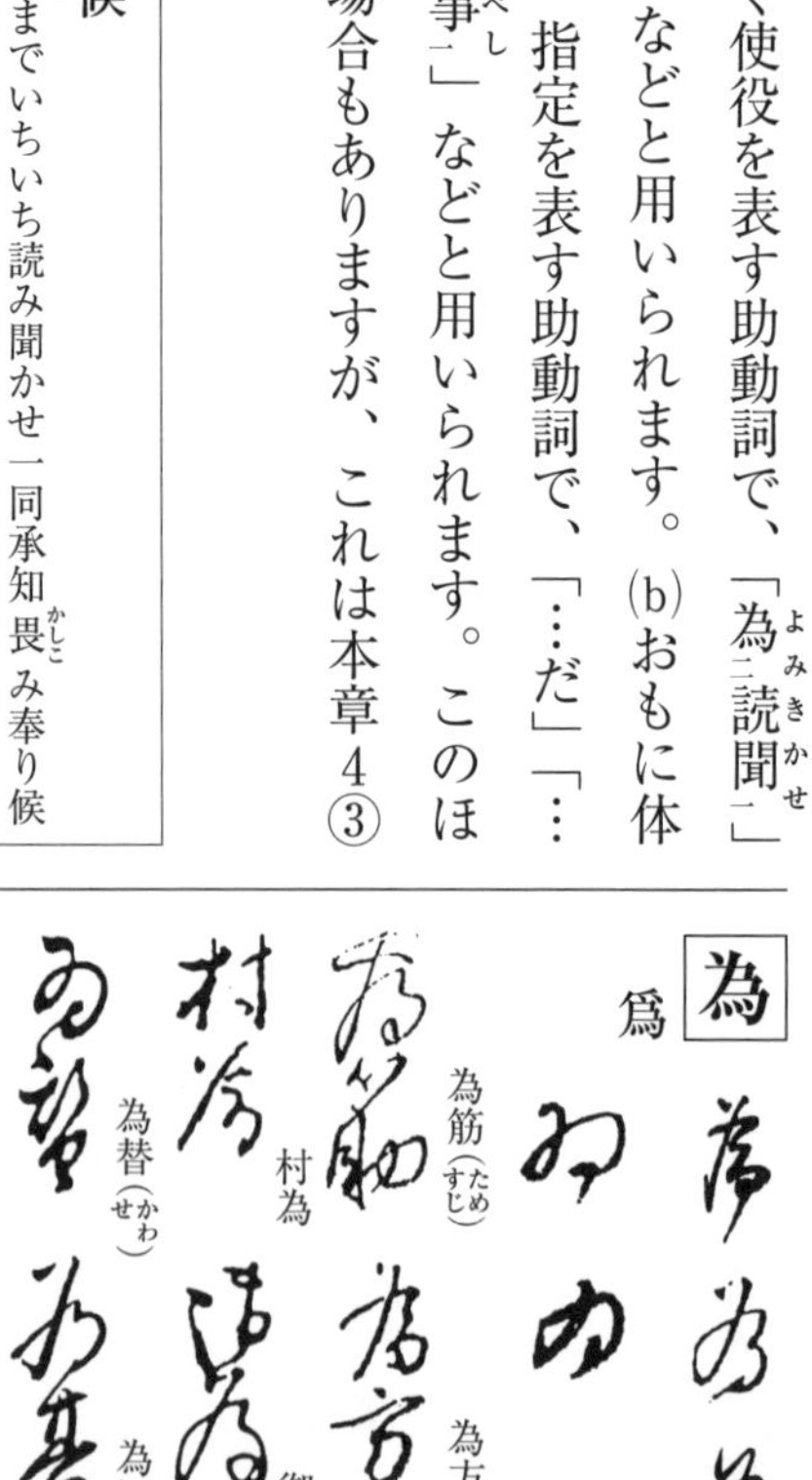

為
爲
為筋（ためすじ）
為方（せんかた）
村為
御為
為替（かわせ）
為レ其（そのため）

解読文

小前末々迄逸々為二読聞一一同承知奉レ畏候
（こまえすえずえまでいちいちよみきかせいちどうしょうちかしこみたてまつりそうろう）

文意

一般百姓の末端まで一つ一つ読み聞かせて一同承知し謹んで承ります。

【**解説**】文頭「**小前**（こまえ）」は一般の百姓をさします。5字目  は「**迄**」の異体字  です。6字目の  は、「免」に「辶（しんにょう）」で「**逸**」、踊り字が付いていますから「**逸々**」となり「**いちいち**」と読みます。さて、次の  が使役の助動詞「**為**（せ）」です。比較的くずし方のゆるい文字です。先に下の熟語を読んで上に返りますから「**読み聞かせ**」となります。「**読**」 は正字体（旧字体）の「**讀**」です。 は、「冖（わかんむり）」に似た「門（もんがまえ）」に「夕」と書いて「**聞**」でした。

（例118）

解読文

村役人連印之証文為二取替一置候 上者
（むらやくにんれんいんのしょうもんとりかわせおきそうろううえは）

文意

村役人が連印をした証文を取り替わしておくからには。

【**解説**】5字目の  は読みにくい文字ですが、これが一般的な字体といえます。「**印**」という字で、上の「**連**」とで「**連印**（れんいん）」となります。複数の人が署名・捺印を連ねることです。7字目  は、「言（ごんべん）」に「登」と書かれています。「**證**」は「**証**」の正字体（旧字体）です。 は、「**為二取替一**」と書いて、「**とりかわせ**」または「**とりかわし**」と読みます。

逸
逸々（いちいち）
逸々
印
印鑑
印形（いんぎょう）
印證
印判
証
證
證跡（しょうせき）
證人
證人
證文

（例119）

解読文　札（ふだ）を出（だ）し草木為ﾚ取申候間（そうもくとらせもうしそうろうあいだ）

文意　山札を発行し（その所持者に）草木を取らせますので。

【解説】1字目は「礼」に似ていますが「**札**（ふだ）」です。ここでは「山札」のことをいいます。5字目は、「艹（くさかんむり）」に「早」で「**草**」です。7字目のが使役の助動詞「**為**（せ）」です。前の例と比べてみてください。かなり省画が進んでいます。

（例120）

解読文　以来村役人引受（いらいむらやくにんひきうけ）、右躰之義決而為ﾚ致間敷候（みぎていのぎけっしていたさすまじくそうろう）

文意　今後は村役人が引き受け、右のようなことは決してさせません。

【解説】文頭は、「**以来**（いらい）」で、今後は、の意味です。6字目は「弓（ゆみへん）」で「**引**」、次のは「**受**」、したがって「**引受**（ひきうけ）」と読みます。9字目は既出ですが、「身（みへん）」に「本」で「**躰**（てい）」と読みます。これは「**体**（**體**）」の異体字です。14字目の「ゐ」に似た文字が助動詞の「**為**（す）」です。次が「**致**」ですので「**致さす**（いた）」と読みます。

札

一札（いっさつ）

張札（はりふだ）

草

草刈

草高

引

引替

引續

受

受納

受負

受取

受判

（例121）

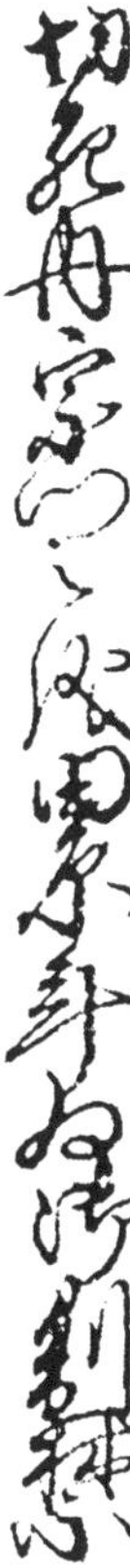

解読文 切死丹宗門之儀累年為二御制禁一（きりしたんしゅうもんのぎるいねんごせいきんたり）

文意 キリシタン宗門のことは以前から何年も禁止である。

【解説】この文例は、「五人組帳前書」の一節です。文頭 は「**切死丹**（きりしたん）」と読みます。この他に、「切支丹」「幾里志丹」「幾利支丹」などと表記され、キリスト教またはキリスト教徒を指します。 は「**宗門**（しゅうもん）」と読み、「宗旨・宗派」ともいい、一宗教のなかの分派を指します。8字目の は、上部が「田」、下部が「糸」で「**累**」となります。「**累年**（るいねん）」で連年、毎年の意味です。次の「ゐ」に似た字 が「**為**（たり）」で、下から返って「**御制禁たり**（ごせいきん）」と読みます。

（例122）

解読文 詮義之上、名主・組頭可レ為二越度一候事（せんぎのうえ、なぬし・くみがしらおちどたるべくそうろうこと）

文意 取調べのうえ、名主・組頭は処罰する。

【解説】1字目は「言（ごんべん）」に「全」で「**詮**」。2字目は「**義**」。「**詮義**（せんぎ）」は「詮議」とも書き、評議して物事を明らかにすること、または、罪人の取り調べのことです。

宗

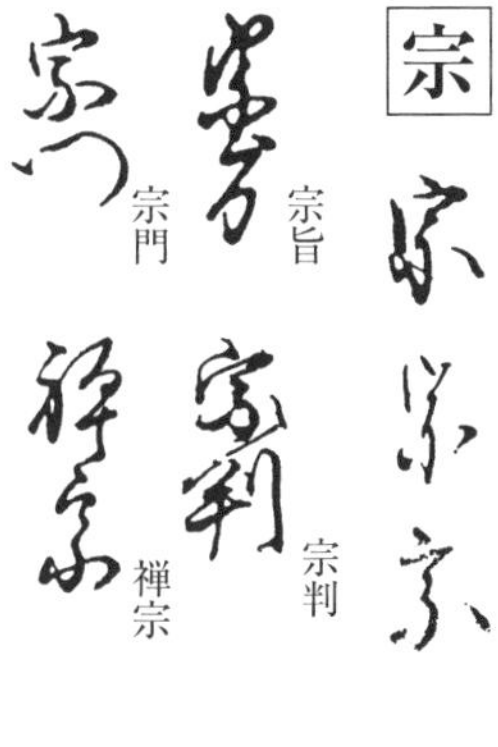
宗旨
宗判
宗門
禅宗

累

累年
累年

詮

詮議（せんぎ）
詮儀
詮義
所詮（しょせん）

「名主（なぬし）」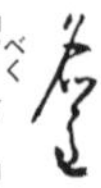、「組頭（くみがしら）」はもう読めますね。は、「マ」の様な「可（べく）」、「ゐ」に似た「為（たり）」、「走」に「戊」で「越」、最後が「度」。続けて「越度（おちど・おつど）たるべく」と読みます。

④ 令（しむ）

動詞・助動詞の未然形について使役・尊敬を表す助動詞で、「…させる」「…なされる」の意味です。「令二違背一（いはいせしめ）」「令二皆済一（かいさいせしめ）」「令二請印一（うけいんせしめ）」「令二糺明一（きゅうめいせしめ）」などと用いられます。

（例123）**廻状村下ニ令請印留村ゟ可相返候**
廻状村下に請印せしめ留村より相返すべく候

（例124）**書面之通令皆済ニ付小手形引上**
書面の通り皆済せしむるにつき小手形引き上げ

（例125）**今度以検使令糺明之処ニ**
このたび検使をもって糺明せしむるの処に

（例123）

解読文　廻状（かいじょう）村下（むらした）ニ（に）令（せしめ）二請印（うけいん）一留村（とめむら）ゟ（より）可（べく）二相返（あいかえす）一候（そうろう）

文意　廻状の村名の下に請印をなさって（回覧し）留村から返却してください。

［解説］　1字目の上部が「回」、下部のが「廴（えんにょう）」で「廻（かい）」となります。「廻（かい）

令

仮令（たとい）
令二披見一（ひけんせしめ）
令二違背一

留

留置
留場（とめば）
留守
留帳
留村（とめむら）
差留

状(じょう)」は回章ともいい、宛名を連記し次々と廻して用を達する書状のことです。6字目のが「令(しめ)」ですが行書に近いので比較的読みやすいと思います。9字目のは「ツ」に「田」で、「留」の異体字です。「留村(とめむら)」は、「とまりむら」とも読み、廻状が伝達される最後の村をいいます。

（例124）

解読文　書面之通令㆓皆済㆒ニ付小手形引上（しょめんのとおりかいさいせしむるにつきこてがたひきあげ）

文意　書面のとおり（年貢・諸役を）皆済されましたので小手形を引き上げ。

【解説】この例文は、「皆済目録」に関係する文書の一節です。5字目のが「令(しむ)」ですが、これも読みやすいと思います。7字目は既出ですが「済」です。「皆済(かいさい)」は、年貢その他の諸役をすべて納めることです。12字目のは「形」の異体字。「小手形(こてがた)」は、年貢を分納するさいに発行された受取書です。

（例125）

解読文　今度以㆓検使㆒令㆓糺明㆒之処ニ（このたびけんしをもってきゅうめいせしむるのところに）

文意　このたび検使を遣わして糺明させましたところに。

【異体字】（＝留）

面

面倒
地面

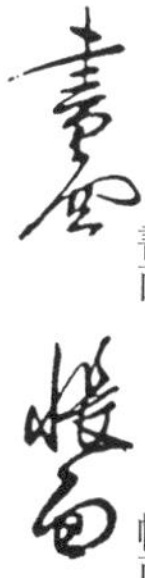
書面
帳面

【異体字】（＝形）

【類似文字】
今
令

明

【解説】文頭の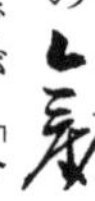は「今度」ですが、「こんど」とも「このたび」とも読みます。までが「今」です。6字目のが「令（しむ）」です。「今」と類似していますので区別がつくようにしてください。は「糺明（きゅうめい）」で、罪や不正を調べ、事実を明白にすることです。は「処」の正字体（旧字体）「處」です。

⑤ 可（べし）

(a)一般に「…しなさい」の意で命令を表す助動詞ですが、そのほかに、(b)「…するのが良い」の意で許可・是認を表したり、(c)「…らしい」「…だろう」の意で推量を表します。また、(d)「…のはずです」「…するつもりです」の意で当然を、(e)「…しなければならない」「きっと…だろう」の意で義務を表わします。どれに該当するかは、文章の前後関係から判断してください。

(例126) 猥不**可**伐採竹木幷不**可**押買狼籍事
みだりに竹木を伐り採るべからず、ならびに、押し買い・狼藉（ろうぜき）すべからざる事

(例127) 如先規**可**相守旨被　仰出之間
先規の如く相守るべき旨仰せ出ださるの間

(例128) 其御村方人別帳江御加入**可**被下候
その御村方人別帳へ御加入下さるべく候

(例129) 右之通霜月晦日以前皆済**可**仕候也
右の通り霜月晦日以前皆済仕るべく候也

(例130) 此上者弥農業情出シ**可**相勤候
この上はいよいよ農業に精出し相勤むべく候

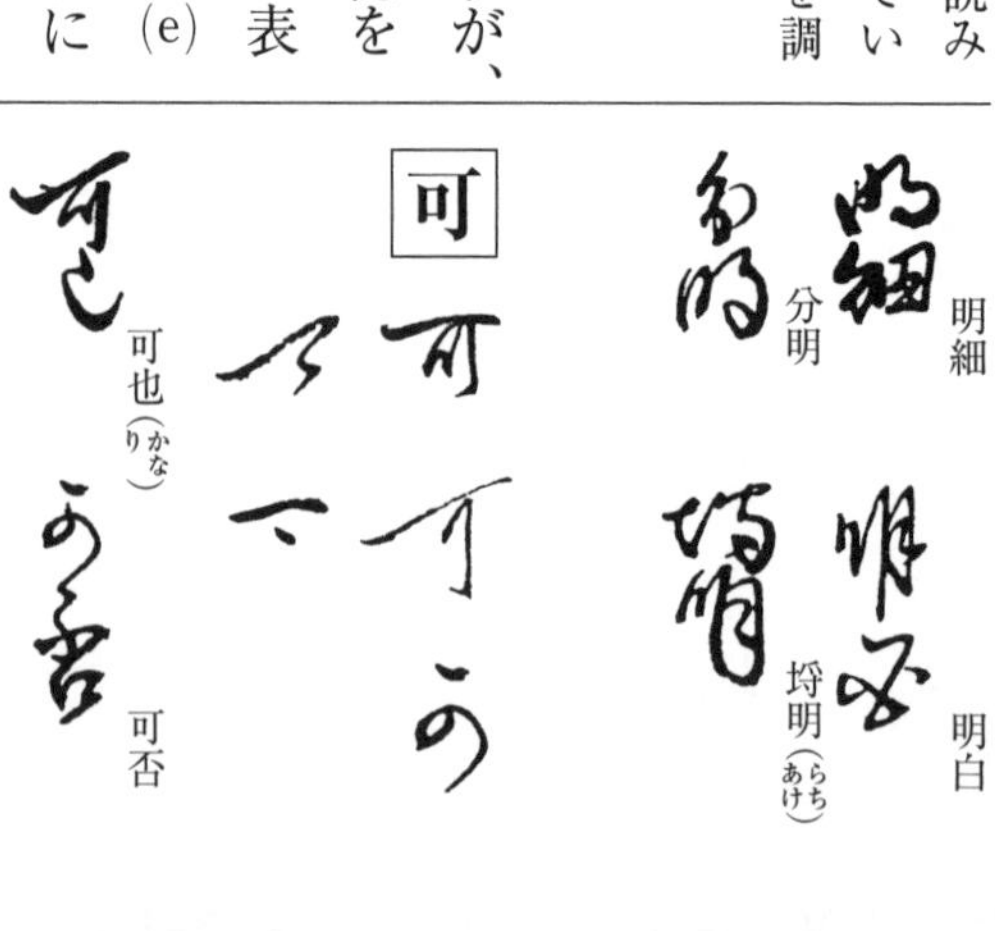
明細
明白
分明
埒明（らちあけ）
可
可也（かなり）
可否

（例131）忠孝をつくし家業可入精

忠孝を尽くし家業精を入るべし

（例126）

解読文　猥不レ可レ伐二採竹木一并不レ可二押買・狼籍一事（みだりにちくぼくをきりとるべからずならびにおしかいろうぜきすべからざること）

文意　みだりに竹木を伐り採ってはならない、ならびに押し買い・狼藉をしてはならない。

［解説］ 1字目は「扌（てへん）」ではなく、「犭（けものへん）」です。「猥（みだりに）」と読みます。旁の「田」に省画がみられます。5字目のは「扌（てへん）」に「宋」で、「採」の異体字です。は「押買（おしかい）」と読み、無理に買い取ることです。は「狼籍（ろうぜき）」と読みます。「籍」は本来「藉」と書き、乱暴や暴行を働くことです。さて、この例文では「可（べし）」が二例出てきます。3字目と10字目です。前者は片仮名の「マ」のように書かれています。後者は行書体に近い字体です。

（例127）

解読文　如二先規一可二相守一旨被二　仰出一之間（せんきのごとくあいまもるべきむねおおせいださるのあいだ）

猥

猥ケ間敷（みだりがましく）

猥成

狼

狼藉（ろうぜき）

狼狽

規

文意　以前の取り決めのように守ることを命じられましたので。

[解説]　１字目は「女（おんなへん）」に「口」で「如（ごとし）」です。下から返って「**先規のごとく**（せんき）」と読みます。は「**規**」の異体字 規 です。４字目のが「**可**（べき）」ですが、「、にの（てん）」のように書かれています。やはり下から返って「**相守るべき**」と読みます。

（例128）

解読文　其御村方人別帳江御加入可レ被レ下候（そのおんむらかたにんべつちょうえごかにゅうくださるべくそうろう）

文意　そちらの村方の人別帳に加えてください。

[解説]　「人別送り状」の慣用文です。１字目「**其**（その）」は、そちらの、の意です。は「巾（はばへん）」に「長」で「**帳**」となります。は「**加入**（かにゅう）」と読み、移転先の人別帳に名前を載せることです。12字目のも、「、にの（てん）」で「**可**（べく）」です。

（例129）

解読文　右之通霜月晦日以前皆済可レ仕候也（みぎのとおりしもつきみそかいぜんかいさいつかまつるべくそうろうなり）

文意　右のとおりに霜月（十一月）晦日以前に皆済しなさい。

規矩（きく）　先規　規定（ぎじょう）　規模

入

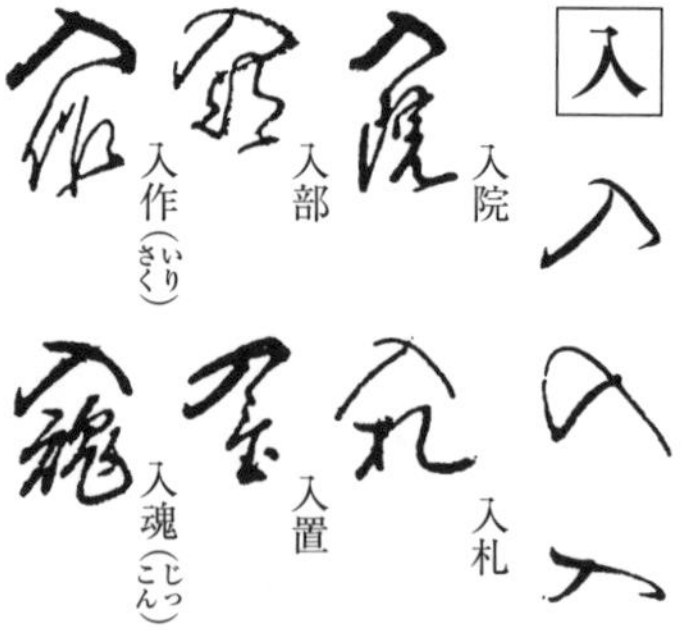

入院　入部　入作（いりさく）　入札　入置　入魂（じっこん）

【解説】文頭「右之通（みぎのとおり）」はもうマスターしたでしょう。は「雨冠（あめかんむり）」に「手偏にマ」の「相」で「霜」となります。次のは「月」ですが、横画が省かれるのは「くずしの法則④」に該当します。は「日（ひへん）」に「あ」のように書かれる「毎」で「晦」、次は「日」ですから「晦日（みそか）」となります。が「可（べく）」です。片仮名の「マ」のように書かれています。最後のは「也（なり）」です。

（例130）

解読文 此上者（このうえは） 弥（いよいよ） 農業情出シ（のうぎょうせいだし）可二相勤一（あいつとむべく）候（そうろう）

文意 このうえはますます農業に精を出し勤めます。

【解説】4字目のは「弓（ゆみへん）」に「尓」で「弥（いよいよ）」と読みます。7字目のは「精」の当て字「情」です。「情出シ」で「せいだし」と読みます。10字目のは「可（べく）」ですが、これもやはり片仮名の「マ」のように書かれています。

（例131）

解読文 忠孝（ちゅうこう）をつくし家業可レ入レ精（かぎょうせいをいるべし）

文意 忠孝を尽くし家業に精を入れなさい。

晦

晦日（みそか）

晦日限

【類似文字】

晦

暇

業

業躰（ぎょうてい）

家業

所業（しょぎょう）

仕業（しわざ）

忠

忠義

忠孝

【解説】　4字目以下  は変体仮名で「つ（徒）」「く（久）」「し（之）」と書かれています。9字目の  が「可（べし）」です。「一」の下に点が打たれているように書かれています。

⑥ 被（る・らる）

動詞の未然形に接続して受身・尊敬・可能を表す助動詞です。「被レ下（くだされ）」「被二仰付一（おおせつけられ）」「被二申渡一（もうしわたされ）」などと用いられます。

（例132）於郷村永三拾貫文古来之通被為寄附
郷村において、永三十貫文古来の通り寄附なされ

（例133）此度以御廻状被　仰渡
このたび御廻状をもって仰せ渡され

（例134）村方分郷被　仰付無拠引請
村方分郷仰せ付けられ、よんどころなく引き請け

（例135）銀四匁七分八厘被下請取申候
銀四匁七分八厘下され請け取り申し候

（例136）急度御叱り手鎖宿御預ケ被　仰付
急度御叱り、手鎖・宿御預け仰せ付けられ

（例137）御関所無相違御通可被下候
御関所相違なく御通し下さるべく候

（例138）帰村之上組頭ヲ以被申渡候ニ付一統当惑仕
帰村の上組頭をもって申し渡され候につき一統当惑仕り

孝

孝行
孝養

被

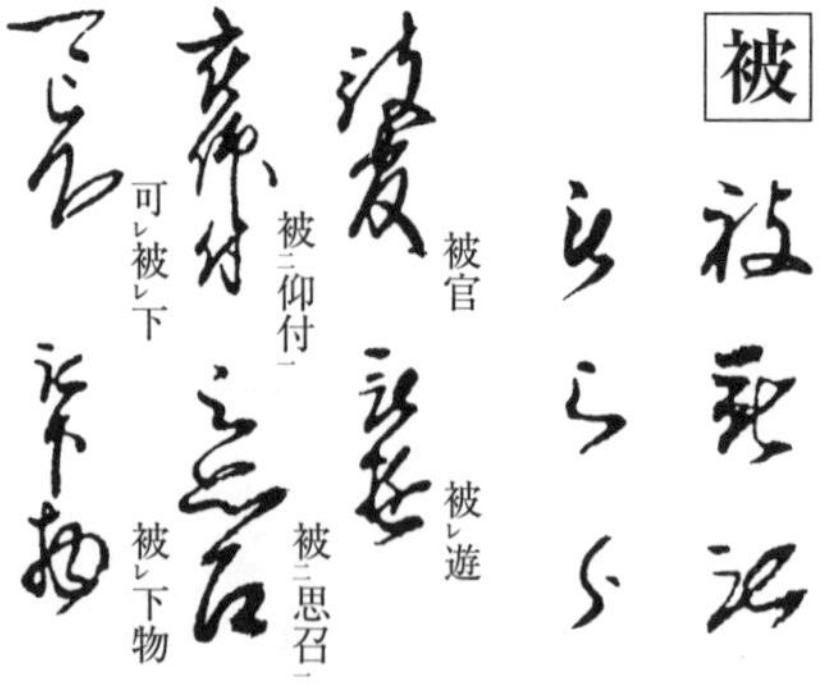
被官
被レ遊
被二仰付一
被二思召一
可レ被レ下
被レ下物

（例132）

解読文 於二郷村一永三拾貫文古来之通被レ為二寄附一
（ごうそんにおいてえいさんじゅっかんもんこらいのとおりきふなされ）

文意 村々で永三拾貫文を従来のとおり寄付なされ。

［解説］ 1字目は「**於**（おいて）」で「**郷村**（ごうそん）**において**」と下から返って読みます。4字目の「**永**」は永楽銭のことで、金一両が永一貫文に換算されました。最後から4字目のが「**被**（れ）」ですが、比較的くずされていませんので容易に読めると思います。次のは「**為**」で動詞の「なす」（第1章2⑨〈75頁〉）です。

（例133）

解読文 此度以二御廻状一被二　仰渡一
（このたびごかいじょうをもっておおせわたされ）

文意 このたびご廻状にて命じられ。

［解説］ 1字目はすでに第1章3②〈88頁〉で解説しましたが「**此**」と読みます。次のが「**度**」ですから「**此度**（このたび）」となります。次のは下から返って「**御廻状をもって**（ごかいじょう）」と読みます。7字目のが「**被**（れ）」です。左半分に「衤（ころもへん）」の名残が見て取れませんか。下から返って「**仰せ渡され**」と読みます。

貫

貫高　貫目　貫目　〆め（かんめ）

【永銭の換算】
永一貫文＝鐚四貫文
＝金一両

状

状屋（じょうや）　廻状　書状　免状

（例134）

解読文　村方分郷被二　仰付一　無レ　拠　引請（むらかたぶんごうおおせつけられよんどころなくひきうけ）

文意　村の分郷を命じられ、やむをえず承諾し。

【解説】　3字目のは「**分**」と読みます。が「**八**」でが「**刀**」です。「**被**二（おおせつけられ）　**仰付**一」は「**被**（れ）」が難読です。8字目のは「**無**」で下から返って読みます。「**無**レ　**拠**（よんどころなく）」は、やむなく、しかたなく、の意です。

（例135）

解読文　銀四匁七分八厘被レ下請取申　候（ぎんよんもんめしちふんはちりんくだされうけとりもうしそうろう）

文意　銀四匁七分八厘をくださいましたので受け取りました。

【解説】　1字目は典型的な「**金**（かねへん）」で、旁は「**良**」、したがって「**銀**」となります。3字目は「**匁**（もんめ）」、5字目は「**分**（ふん）」、7字目は「**厘**（りん）」で、これらは銀貨の単位です。ちなみに「**厘**」の下の単位は「**毛**（もう）」です。8字目のが下から返って読む尊敬・受身の助動詞「**被**（れ）」です。「**衣**」という活字に類似しています。

拠　據

無レ據（よんどころなし）

無レ據

證據

證據

【語彙解説】

分郷（ぶんごう・わけごう）：一つの村が複数の領主の知行地になっていくつかに分割されること。

【銀貨の換算】

一貫目＝一〇〇〇匁

一匁＝一〇分

一分＝一〇厘

一厘＝一〇毛

（例136）

解読文　急度御叱り（きっとおしかり）、手鎖（てじょう）・宿御預ケ（やどおあずけ）被二仰付一（おおせつけられ）

文意　急度御叱りのうえ手鎖・宿御預けを命じられ。

［解説］　4字目のは「口（くちへん）」に「ヒ」で「**叱**（しかり）」。「**急度御叱り**（きっとおしかり）」は刑罰の中でもっとも軽微な罰で、口頭での厳しい叱責のことです。7字目のは「金（かねへん）」に「ツ」「貝」で「**鎖**」。「**手鎖**」は「**てじょう**」または「**てぐさり**」と読みます。刑罰の一つで、罪人の手首を拘束する鉄製の腕輪のことです。「**宿御預ケ**（やどおあずけ）」は、未決囚を取調べ中に郷宿や公事宿に預けたことをいいます。下から3字目のが「**被**（られ）」です。「衣」にも「社」にも類似しています。

（例137）

解読文　御関所無二相違一御通可レ被レ下候（おせきしょそういなくおとおしくださるべくそうろう）

文意　関所を間違いなくお通しください。

［解説］「関所手形」の慣用文です。「**関所**（せきしょ）」は判読できるでしょう。下から3字目が下から返って読む助動詞の「**被**（る）」です。独特の字体ですが、「**可レ被レ下**（くださるべし）」

叱

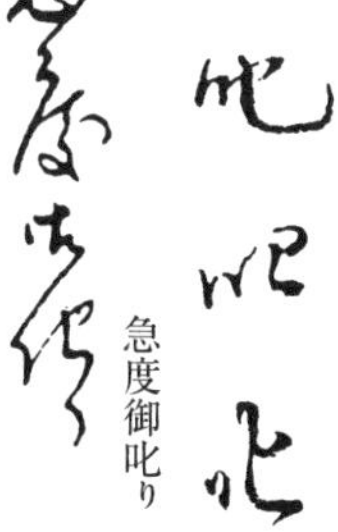

急度御叱り

鎖

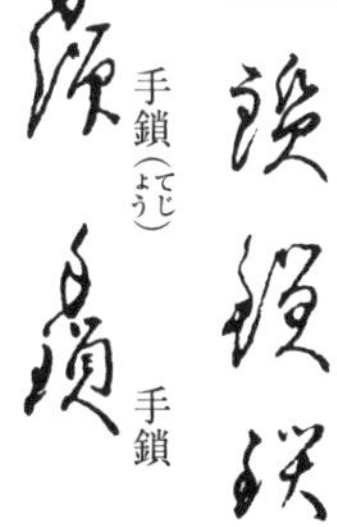

手鎖（てじょう）

手鎖

【語彙解説】

公事宿（くじやど）：訴訟のために地方から出て来た訴訟人を宿泊させた宿。

【語彙解説】

関所（せきしょ）：街道の要所や国境に設けて通行人を取り調べた役所。

を一まとめに覚えてください。

（例138）

解読文 帰村（きそん）之（の）上（うえ）、組頭（くみがしら）ヲ以（もって）被（られ）二申渡（もうしわたされ）一候（そうろう）ニ付（につき）、一統（いっとう）当惑（とうわく）仕（つかまつり）

文意 帰村のうえ、組頭から申し渡されましたので、全員が当惑し。

［解説］ 9字目が助動詞「被（れ）」です。平仮名の「ら」に見えます。下から4字目のは「統」です。右下の「儿（ひとあし）」部分が一画多く書かれています。「一統（いっとう）」は全体、すべて、全員、の意味です。

統

統一
一統
一統
一統

中ざらい

第2章「上に返って読む字」1節「助動詞」で学習した語彙を中心に復習しましょう。次の例文を解読してください。

（1）

（2）

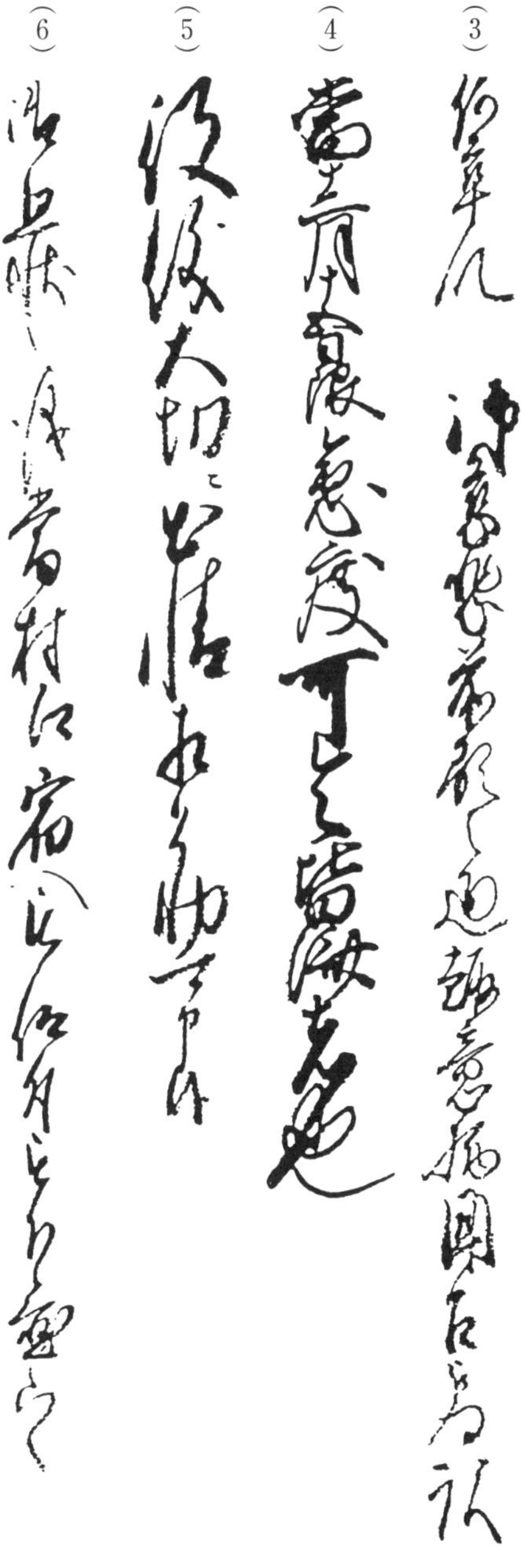

解読文

(1) 入峰之儀如二古来一無二懈怠一可二相勤一
（にゅうぶのぎこらいのごとくけたいなくあいつとむべし）

(2) 何品不レ限賃銭莫太ニ相掛リ難渋仕候
（なにしなにかぎらずちんせんばくだいにあいかかりなんじゅうつかまつりそうろう）

(3) 何卒以二御慈悲一前顕之通趣意柄聞召被レ為レ訳
（なにとぞおじひをもってぜんけんのとおりしゅいがらきこしめしわけさせられ）

(4) 当十二月十五日限急度可レ令二皆済一者也
（とうじゅうにがつじゅうごにちぎりきっとかいさいせしむべきものなり）

(5) 役儀大切ニ出情相勤可レ申候
（やくぎたいせつにしゅっせいあいつとめもうすべくそうろう）

(6) 御廻状之儀当村郷宿へ被二仰付一被二下置一候ハヽ
（ごかいじょうのぎとうそんごうやどへおおせつけられくだしおかれそうらわば）

2 動詞

① 致（いたす）

おもに名詞の上について下から返って読む動詞で、「…する」の意です。「致二相談一（そうだんいたし）」「致二印形一（いんぎょういたし）」「致二言上一（ごんじょういたし）」などと用いられます。

（例139）万一不正之場所江**致**売捌候もの有之候ハ、
万一不正の場所へ売り捌きいたし候者これあり候わば

（例140）名主五人組立会**致**加判
名主・五人組立ち会い加判致し

（例141）先御代官衆先例を被**致**吟味
先（せん）御代官衆先例を吟味致され

（例142）其船留置早々可**致**注進候事
その船留め置き早々注進致すべく候事

（例143）右之田我等請合**致**手作
右の田我ら請け合い手作り致し

（例139）

解読文 万一不正之場所江致二売捌一候もの有レ之候ハ、（まんいちふせいのばしょえうりさばきいたしそうろうものこれありそうらわば）

文意 もし不正の場所へ売りさばく者がいたら。

致

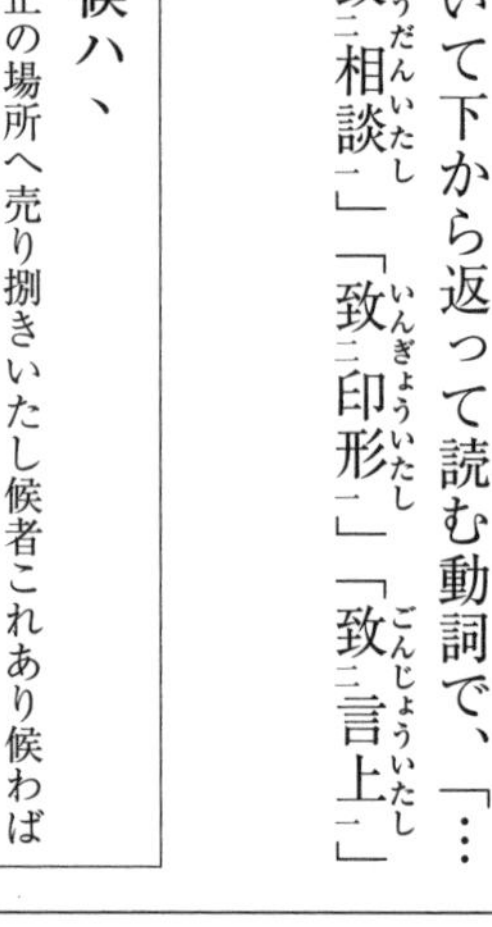

致置
致来（いたしきたり）
致方（いたしかた）
致二散乱一

万

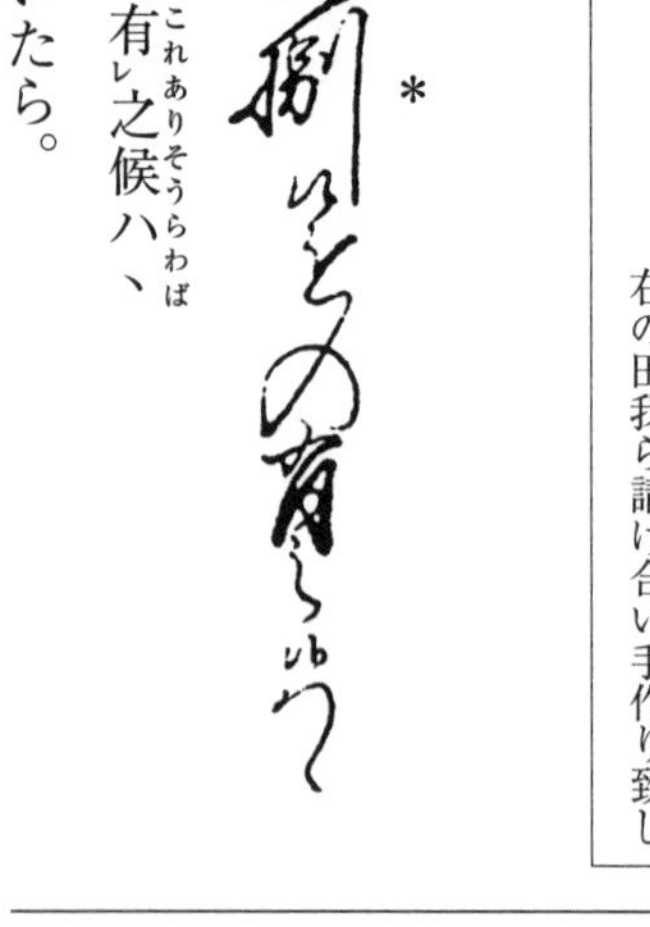

萬
萬一（まんいち）
萬事（ばんじ）
万々一
万民

（例140）

【解説】文頭「万一」は正字体（旧字体）「萬一（まんいち）」のくずし字です。次の は「不正」です。9字目の が「致」で、下から返って読みますから「売り捌（さば）き致し」となります。なお、 は「売」の正字体（旧字体）「賣」です。

解読文　名主（なぬし）・五人組立会致二加判一（ごにんぐみたちあいかはんいたし）

文意　名主・五人組が立ち会って印鑑を押し。

【解説】文頭の「名主（なぬし）」はもう読めますね。7字目の は「会」の正字体（旧字体）「會」です。「𠆢（ひとがしら）」の下が「専」のくずし字 となります。8字目の が「致」。最後の は「判」の異体字 です。「加判（かはん）」は印を押すこと。

（例141）

解読文　先御代官衆先例を被レ致二吟味一（せんおだいかんしゅうせんれいをぎんみいたされ）

文意　前任の御代官衆の先例を調べられ。

【解説】1字目は「先（せん）」と読み、前任者の意です。5字目の は既出ですが、「衆」と読みます。8字目 は平仮名の「を」。その次の は尊敬の助動詞

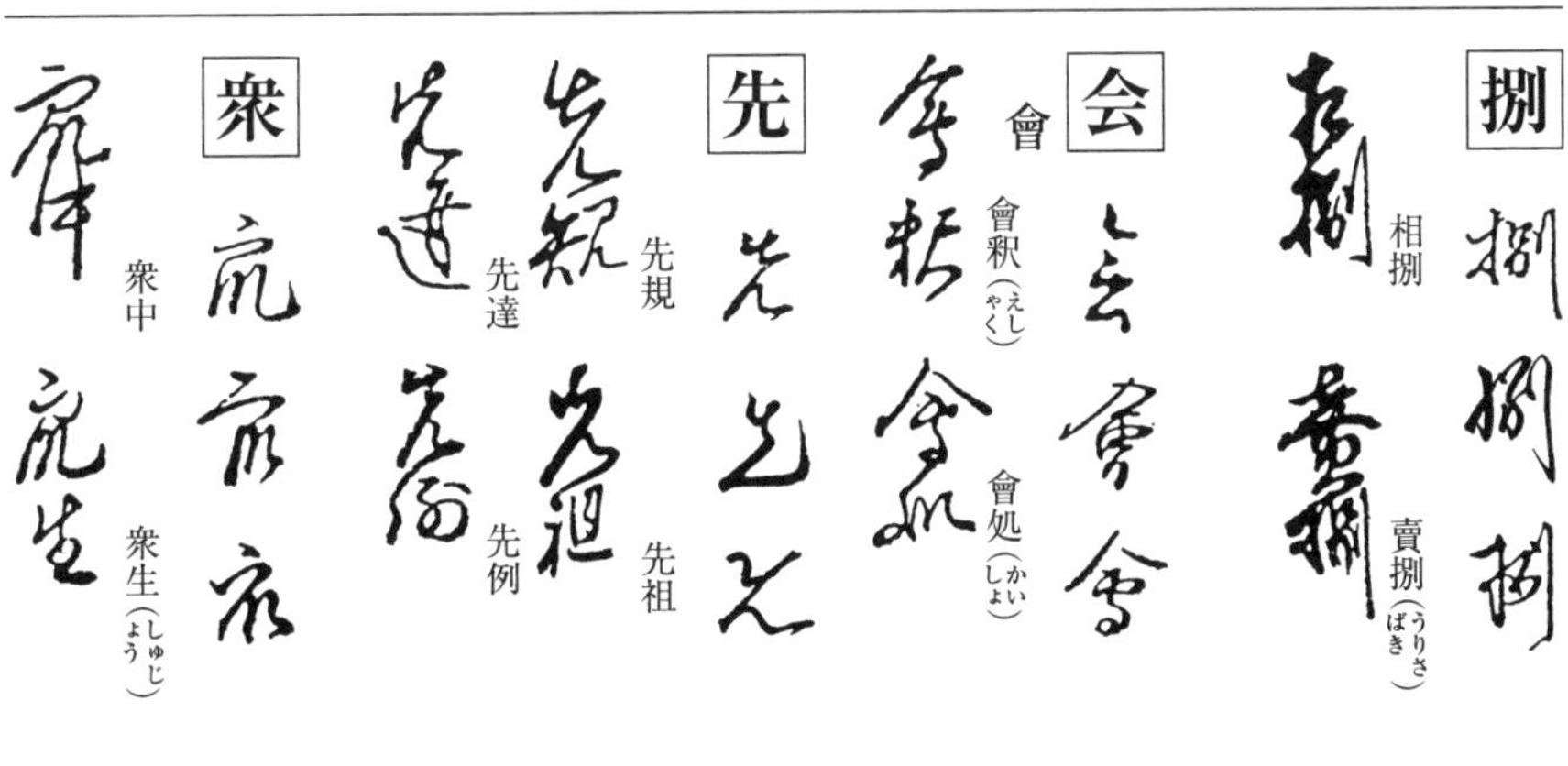

捌
相捌
賣捌（うりさばき）
会
會
會釈（えしゃく）
會処（かいしょ）
先
先規
先祖
先達
先例
衆
衆中
衆生（しゅじょう）

「被（れ）」です。下から3字目のが「致」ですが、もう読めるでしょう。

（例142）

解読文　其船留置早々可ㇾ致二注進一候事（そのふねとめおきそうそうちゅうしんいたすべくそうろうこと）

文意　その船を留め置いて早々に報告しなさい。

［**解説**］　2字目のは「船」の異体字です。7字目のは片仮名の「マ」に似た「可（べく）」。次のが「致」です。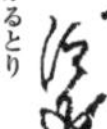は読みづらいくずし字ですが「氵（さんずい）」に「主」で「注」、次は「辶（しんにょう）」に「隹（ふるとり）」で「進」です。「注進（ちゅうしん）」で、事件などを急いで報告すること。最後のは「事」です。

（例143）

解読文　右之田我等請合致二手作一（みぎのたわれらうけあいてづくりいたし）

文意　右の田を私が引き受け、自分で耕作し。

［**解説**］　4字目のは難読文字ですが、「我」と読みます。しばしば用いられますので覚えておいてください。次の「ホ」のような文字は「等」の異体字です。「我等（われら）」は私の意味で、かならずしも複数を意味しません。8字目の

注

注進　注文

進

進退　進呈　勧進　未進（みしん）

我

我意（がい）　我慢

が「致」です。最後の「手作(てづくり)」は、田畑を自分で耕作・経営すること。下から返って「手作致し(てづくりいたし)」と読みます。

② 得(う(え))

「得二其意一(そのいをえ)」「得二御意一(ぎょいをえ)」などと下から返って読む動詞です。

(例144) 且雨天者日送ニ相成候間、兼而可得其意候
かつ雨天は日送りに相成り候間、兼ねてその意を得べく候

(例145) 若不得止事何れ之宿ゟ及出訴候品ニ罷成候ハヽ、
もしやむ事を得ず、いずれの宿より出訴に及び候品に罷り成り候わば

(例144)

*

解読文 且(かつ)雨天(うてん)者(は)日送(ひおくり)ニ相成(あいなり)候(そうろう)間(あいだ)、兼而(かねて)可レ得二其意一(そのいをうべく)候(そうろう)

文意 さらに、雨天のときは順延となりますので、あらかじめそう心得てください。

【解説】 1字目は一見「旦」と読めますが、文頭であることから「且(かつ)」と読みま

得

我侭(わがまま)
我等
得失
得心
得与
得二貴意一
得二貴慮一
得二其意一

意

意恨
意趣
貴意
懇意

す。は「日送（ひおくり）」と読みます。「送」は「道」にも類似していて若干読みづらいかもしれません。12字目のは「兼而（かねて）」と読みます。「兼」は、下部が「灬（れんが）」のような書き方をしていますので注意してください。「而」は、「る」のように書かれています。は「マ」のように書かれる助動詞「可（べく）」で、以下「其意を得べく（そのいをうべく）」は慣用句なので暗記してください。「その意図を了解し」の意味です。

（例145）

解読文 若不レ得二止事一何れ之宿ゟ及二出訴一候品ニ罷成候ハヽ、（もしやむことをえずいずれのしゅくよりしゅっそにおよびそうろうしなにまかりなりそうらわば）

文意 もしやむをえずどこかの宿から出訴に及ぶ状況になりましたならば。

【解説】1字目の「若（もし）」はもう読めるでしょう。次の「不得止事」の読み方ですが、下から「やむことをえず」と読み、「止むを得ず」と同意です。は「何れ（いず）」と読みます。は、変体仮名で字母は「連」です。「出訴（しゅっそ）」の「訴」の旁ですが、最後の点が省かれています。これは「訴」の異体字です。

③ 及（およぶ）

下に名詞形など体言を置き、上に返って読む動詞です。「及二延引一（えんいんにおよび）」「及二懸合一（かけあいにおよび）」「及二狼藉一（ろうぜきにおよび）」「及二沙汰一（さたにおよび）」「及二困窮一（こんきゅうにおよび）」「及二御聞一（おききおよび）」などと用いられます。

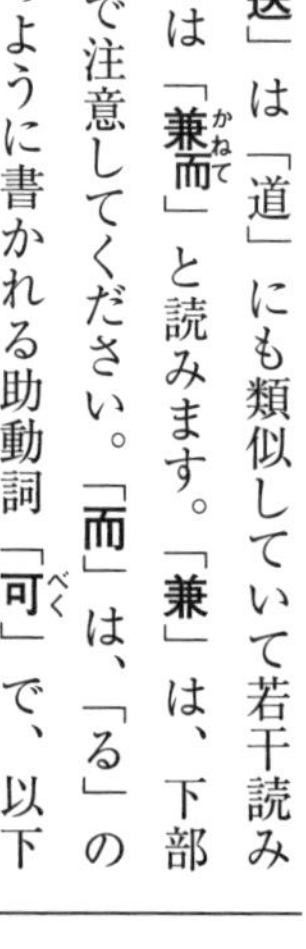

上意　尊意　存意　用意

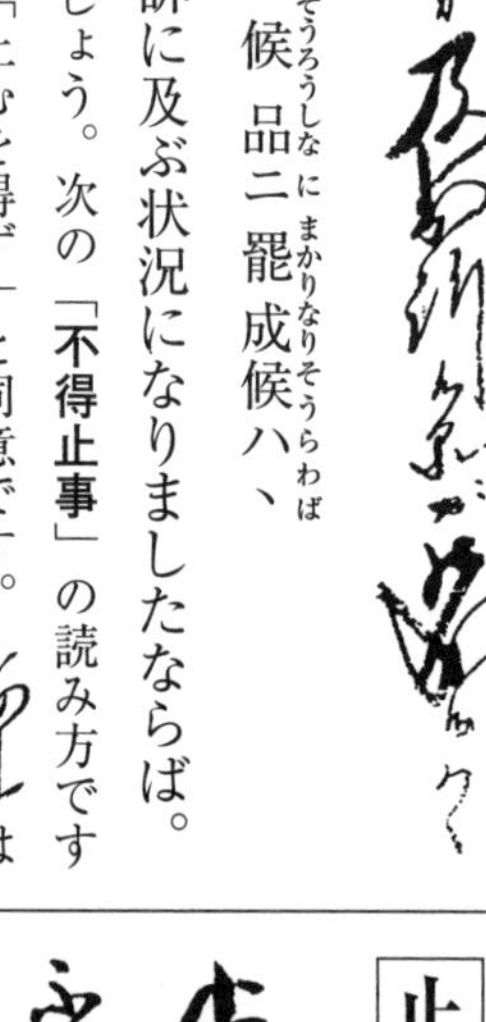

止

止宿　停止（ちょうじ）　不レ得二止事一

【異体字】訴（＝訴）

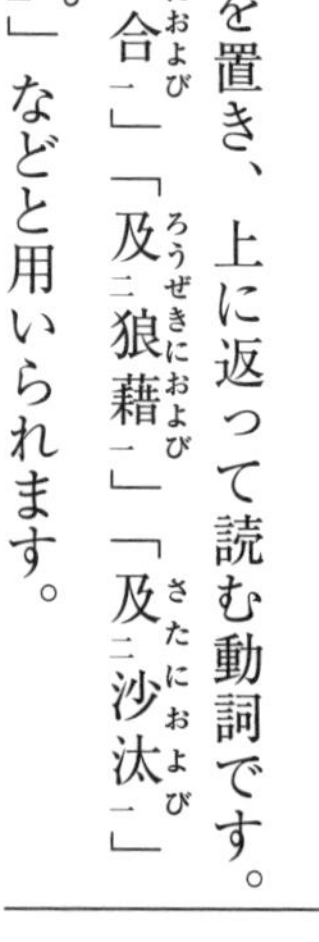

及

及レ聞　及二彼是一

（例146）衣類之義平百姓ハ不及申ニ
衣類の義平百姓は申すに及ばず

（例147）雨天打続キ冷気ニて畑方諸作及不熟ニ
雨天打ち続き冷気にて畑方諸作不熟に及び

（例148）百姓等召寄及折檻
百姓等召し寄せ折檻に及び

（例149）及口論候節ハ万端入用三ケ所ゟ可差出
口論に及び候節は万端入用三か所より差し出すべし

（例146）

解読文　衣類(いるい)之(の)義(ぎ)平百姓(ひらびゃくしょう)ハ(は)不レ及二申一(もうすにおよばず)

文意　衣類の件は一般百姓は言うまでもなく。

［解説］　文頭は「**衣類**(いるい)」です。「**平百姓**(ひらびゃくしょう)」は、村役人などではない一般の百姓を言います。「**不レ及二申一**(もうすにおよばず)」は頻出する常套句ですので暗記してください。言うまでもなく、の意味です。

（例147）

解読文　雨天(うてん)打続キ(うちつづき)冷気(れいき)ニ(に)て畑方(はたかた)諸作(しょさく)及二不熟一(ふじゅくにおよび)

及二数度一

及二難儀一

衣

衣食

衣服

衣類

肩衣(かたぎぬ)

雨

雨具

雨天

大雨

風雨

文意　雨天が打ち続き冷気で畑の作物が熟さずに。

［解説］　1字目はやや難読です。一画目がなければとなり「**雨**」と読めます。2字目は「**天**」の典型的なくずし字です。平仮名「て」の字母でもあります。以下が「**打続キ**（うちつづき）」ですから、冒頭は「**雨天**（うてん）」で問題ないでしょう。6字目のは「冫（にすい）」に「令」で「**冷**」です。「令」の字体は前節の助動詞のところで学びました。次のは「**気**」の正字体（旧字体）「**氣**」です。下から4字目が「**及**」です。次のは「**不熟**（ふじゅく）」と読みます。「**熟**」の沓部分が「火」のように見えますが、これは「灬（れんが）」と同意ですので、「**熟**」の異体字となります。

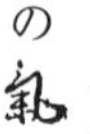

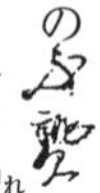

（例148）

解読文　百姓（ひゃくしょう）等（ら）召寄（めしよせ）及二折檻（せっかんにおよび）一

文意　百姓たちを呼び寄せて厳しく意見し。

［解説］　文頭「百姓」は「**百性**（ひゃくしょう）」と書かれています。「**性**」はしばしば「姓」の当て字として用いられます。「小姓（こしょう）」も「小性」と書かれますが、幕府では後者を正式な職名として用いました。3字目のは「竹（たけかんむり）」に「寺」のくずしで「**等**（ら）」です。4字目のは「**召**」の異体字が用いられています。次のは上部の「七」が「宀（うかんむり）」に「大」で、下部が「可」です。したがって「**寄**」となります。「**折檻**（せっかん）」は、筆順をたどれば読めるでしょう。

気　氣

氣之毒
天気
氣色（けしき・きしょく）
病氣

【異体字】

（＝熟）

等

等閑（とうかん・なおざり）
等分
此等
我等方

（例149）

解読文　及二口論一候節ハ万端入用三ケ所ゟ可二差出一

文意　口論になったときはすべての費用を三か所から差し出します。

［解説］　1字目の「及」は容易に読めるでしょう。次のは「**口論**（こうろん）」です。7字目の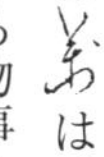は、「**万**」の正字体（旧字体）「**萬**」です。は「**端**」で、「**万端**（ばんたん）」はあらゆる物事をいいます。下から三字目のは、「マ」に似た助動詞の「**可**（べし）」です。

④ 期（きす・ごす）

「…をきす」または「…をごす」と読んで、「約束する」「期限を定める」「予期する」「覚悟する」「期待する」などの意を持ち、下から返って読む動詞です。

（例150）　猶**期**後音之時候
なお後音（こういん）の時を期（ご）し候

（例151）　**期**貴面候節、万事可申上候
貴面を期し候節、万事申し上ぐべく候

端

端銀（はぎん）

萬端（ばんたん）

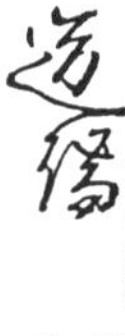
道端（みちばた）

村端

期

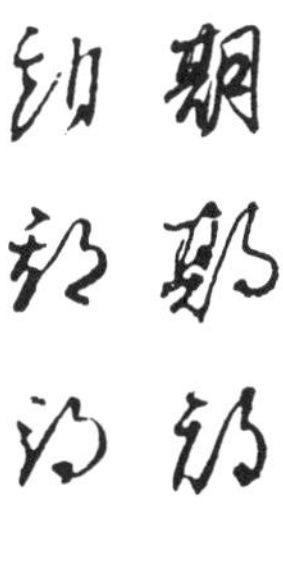

期月

期限

期日

末期（まつご）

（例150）

解読文　猶期㆓後音之時㆒候（なおこういんのときをごしそうろう）

文意　なお、後日お手紙申し上げます。

［**解説**］書状（書簡）の書止（かきとめ）部分です。1字目は「犭（けものへん）」です。「扌（てへん）」にも類似していますので注意してください。旁はかなり省画されていますので、判断がつきませんが、書翰の書止部分であることから、「**猶**（なお）」と読みます。2字目は偏が「其」で旁は「月」、したがって「**期**（ごす）」と読みます。次のは「**後音**（こういん）」と読み、後で書き送る手紙のことです。

（例151）

解読文　期㆓貴面㆒候節、万事可㆓申上㆒候（きめんをごしそうろうせつ、ばんじもうしあぐべくそうろう）

文意　お目にかかったときにいろいろとお話し申し上げます。

［**解説**］これも書状の書止文言です。1字目が「**期**」です。2字目のは「**貴**」、次のは「**面**」です。下から返って「**貴面を期す**（きめんをごす）」と読みます。は、点が「**候**」、「**良**」に似た文字が「**節**」です。は「**万事**（ばんじ）」、次のは、「マ」

音

音信（いんしん）
音聲（おんじょう）
音物（いんもつ）
物音

貴

貴意
貴様
貴殿
貴方
貴報
騰貴

のように書かれる「可（べし）」です。

⑤ 奉（たてまつる）

下位の者から上位の者や神仏に対し、物などを「ささげる」「献上する」の意です。また多くの場合、補助動詞として、動詞に付いて動作の主体である相手を敬い、「…し申し上げる」の意となります。

（例152）御役所江御訴相成御利解受奉恐入
御役所へ御訴え相成り御利解受け恐れ入り奉り

（例153）村方江被　仰付恐入奉畏候
村方へ仰せ付けられ恐れ入り畏（かしこ）み奉り候

（例154）別而難儀可仕様ニ奉存候間
別して難儀仕るべき様に存じ奉り候間

（例155）至而入用茂多分相掛り甚難儀ニ奉存候間
至って入用も多分相掛かり、甚（はなは）だ難儀に存じ奉り候間

（例152）

解読文　御役所（おやくしょ）江（え）御訴（おうったえ）相成（あいなり）御利解（ごりかい）受（うけ）奉（たてまつり）ニ恐入（おそれいり）一

文意　（相手が）役所へお訴えになり、（役所から）説得を受け恐れ入り。

奉

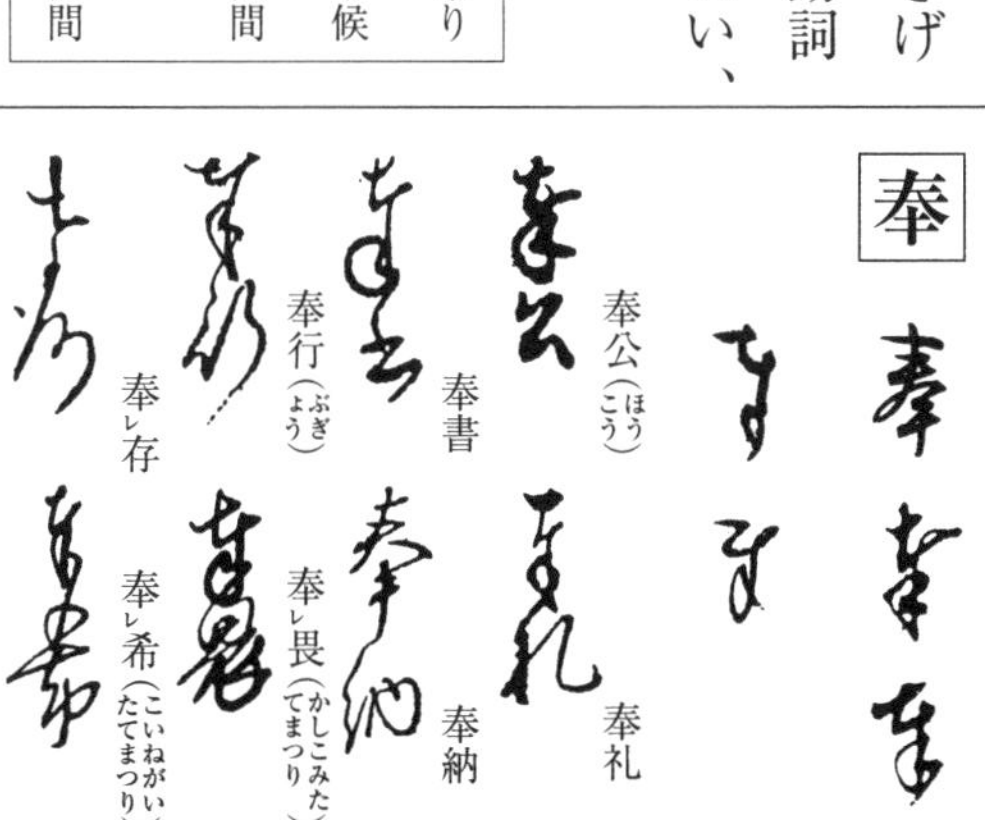

奉公（ほうこう）　奉礼　奉書　奉納　奉行（ぶぎょう）　奉レ畏（かしこみたてまつり）　奉レ存　奉レ希（こいねがいたてまつり）

【語彙解説】

利解（りかい）：「理解」「利害」「理害」とも書き、道理を言い聞かせること。説諭・説得すること。

【解説】利解は「利解（りかい）」と読み、説得することをいいます。下から3字目のが「奉」で、以下は「恐入（おそれいり）」と読みます。

（例153）

解読文　村方江被二（むらかたえおおせ）仰付一（つけられ）恐入（おそれいり）奉レ畏（かしこみたてまつり）候（そうろう）*

文意　村方に命じられ、恐れ入り承ります。

【解説】は「恐入（おそれいり）」と読み、は、「奉レ畏」で「かしこみたてまつり」または「かしこまりたてまつり」と読みます。

（例154）

解読文　別而（べっして）難儀（なんぎ）可レ仕（つかまつるべき）様（よう）ニ（に）奉レ存（ぞんじたてまつり）候（そうろう）間（あいだ）

文意　とりわけ苦労するように存じ上げますので。

【解説】文頭は「別而（べっして）」と読み、特別に、ことに、とりわけ、の意味です。3字目のは「難」の異体字です。「難儀（なんぎ）」は、苦労や困苦のこと。

畏

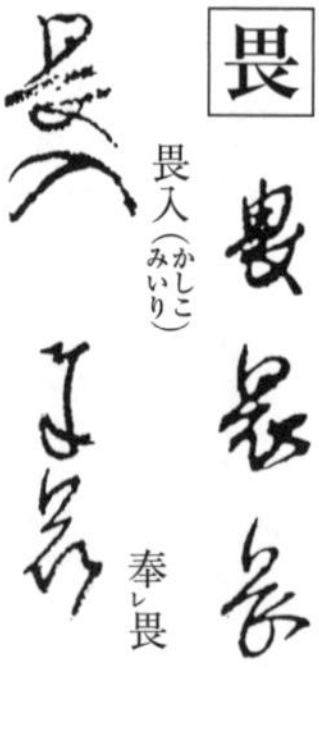

畏入（かしこみいり）

奉レ畏

【語彙解説】

難儀（なんぎ）：困難。苦しみ。苦労。迷惑。悩み。

（例155）

解読文　至而入用茂多分相掛り甚難儀ニ奉レ存候間
（いたってにゅうようもたぶんあいかかりはなはだなんぎにぞんじたてまつりそうろうあいだ）

文意　非常に費用が多くかかり、とても難儀に存じますので。

［解説］文頭1字目は「玉」に類似していますが「至」です。11字目の「甚」は「堪」などの旁にも用いられます。最後から3字目の「存」は、例154と字体が違いますので注意してください。

⑥ 遂（とげ）

「…をとげ」と読み、「…を成し果たす」「…を成しとおす」「…を成就する」「…を遂行する」などの意味の動詞です。

（例156）別而心附可遂吟味事
別して心附け吟味を遂ぐべき事

（例157）依之村役人小前一同遂示談候通相違無御座候
これにより村役人小前一同示談を遂げ候通り相違御座なく候

（例158）勿論宗門之義遂穿鑿
もちろん宗門の義穿鑿を遂げ

（例159）娵取聟取之節も五人遂相談
娵（よめ）取聟取の節も五人相談を遂げ

甚

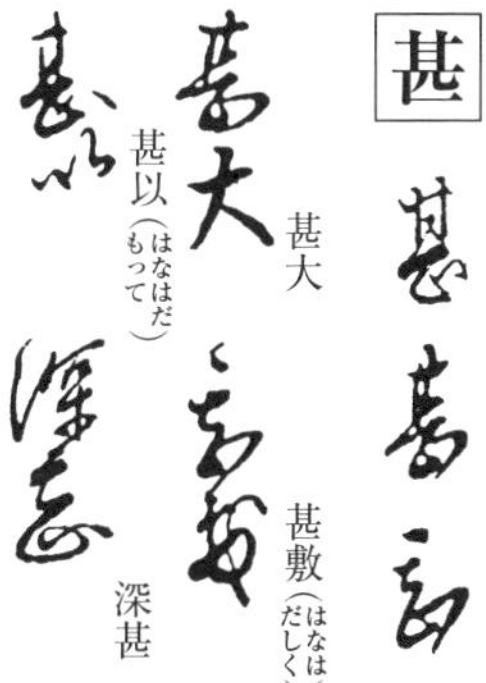

甚大
甚敷（はなはだしく）
甚以（はなはだもって）
深甚

遂

遂二吟味一
遂二参上一
遂二詮議一
遂二相談一

【類似文字】

遂
逐

（例156）

解読文 別而心附可レ遂二吟味一事（べっしてこころづけぎんみをとぐべきこと）

文意 とくに心を配って取り調べをしなさい。

［解説］文頭は「**別而**（べっして）」と読みます。偏の「口」の部分が省画されていますが、これが一般的なくずし字体です。3字目の　は「**心**」です。「**心附**」で、配慮すること、心を配ることです。5字目　は片仮名の「マ」に似た「**可**（べし）」。6字目の　が「**遂**（とげ）」です。平仮名の「を」にも見えます。

（例157）

解読文 依レ之村役人小前一同遂二示談一候通相違無二御座一候（これによりむらやくにんこまえいちどうじだんをとげそうろうとおりそういござなくそうろう）

文意 これによって、村役人も小前百姓も全員が示談にいたりましたとおり、異議ありません。

［解説］1字目「**依**」は下から返って「**これにより**」と読みます。10字目の　が「**遂**（とげ）」です。前例との字体の違いに注意してください。12字目の　は、偏が「言（ごんべん）」、旁は上部が「火」下部は踊り字ですので「火」と同じです。したがって、

附

吟

吟味
吟味

味

味進
味噌

示

示談
示談

「談」となります。

（例158）

解読文 勿論宗門之義遂㆓穿鑿㆒（もちろんしゅうもんのぎせんさくをとげ）

文意 当然宗門（宗旨）について十分に糺明し。

【解説】 3字目は「宀（うかんむり）」に「ふ」と書いて「宗」と読みます。7字目のが「遂（とげ）」です。次のは「穿鑿（せんさく）」と読み、「穿鑿を遂（と）げ」で、糺明することをいいます。

（例159）

解読文 娵取聟取之節も五人遂㆓相談㆒（よめとりむことりのせつもごにんそうだんをとげ）

文意 嫁取・婿取のときも五人で相談し。

【解説】 本例文は「五人組帳前書」の一節です。1字目「女（おんなへん）」に「取」で「娵（よめ）」となります。これは「娶（めとる）」の異体字と考えられ、「嫁」と同字に扱われています。「五人」は「五人組」のことでしょう。10字目のが「遂（とげ）」です。

【語彙解説】

宗門（しゅうもん）：「宗旨」ともいう。一宗派のなかの分派。

穿鑿（せんさく）：取り調べ。究明。探索。

娵 〈娶〉

聟

【異体字】 娵（＝娶）

⑦ 任(まかす)

下から返って「…にまかせ」と読み、「…にゆだねる」「…のままにする」「…どおりに」「…にならって」「…にしたがって」などの意味です。「任二其意一(そのいにまかせ)」「任二先規一(せんきにまかせ)」「任二先例一(せんれいにまかせ)」などと用いられます。

（例160）家中之輩武具諸道具可任其身心事
家中の輩武具諸道具、その身心に任すべき事

（例161）夫々御役方御才料中之任指図ニ
それぞれ御役方御才料中の指図に任せ

（例160）

解読文 家中之輩(かちゅうのともがら)武具(ぶぐ)諸道具(しょどうぐ)、可レ任二其身心一事(そのしんじんにまかすべきこと)

文意 家中の者の武具・諸道具についてはそれぞれの心身にゆだねること。

【解説】4字目のは上部が「北」のくずし、下部が「車」で「輩(ともがら)」の異体字となります。5字目のは典型的な「武」の草体です。「止」の部分が1画少ないところに特徴があります。が課題の「任(まかす)」です。「イ(にんべん)」に「已」か「王」のように書かれています。下から四字目の「其(その)」は第1章3③（98頁）で説明しましたので、もう読めるでしょう。その次のは「身」です。縦画・横画ともにかなり省略されていますが、頻出するくずし字です。

任

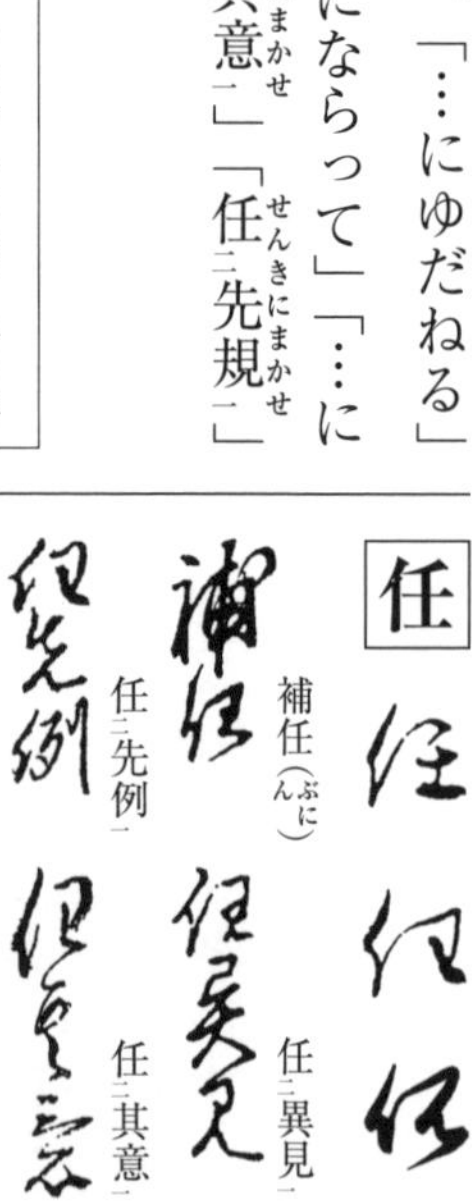

補任(ぶにん)　任二異見一　任二先例一　任二其意一

輩

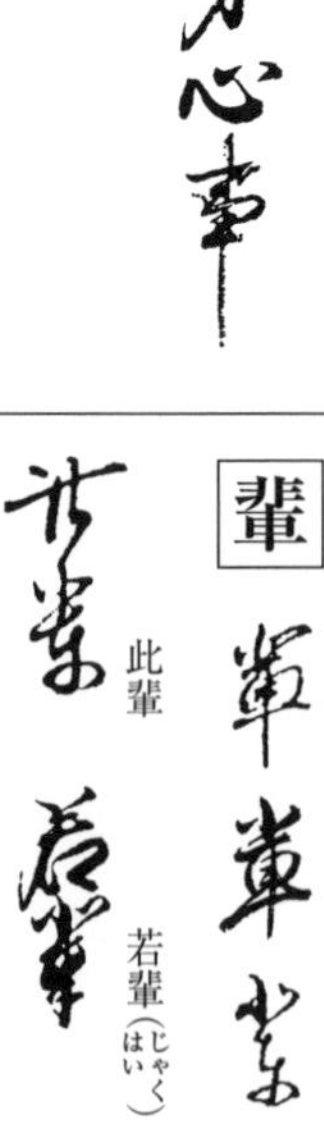

此輩　若輩(じゃくはい)

【異体字】

（＝輩）

武

武士　武道

（例161）

＊

解読文 夫々(それぞれ)御役方(おやくかた)御才料中(ごさいりょうちゅう)之(の)任(まかせ)二指図(さしず)ニ一

文意 めいめい役向の監督の指揮にしたがい。

【解説】文頭　は、すでに出てきました（例100）が「**夫々**(それぞれ)」と読みます。「**才料**(さいりょう)」は、ここでは監督者のことです。下から四字目の　は「**任**」ですが、やはり旁は「王」に類似しています。最後から二字目　の左右の点は「囗(くにがまえ)」です。中央の　は「**図**」の正字体（旧字体）「**圖**」の中央部分のくずしです。

⑧ 依(よる)・寄

「何事に依らず」などと用い、原因や限定を示す動詞です。

（例162）不依何事大勢集企徒党候様成儀仕間敷候
何事によらず、大勢集まり徒党を企て候様なる儀仕るまじく候

（例163）不寄何事村中寄合之節者
何事によらず、村中寄合いの節は

図

圖

相圖（あいず）

絵圖（ずえ）

差圖（さしず）

指圖

【語彙解説】
才料（さいりょう）：「宰領」の当て字。監督すること。また、その役目。

寄

寄合

寄進

年寄

最寄（もより）

（例162）

解読文　不レ依二何事一（なにごとによらず）、大勢（おおぜい）集（あつまり）企二徒党一（ととうをくわだて）候（そうろう）様成（ようなる）儀（ぎ）仕（つかまつる）間敷（まじく）候（そうろう）

文意　たとえどのようなことでも、大勢集まって徒党を企てるようなことはしてはならない。

［**解説**］とくに難しいくずし字は見当たりません。「**不レ依二何事一**」は、下から返って「**なにごとによらず**」と読みます。６字目は「勢」の異体字です。「**徒**（と）**党**（とう）」の「党」は正字体（旧字体）の「**黨**」が用いられています。

（例163）

解読文　不レ寄二何事一（なにごとによらず）、村中寄合之節（むらじゅうよりあいのせつ）者（は）

文意　理由を問わず、村中の者が集まる寄り合いのときは。

［**解説**］文頭は「**不レ寄二何事一**（なにごとによらず）」と読みます。「**寄**」が二度出てきますが、ここでしっかり覚えてください。３字目は「イ（にんべん）」に「可」で「**何**」です。

【異体字】

（＝勢）

徒

徒黨（ととう）

徒目付（かちめつけ）

党　黨

悪黨

餘黨

⑨ 限(かぎる)・加(くわう)・蒙(こうむる)

最後にその他の、下から返る動詞についていくつか例をあげましょう。

(例164) 村継之廻状不**限**昼夜先々江相届ケ
村継の廻状昼夜を限らず先々へ相届け

(例165) 少茂不**加**私意有躰に可申上候事
少しも私意を加えず有躰(ありてい)に申し上ぐべく候事

(例166) 年来**蒙**　御役儀居候得共
年来御役儀　蒙(こうむ)り居り候えども

(例164)

解読文 村継(むらつぎ)之(の)廻状(かいじょう)不(ちゅうや)レ限(をかぎらず)二昼夜一先々(さきざき)江(え)相届(あいとどけ)ケ

文意 村継の廻状は昼夜を限らず先々の村へ届け。

［**解説**］ 2字目 は「糸(いとへん)」に旁が「㡭」で「**継**」です。「**村継**(むらつぎ)」は、廻状などを村から村へ伝達することです。7字目の は「阝(こざとへん)」に、横画が一画少ない「艮」で「**限**」です。9字目の は「犭(けものへん)」に「欠」のように読めますが、これは「**夜**」の一般的なくずし方です。

限　**加**　**蒙**　**継**　繼　**昼**　書　**夜**

継立(つぎたて)　村継(むらつぎ)　昼分　昼寐(ひるね)　夜具　夜盗

（例165）

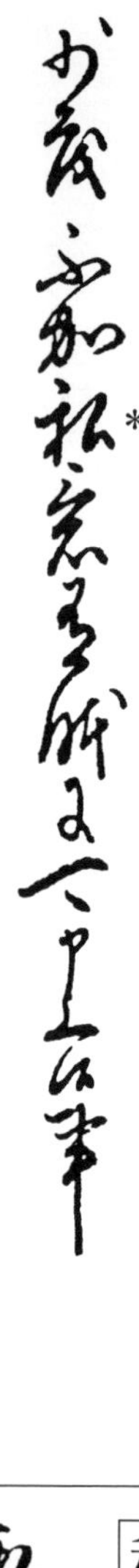

解読文 少茂不レ加二私意一有躰に可二申上一候事（すこしもしいをくわえずありていにもうしあぐべくそうろうこと）

文意 少しも自分の考えを入れずにありのままに申し上げなさい。

［解説］ 4字目「加」は下から返って「**私意を加え**（しいをくわえ）」と読みます。「**有躰**（ありてい）」は、ありのままの意です。9字目  は変体仮名で助詞の「**に**」、字母は「**爾**」の異体字「**尓**」です。

（例166）

解読文 年来蒙二御役儀一居候得共（ねんらいおやくぎをこうむりおりそうらえども）

文意 数年来、役職につかせていただいておりましたけれど。

［解説］ 文頭は「**年来**（ねんらい）」と読みます。数年以来、永年、の意です。「**蒙**（こうむる）」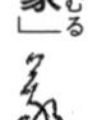は下から返って「**御役儀を蒙り**（おやくぎをこうむり）」と読み、役職につけていただき、の意です。

私

私意
私領

【語彙解説】
有躰（ありてい）：①ありのまま。偽りなく。②世間なみ。通りいっぺん。

【語彙解説】
役儀（やくぎ）：①役職。役目。②農民に課された年貢・諸役のこと。

中ざらい

ここで第2章「上に返って読む字」2節「動詞」で学習したことを復習しましょう。次の例文を解読してください。

(1)

(2)

(3)

(4)
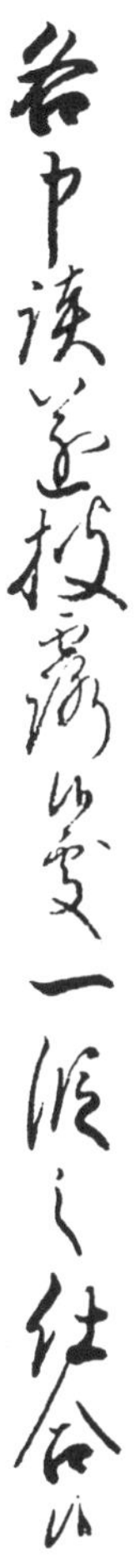

(5)

(6)

⑦ ⑧ ⑨

解読文

(1) 其上ニて不レ済儀者相談之上可レ致二言上一事
(2) 御公儀様御法度之儀者及二不申ニ一
(3) 御差支無二御座一候様、情々織立奉二上納一度奉レ存候
(4) 各申談遂二披露一候処、一段之仕合候
(5) 御直参者勿論自他之対二奉公人一無礼仕間敷事
(6) 品により諸親類迄可レ被レ行二罪科一事
(7) 不レ寄二何事ニ一其行事懸リ合ニ而始終落着可レ仕候
(8) 私シ不行跡之段預二御吟味一、一言之申吩ケ無二御坐一候
(9) 乍二此上一幾重ニ茂被レ加二御憐愍一度只今迄押移

3 助詞

① 雖（いえども）

下から返って「…といえども」と接続助詞的に用いられ、「…けれども」「…ても」などの意です。

(例167) 門弟之外縦令雖為親子兄弟猥に不可顕見事
門弟のほかたとい親子・兄弟たりといえども、みだりに顕見すべからざる事

(例168) 数度御免之儀雖願上御聞済無之
数度御免の儀願い上ぐるといえども御聞き済ましこれなく

(例167)

*

解読文 門弟（もんてい）之（の）外（ほか）縦令（たとい）雖レ（いえども）為二（たり）親子（おやこ）・兄弟一（きょうだい）、猥（みだり）に不レ（ざる）可二（べから）顕見一（けんげんす）事（こと）

文意 門弟のほかはたとえ親子・兄弟であっても見せてはならない。

［解説］ 冒頭は「門弟（もんてい）」と読みます。は「弟」の異体字ですが、「第」の異体字でもあります。5字目のは、「糸（いとへん）」に「従」で「縦」です。「縦令」で「たとい」と読み、たとえ、の意です。7字目のが「雖（いえども）」です。下から返って読

雖

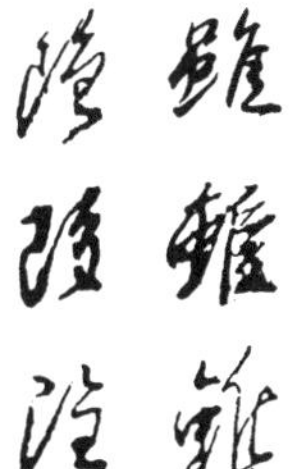

【異体字】 （＝雖）

顕 顯

前顕

露顕

みますが、次の為が「為」ですので、「…たりといえども」と読みます。また、字体ですが、偏の「虫」の上の「口」が「ム」になる異体字が用いられています。最後は、下から返って「顕見(けんげん)すべからざること」と読みます。

（例168）

解読文　数度(すど)御免(ごめん)之(の)儀(ぎ)　雖(いえども)ニ願(ねがい)　上(あぐる)一御聞済(おききすまし)無(なく)レ之(これ)

文意　何度か御赦免のお願いを申しましたけれど聞き届けられず。

【解説】文頭「数度」は「すど」と読みます。4字目免は「免」で、ここでの「御免(ごめん)」は容赦することです。7字目の雖が「雖(いえども)」です。旁の「隹(ふるとり)」の字体に注意してください。聞済は「聞済(ききすまし)」と読み、聞き届けることです。

② 於(おいて)

「…において」の形で格助詞的に用いられます。場所・時間などを表し、また、物事や人物に関連することを示します。「…で」「…にあって」「…に関して」「…について」の意です。

（例169）万一於道中紛失相違之儀出来仕候共

万一道中において紛失・相違の儀出来(しゅったい)仕り候とも

免

御免
差免（さしゅるす）
赦免
定免（じょうめん）

済

濟
済口（すみくち）
皆済（かいさい）
相済（あいすます）
内済（ないさい）

於

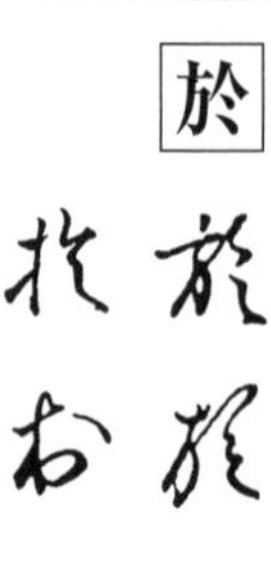

（例170）自然偽粮米ニ准之商売之米於積之者
自然偽り粮米に准じ、商売の米これを積むにおいては

（例171）於町在難渋申儀有之ハ役人迄可申出事
町在において難渋申す儀これあらば役人まで申し出ずべき事

（例172）若於遅々者其所之給人御代官可為越度候
もし遅々においてはその所の給人・御代官越度たるべく候

（例169）

解読文 万一於二道中一紛失・相違之儀出来　仕　候共
（まんいちどうちゅうにおいてふんしつ・そういのぎしゅったいつかまつりそうろうとも）

文意 もし道中で紛失や間違いが起こっても。

［解説］ 3字目が課題の「於（おいて）」です。6字目のは「糸（いとへん）」で、旁が「方」に見えますが、次の文字が「失」ですから、「紛失（ふんしつ）」という熟語を思いついていただければ、「分」であることがわかるでしょう。は「手偏にマ」で「相」です。
次のは「麦に辶（しんにょう）」で「違」の異体字です。

（例170）

道
道順
道中
道筋
街道
偽
僞
偽り申
中偽

解読文　自然偽粮米ニ准之、商売之米於レ積レ之者

文意　もしいつわって食料米として、商売用の米を積み込んだら。

［解説］　文頭「自然」は「しぜん」とも「じねん」とも読み、もしも、の意味です。「粮米」〔くずし字〕は、食料とする米のことです。下から4字目の〔くずし字〕が「於」です。前文の二例と違い「方」が「扌」のように書かれるところに特徴があります。「積」〔くずし字〕の旁部分の字体を覚えてください。

（例171）

解読文　於二町在一難渋申儀有レ之ハ役人迄可二申出一事

文意　町・村において困難なことがあったら役人に申し出なさい。

［解説］　1字目の「お」のように書かれている文字が「於」です。平仮名「お」の字母が「於」であることを理解すれば納得されることと思います。「町在」〔くずし字〕は、町と村のことです。4字目〔くずし字〕は「難」の異体字〔くずし字〕です。「難渋」は、暮らし向きが悪く困窮することや困難なことをいいます。

（例172）

粮

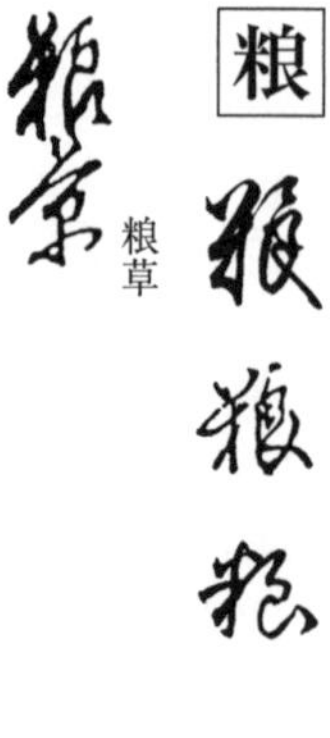

粮草

渋　澁

渋柿　難渋

遅　遲

解読文 若於(もしちちにおいては)二遅々一者其所之給人(そのところのきゅうにん)・御代官(おだいかん)可レ為二越度一候(おちどたるべくそうろう)

文意 もし遅くなるようならば、その土地の給人や代官も処罰します。

［解説］ 2字目の「お」が「於(おいて)」です。3字目の「遅」は難読文字です。一般にと書かれます。例文のようなくずし字もしばしば見うけられますので、両様をここで覚えてしまいましょう。「給人(きゅうにん)」は、ここでは将軍から知行地を与えられた旗本をさします。「代官(だいかん)」の「官」の字体に要注意。「友」に似ていますが「友」は右肩に点がうたれるのが一般的です。

③ 乍(ながら)

名詞・形容詞・動詞などを受けて「…けれども」「…にもかかわらず」の意を表します。「乍レ恐(おそれながら)」「乍レ然(しかしながら)」「乍レ憚(はばかりながら)」などと用いられます。

(例173) 乍恐以書付奉願上候
恐れながら書付をもって願い上げ奉り候

(例174) 乍恐書付を以奉訴上候
恐れながら書付をもって訴え上げ奉り候

(例175) 乍恐以書付御愁訴奉申上候
恐れながら書付をもって御愁訴申し上げ奉り候

(例176) 乍去当年之年柄不一通旱魃ニ而
去りながら当年の年柄一通りならざる旱魃にて

(例177) 乍憚書付を以御註進仕候
憚りながら書付をもって御注進仕り候

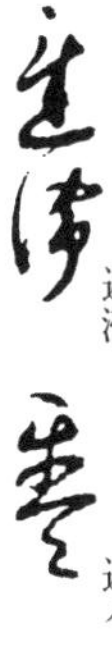
遅滞　遅々

給

給金　給米

乍

乍レ恐　乍レ併(しかしながら)　乍レ然(しかしながら)　乍レ存

（例173）

解読文　乍レ恐以二書付一奉二願上一候（おそれながらかきつけをもってねがいあげたてまつりそうろう）

文意　恐れ入りますが、書付をもってお願い申し上げます。

［解説］この例文は、訴状などの表題の一つです。すでに出てきましたが、1字目が「**乍**（ながら）」です。下から返って「**恐れながら**」と読みます。3字目  は「**以**（もって）」と読み、下から返って「**書付をもって**」と読みます。「**奉**（たてまつる）」 も同様に、「**願い上げ奉り**」と下から返って読みます。

（例174）

解読文　乍レ恐書付を以奉二訴上一候（おそれながらかきつけをもってうったえあげたてまつりそうろう）

文意　恐れ入りますが、書付をもって訴え上げます。

［解説］この例文も訴状の表題です。「**乍**（ながら）」の字体が微妙に違う点に注目してください。

恐

恐入　恐々　恐悦　恐縮

願

願掛（がんかけ）　願筋（ねがいすじ）　願人（がんにん）　歎願（たんがん）

訴

訴詔　訴状

書

（例175）

解読文　乍レ恐以二書付一御愁訴奉二申上一候（おそれながらかきつけをもってごしゅうそもうしあげたてまつりそうろう）

文意　恐れ入りますが、書付をもって嘆き訴え申し上げます。

［解説］　1字目の「乍（ながら）」の字体を覚えてください。「愁訴（しゅうそ）」は、為政者に嘆き訴えることです。

（例176）

解読文　乍レ去当年之年柄不二一通一旱魃ニ而（さりながらとうねんのとしがらひととおりならざるかんばつにて）

文意　そうであっても、当年の状況は異常な旱魃で。

［解説］　文頭の「乍レ去（さりながら）」は、とにかく、そうであっても、の意。3字目のは典型的な「当」のくずし字で、頻出文字です。「不二一通一」は「ひととおりならず」と読み、異常であることをいいます。は「旱」の異体字です。

（例177）

書中
書上
書付
請書
下書
前書

去

去年
乍レ去（さりながら）

【異体字】 （＝旱）

解読文　乍(はばかりながら)レ憚書付(かきつけ)を以(もって)御註進(ごちゅうしん)仕(つかまつり)候(そうろう)

文意　恐れ多いことですが、書付をもって報告いたします。

［解説］　2字目は「忄(りっしんべん)」に「單」で、「**憚**(はばかり)」となります。は「**書**」と読みます。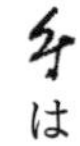は「**付**」です。旁の「寸」の左上に「亻(にんべん)」が乗っているような字体になっています。「**註進**(ちゅうしん)」は「注進」とも書き、事変を報告することです。

④ 自(より)・因・依・従

動作の起点となる事物や時間・人物を表し、「…から」「…を通して」などの意に用いられます。

（例178）**自来六月朔日至于九月朔日**
来たる六月朔日より九月朔日に至り

（例179）**因茲猶々申上条々御座候**
これによりなおなお申し上ぐる条々御座候

（例180）**願主共年来之依心願ニ**
願主ども年来の心願により

（例181）**従江戸大坂迄道中宿々江鳥目千貫文余被下候**
江戸より大坂まで道中宿々へ鳥目千貫文余下され候

（例178）

憚

憚入（はばかりいり）

乍レ憚

自
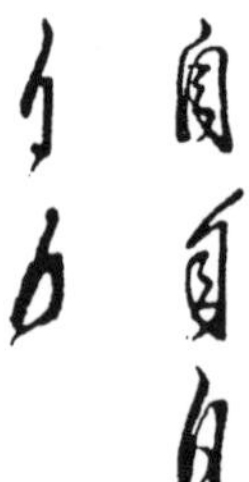

自今

自身

自分

自由

因

因縁

因レ茲（これにより）

依

解読文 自二来六月朔日一至レ于二九月朔日一

文意 来たる六月一日から九月一日に至り。

［解説］時間の起点を表す例文です。1字目は四画目以降の横画が縦画一本に略されています。「朔日」は「ついたち」とも「さくじつ」とも読みます。は「朔」の異体字です。

(例179)

解読文 因レ茲猶々申上条々御座候

文意 これによりなおも申し上げる箇条がございます。

［解説］は「冂」に「太」ではなく、「囗」に「大」で「因」となります。3字目は既出ですが「猶」と読みます。旁がかなり省略されていますので注意してください。は、ここでは一つひとつの箇条をいいます。

(例180)

解読文 願主共年来之依二心願一

文意 願主たちの前々からの心願により。

依怙(こえ)

帰依(きえ)

従

従

従前

従レ是(これより)

主従

陪従

来

來

来状

来世

仕来(しきたり)

出来(しゅったい)

【解説】2字目のはやや難解ですが、点に「王」と書かれています。1字目が「願」ですので、「願主（がんしゅ）」となります。神仏に願をかける人のことです。は「年来（ねんらい）」と読み、数年以来の意です。7字目のは「依（より）」で、下から返って読みます。「心願（しんがん）」は、心から願うこと、願を立てることを言います。

（例181）

解読文　従㆓江戸㆒大坂迄道中宿々江鳥目千貫文余被㆑下候
（えどより おおさかまで どうちゅう しゅくじゅく え ちょうもく せんかんもん よ くだされ そうろう）

文意　江戸から大坂まで街道の各宿場に鳥目一千貫文余りをくだされました。

【解説】1字目の偏は「彳（ぎょうにんべん）」です。また、旁のが「⻌」で、「従（より）」となり、下から返って「江戸より」と読みます。「鳥目（ちょうもく）」は既出です（例4参照）。は「千」ですが、筆順が現在と違いますので注意してください（くずしの法則①）。また、「貫（かん）」の上部の第一画目縦画が略されています（くずしの法則②）。

鳥

鳥殺生
鳥見
鳥渡（ちょっと）
追鳥

【千の筆順】

中ざらい

第2章「上に返って読む字」3節「助詞」で学習したことを復習しましょう。次の例文を解読してください。

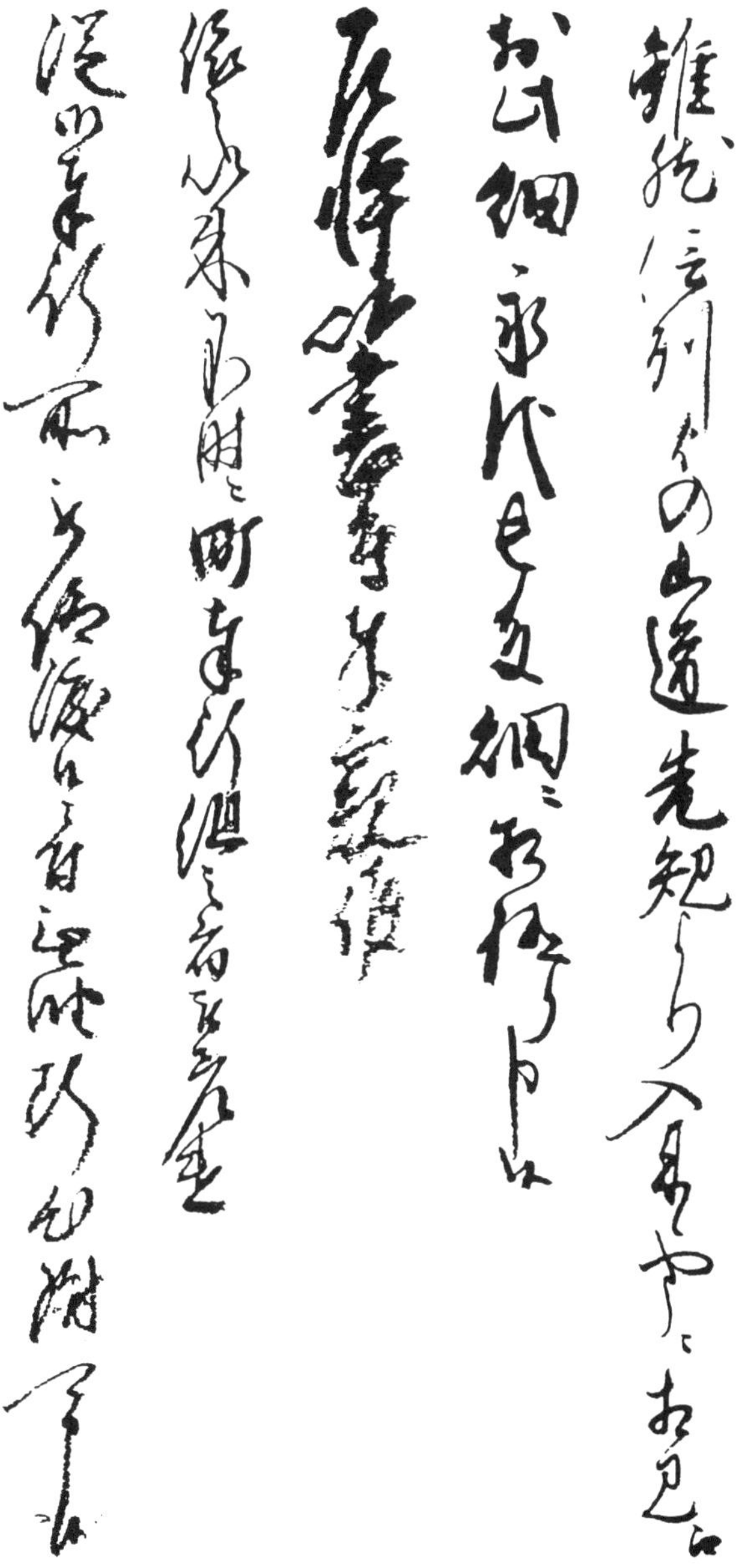

解読文

(1) 雖レ然(しかりといえども)信州ゟ(しんしゅうより)の山道先規(やまみちせんき)より入来(いりきたり)候(そうろう)やう二相見(にあいみ)え

(2) 於二此畑一(このはたけにおいて)永代(えいたい)貴殿畑(きでんはたけ)二相極(にあいきま)り申候(もうしそうろう)

(3) 乍レ憚(はばかりながら)以二書付一(かきつけをもって)奉レ窺(うかがいたてまつり)候(そうろう)

(4) 依レ之(これにより)以来(いらい)不時(ふじ)二(に)町奉行組(まちぶぎょうぐみ)之者(のもの)被二差遣一(さしつかわされ)

(5) 従二御奉行所一(ごぶぎょうしょより)被二仰渡一候(おおせわたされそうろう)二(に)付(つき)無二油断一(ゆだんなく)心附可レ申候(こころづけもうすべくそうろう)

4　その他

①　難（がたし）

「…しがたく」などと読み、「むずかしい」「容易でない」「困難だ」の意の形容詞で、下から返って読みます。

（例182）願之通被仰付難有奉存候　　願いの通り仰せ付けられありがたく存じ奉り候
（例183）前書之通ニ而ハ難相続様候ハヽ　　前書の通りにては相続きがたき様候わば
（例184）御礼難申尽候　　御礼申し尽くしがたく候

（例182）

解読文　願之通被二仰付一難レ有奉レ存候（ねがいのとおりおおせつけられありがたくぞんじたてまつりそうろう）

文意　願いのとおりに命じていただきありがたく存じます。

［**解説**］　1字目は「原」に「頁」で「**願**」です。「**被二仰付一**（おおせつけられ）」はもうマスターしましたね。「**被**（れ）」は「衣」のように書かれています。は「**難レ有**（ありがたく）」と下から返って読みます。

難

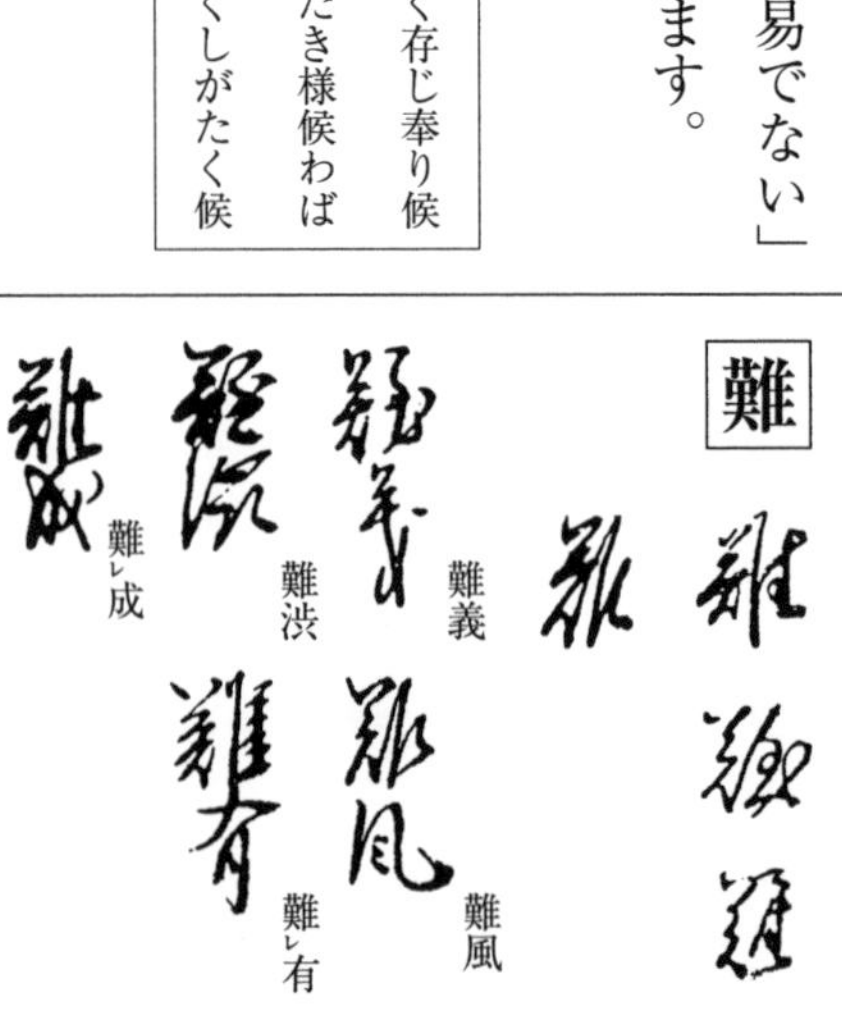
難義
難渋
難レ成
難風
難レ有

（例183）

解読文　前書之通ニ而ハ難二相続一様候ハ、（まえがきのとおりにてはあいつづきがたきようそうらわば）

文意　前書のとおりでは続けられないようであるならば。

【解説】2字目は既出ですが「書」と読みます。8字目のが「難」です。偏は「歎」と同様です。旁は「至」のように書かれています。は「相続」で「そうぞく」とも読めますが、ここでは「あいつづき」と読みました。なお、「續」は「続」の正字体（旧字体）です。

（例184）

解読文　御礼難二申尽一候（おれいもうしつくしがたくそうろう）

文意　御礼は言い尽くせません。

【解説】3字目の「難」は、偏は前例とほぼ同じ筆順ですが、旁がかなり略されています。一見「乍」にも見えます。次の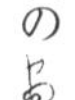は「尽」ですが、難読文字です。一般的にはと書きますので、例文の「尽」は正字体（旧字体）の「盡」のくずし字と考えられます。

【類似文字】

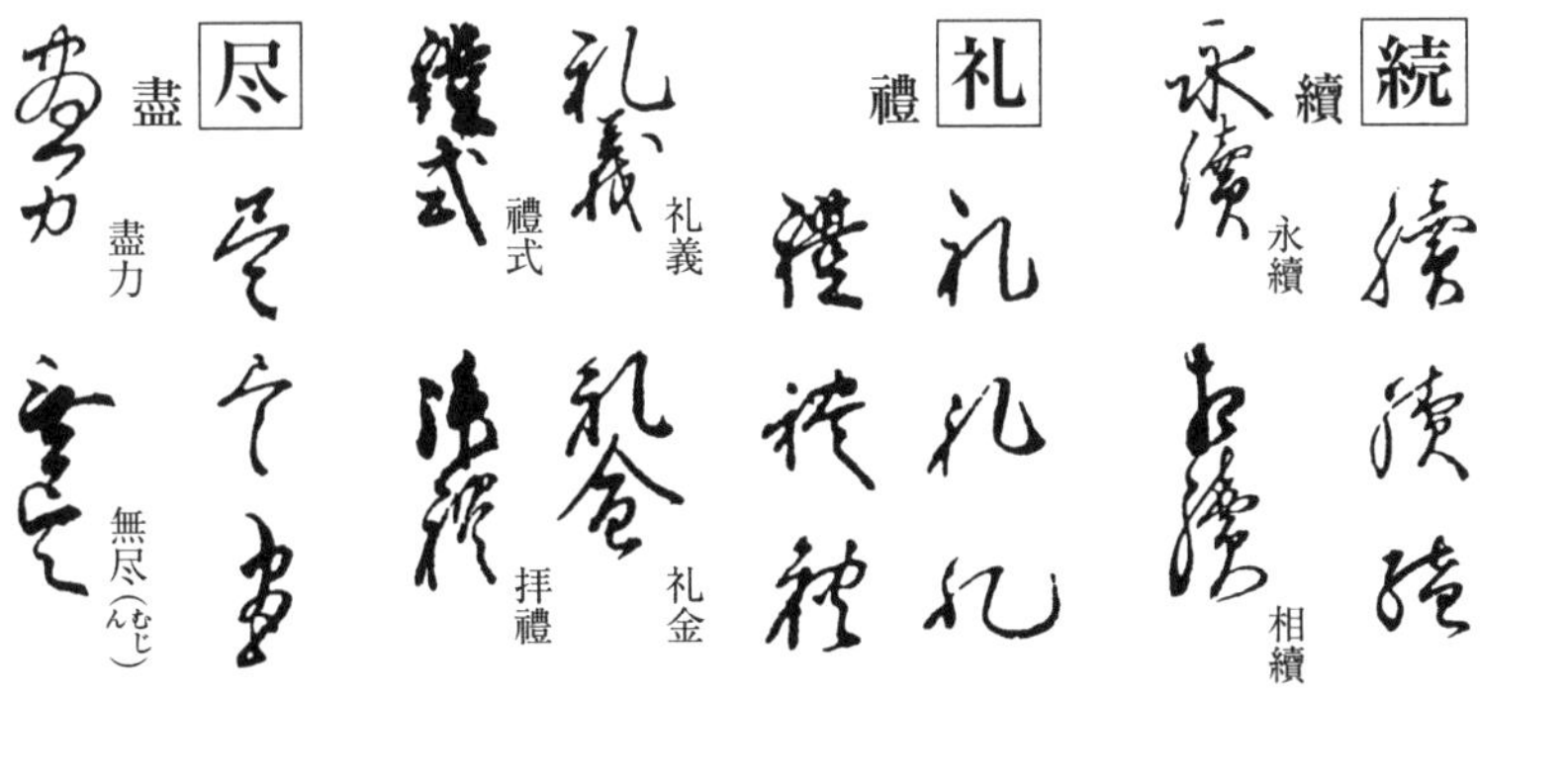
書
出
続
續
永續
相續
礼
禮
礼義
禮式
礼金
拝禮
尽
盡
盡力
無尽（むじん）

②　無（なし）

次に来る名詞などを否定する形容詞で、「…ない」の意です。「無二油断一（ゆだんなく）」「無二高下一（こうげなく）」「無レ滞（とどこおりなく）」などと用いられます。

（例185）御差図請昼夜無懈怠相勤来候処
御差図請け昼夜懈怠なく相勤め来たり候処

（例186）常々無断絶詮儀仕候
常々断絶なく詮儀仕り候

（例187）其者ゟ代々無恙相続仕候者ハ不申及
その者より代々つつがなく相続仕り候者は申すに及ばず

（例188）此度違作ニ付無余義御無心仕
このたび違作につき余儀なく御無心仕り

（例189）若無拠子細有之者可申出事
もしよんどころなき子細これあらば申し出ずべき事

（例185）

＊
＊

解読文　御差図請昼夜無二懈怠一相勤来候処（おさしずうけちゅうやけたいなくあいつとめきたりそうろうところ）

文意　お指図を受け昼夜怠らず勤めてきましたところ。

［**解説**］　2字目「差」はもう読めますね。は、左右の点から「口」（くにがまえ）であることは察しがつきます。中央部分は「啚」で、「図」の正字体（旧字体）「圖」となります。7字目のが「無」ですが、次のは難読文字です。下の

無

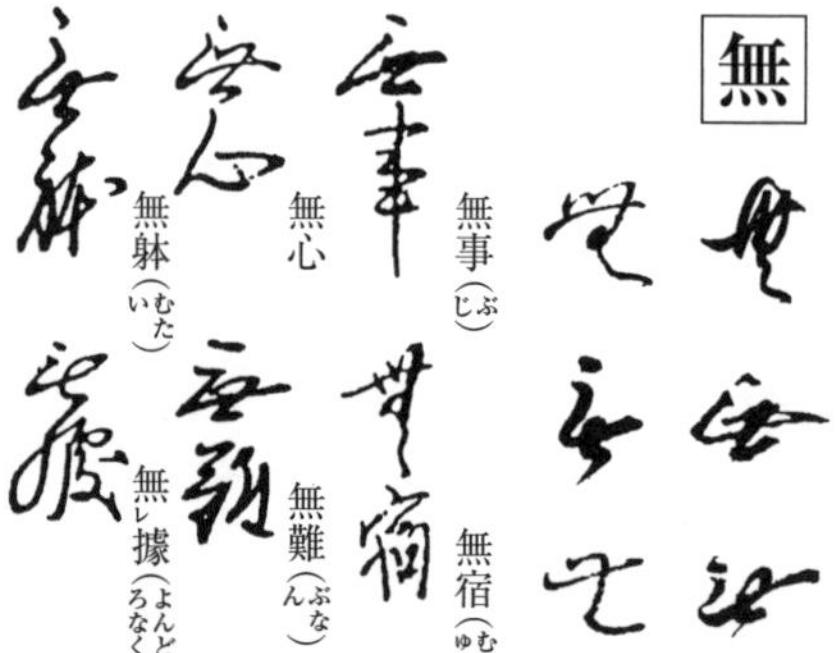
無事（ぶじ）
無宿（むしゅく）
無心
無難（ぶなん）
無躰（むたい）
無レ據（よんどころなく）

懈

懈怠（けたい）
懈怠

怠

怠慢
懈怠

が筆順を追うと「ム」「口」「心」で「怠」となりますので、三文字の成句「無㆓解怠㆒（けたいなく）」という語句を思い出していただきたい。例109でも出てきましたが、慣用句ですのでここで覚えてしまいましょう。

（例186）

解読文 常々無㆓断絶㆒詮儀 仕 候（つねづねだんぜつなくせんぎつかまつりそうろう）

文意 常々途絶えることなく評議（取り調べ）いたしました。

[解説] 文頭の「常々（つねづね）」はとも書きます。4字目のは既出ですが「断」です。次のは「絶」で、「断絶（だんぜつ）」となります。「絶」の旁は「色」の草体です。

（例187）

解読文 其者ゟ代々無㆑恙相続 仕 候 者ハ不㆓申及㆒（そのものよりだいだいつつがなくそうぞくつかまつりそうろうものはもうすにおよばず）

文意 その者から代々無事相続してきた者は言うまでもなく。

[解説] 6・7字目のは「無㆑恙（つつがなく）」と読みます。最後の、は既出の場合（例146）と語順が違いますが「不㆓申及㆒」で「申すに及ばず」と読みます。

絶

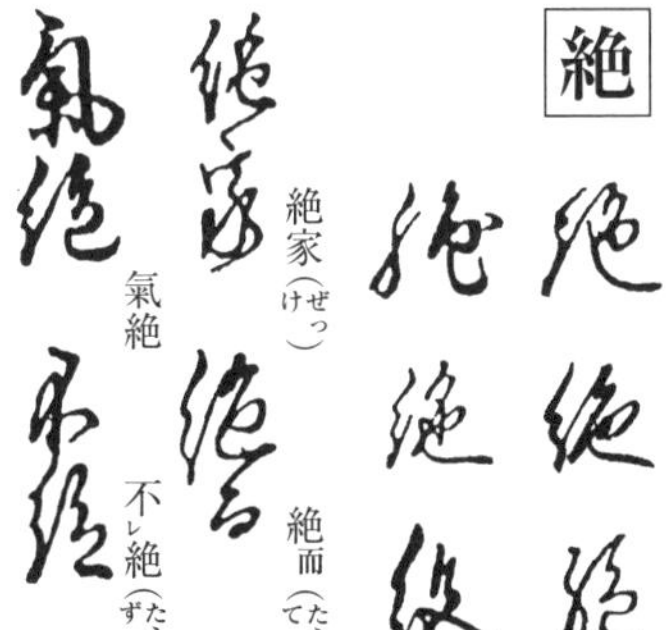

絶家（ぜっけ）　氣絶　絶而（たえて）　不㆑絶（たえず）

恙

無㆑恙（つつがなし）　無㆑恙

（例188）

解読文　此度(このたび)違作(いさく)ニ付(につき)無二余義一(よぎなく)御無心(ごむしん)仕(つかまつり)

文意　このたび不作のためしかたなく無心して。

［解説］は「違作(いさく)」と読み、農作物の実りが例年より悪いことをいいます。は「無二余義一(よぎなく)」と読みます（「義」は「儀」の当て字）。やむをえないことをいいます。は「無心(むしん)」で、物をねだることです。

（例189）

解読文　若(もし)無レ拠(よんどころなき)子細(しさい)有レ之者(これあらば)可二申出一(もうしいずべき)事(こと)

文意　もしやむを得ない理由があったら申し出なさい。

［解説］は「無レ拠(よんどころなき)」と読みます。「拠」は正字体（旧字体）「據」のくずし字が用いられています。は「子細(しさい)」で、こまやかなことや事のわけをいいます。

余
餘
餘儀
余内（よない）
餘慶（よけい）
余程
子
子孫
銀子
子々孫々
細
細工
委細
巨細（こさい）
明細

③ 為 として・のため

(a)下から返って「…として」と読み、以下に述べることの理由や名目を表します。(b)また、「…のため」と読み、次に述べることの目的や因果関係を表します。（くずし字については第2章1③〈116頁〉を参照）

(例190) 為御褒美書面之通被下之	御褒美として書面の通りこれを下さる
(例191) 為地代鐚弐百文宛年々差出	地代として鐚（びた）二百文ずつ年々差し出し
(例192) 為御宛行弐人扶持被下置	御宛行（おあてがい）として二人扶持下し置かれ
(例193) 右之条々為心得之書記し置候	右の条々心得のため書き記し置き候
(例194) 為後日之仍而証文如件	後日のため仍（よ）って証文件（くだん）の如し

(例190)

解読文 為二御褒美一書面之通被レ下レ之（ごほうびとしてしょめんのとおりこれをくださる）

文意 ご褒美として書面のとおりに下す（下付する）。

[解説] 1字目の「**為**」は「…**として**」と読みます。3字目は既出で、「广（まだれ）」のように書かれるところに特徴がありました「**褒**」です。次のは、省画が激

褒

褒美

褒貶（ほうへん）

しいのですが、典型的な「美」です。

（例191）

解読文　為二地代一鐚弐百文宛年々差出（ちだいとして　びたにひゃくもんずつ　ねんねんさしだし）

文意　地代として毎年鐚銭二百文ずつ差し出し。

［解説］　文頭の　が「為（として）」です。4字目の　は、「釒（かねへん）」に「悪」で「鐚（びた）」と読み、鐚銭をさします。これは、悪銭全般のことですが、江戸初期までは永楽銭以外の銭をさします。　は「宛」で「ずつ」と読みます。

（例192）

解読文　為二御宛行一弐人扶持被二下置一（おあてがいとして　ににんぶち　くだしおかれ）

文意　給与として二人扶持をくだされ。

［解説］　文頭の　が「為（として）」ですが、かなり省画されていて難読です。3字目の　は「宛」ですが、冠の下の「夕」が一本の縦棒のように書かれています。次の　は「行」です。「宛行」で「あてがい」と読み、与えられた所領や給与をさします。次の「弐人扶持（ににんぶち）」　は、一人一日玄米五合で二人分の飯米

地
地境
地所
地頭（じとう）
地主
鐚
鐚取（びたどり）
口鐚
扶
扶食（ふじき）
扶助
扶持（ふち）
扶持

一年分を給付されることです。

（例193）

解読文　右之条々為二心得之一書記し置候（みぎのじょうじょうこころえのためにかきしるしおきそうろう）

文意　右の箇条を心得のために書き記しておきました。

［解説］　3字目は「条」の正字体（旧字体）「條」の異体字です。偏が「彳」（ぎょうにんべん）となり旁との間の縦画が一本省かれます。「心得」（こころえ）はもう読めますね。は偏が「言」（ごんべん）であることが分れば「記」と容易に読めるでしょう。

（例194）

解読文　為二後日之一仍而証文 如レ件（ごじつのためよってしょうもんくだんのごとし）

文意　後日のため証文はこのとおりです。

［解説］　この例文は証文類の書止文言（かきとめもんごん）です。「**為後日之**」（ごじつのため）は、後日の証拠としての意が含まれています。7字目のは「言」（ごんべん）に「登」で、「**証**」の正字体（旧字体）「**證**」です。「**如レ件**」（くだんのごとし）は、上記の通りです、の意。

記

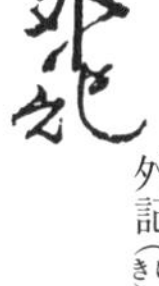

外記（げき）

日記

【異体字】 

（＝条〈條〉）

後

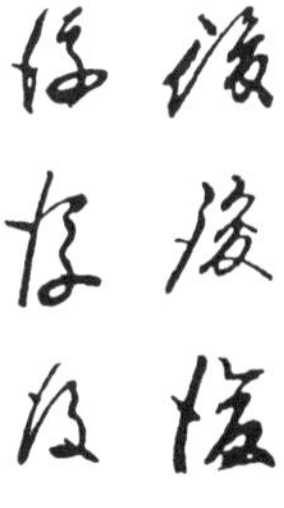

後日

後證（ごしょう）

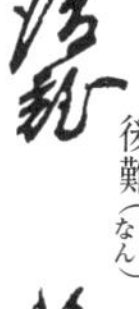

後難（こうなん）

後念

④ 以（もって）

「…をもって」と下から返って読み、手段・方法・原因などを表します。「…によって」「…で」「…のために」などの意です。なお、「御世話ヲ以」などと、必ずしも下から返る場合だけではありません。

(例195)	**今度以使者愚意之趣申上**	このたび使者をもって愚意の趣申し上げ
(例196)	**以実意取計可申候**	実意をもって取り計らい申すべく候
(例197)	**右廻状以刻付早々令順達候**	右廻状刻付をもって早々順達せしめ候

(例195)

解読文　今度（このたび）以二（をもって）使者（ししゃ）一愚意（ぐい）之（の）趣（おもむき）申上（もうしあげ）

文意　このたび使者を通じて私の意見を申し上げます。

[解説]　3字目の  が「**以**（もって）」です。下から返って読みますから「**使者**（ししゃ）**をもって**」と読みます。 は「**愚意**（ぐい）」と読み、自分の意見をへりくだっていう語です。「**愚**」は第一画の縦画が省略されています（くずしの法則②）。

以

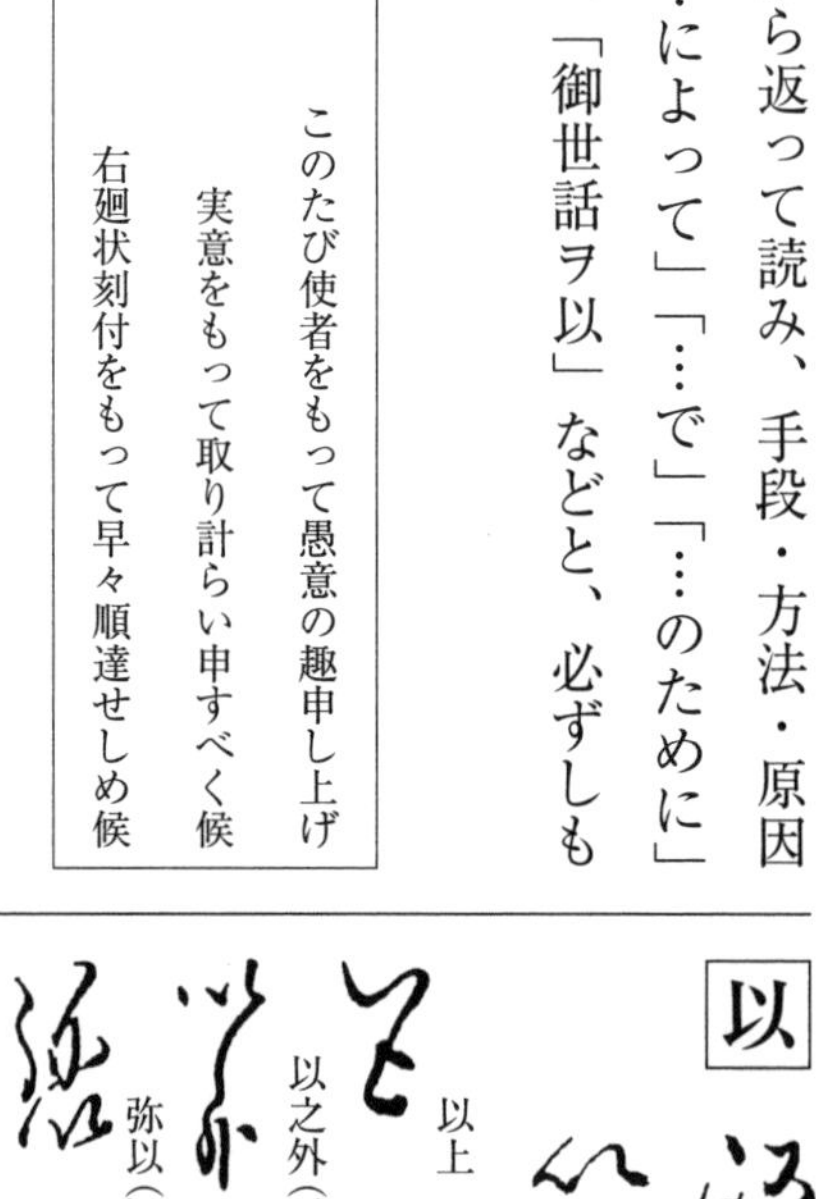

以上　以後　以之外（もってのほか）　小以（こい）　弥以（いよいよもって）　猶以（なおもって）

使

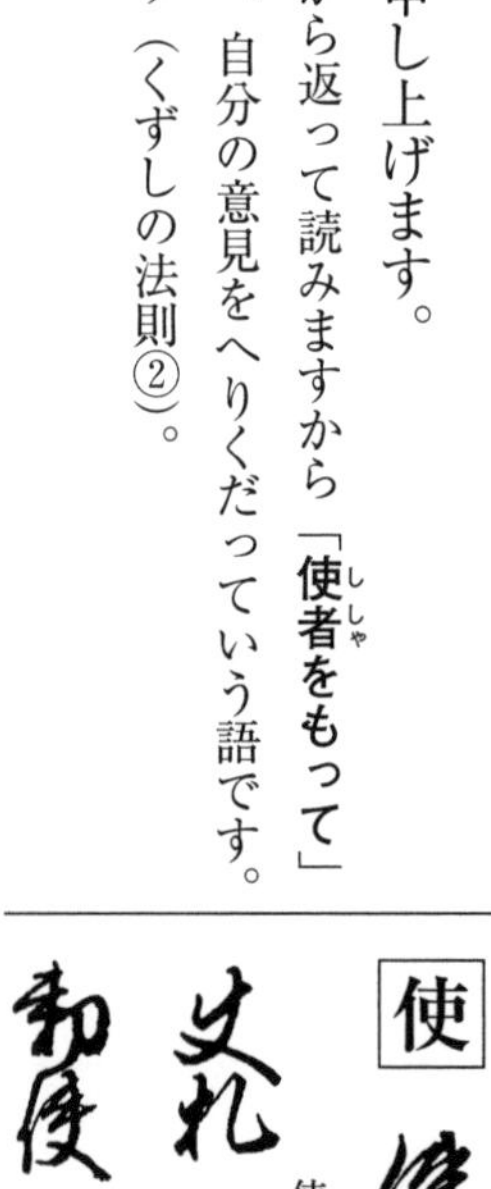

使札　使番（つかいばん）　勅使　使僧（しそう）

（例196）

解読文　以二実意一取計可レ申候（じついをもってとりはからいもうすべくそうろう）

文意　誠意をもって取り計らいます。

［解説］　文頭〔くずし字〕が「以」（もって）です。下から返って「**実意をもって**」（じつい）と読みます。〔くずし字〕は「**取**」です。偏の「耳」と旁の「又」が重なっているためちょっと読みづらく書かれています。〔くずし字〕は「**計**」で「**取り計らい**」（と・はか）と読みます。

（例197）

解読文　右廻状以二刻付一早々令二順達一候（みぎかいじょうこくづけをもってそうそうじゅんたつせしめそうろう）

文意　右の廻状は時刻を記して、早々に順番に回覧しなさい。

［解説］　1字目は難読ですが「**右**」と読みます。〔くずし字〕は「**廻状**」（かいじょう）。4字目の〔くずし字〕が下から返って読む「**以**」（もって）で、「**刻付をもって**」と読みます。「**刻付**」は「**こくづけ**」とも「**ときづけ**」とも読み、書状・文書の回覧のさい発信・到着および取り扱い時刻などを書き記すことをいいます。〔くずし字〕は「**早々**」（そうそう）。一画目の縦画が省画されています（くずしの法則②）。〔くずし字〕は「**令**」（しめ）で、下から返って読む助動

実　實

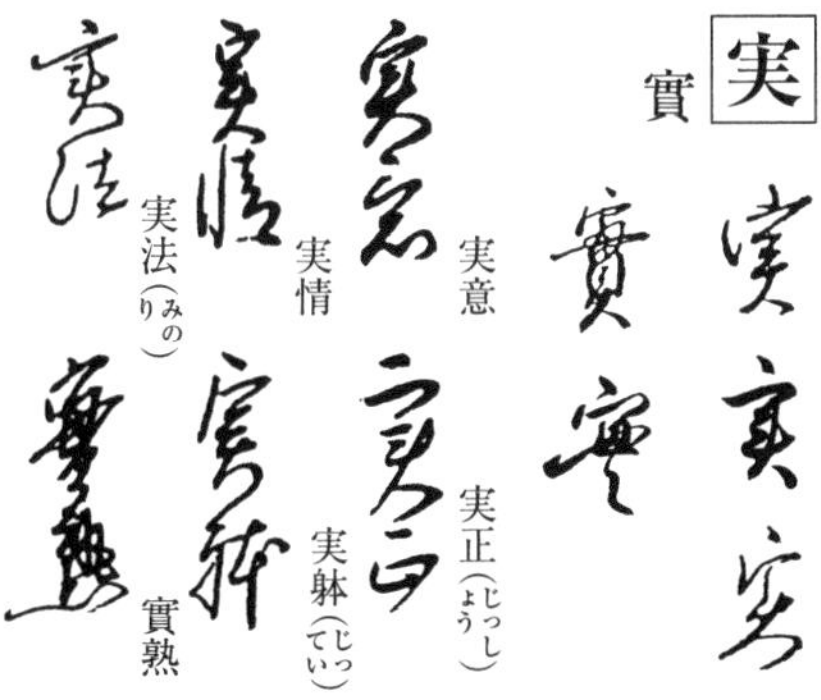

実意
実情
実法（みのり）
実正（じっしょう）
実躰（じってい）
實熟

廻

廻國
廻船
廻文
廻状
廻村
廻米

詞です。

中ざらい

ここで第2章「上に返って読む語」4節「その他」の復習をしましょう。次の例文を解読してください。

(1)

(2)

(3)

(4)

(5)

(6)　(7)　(8)

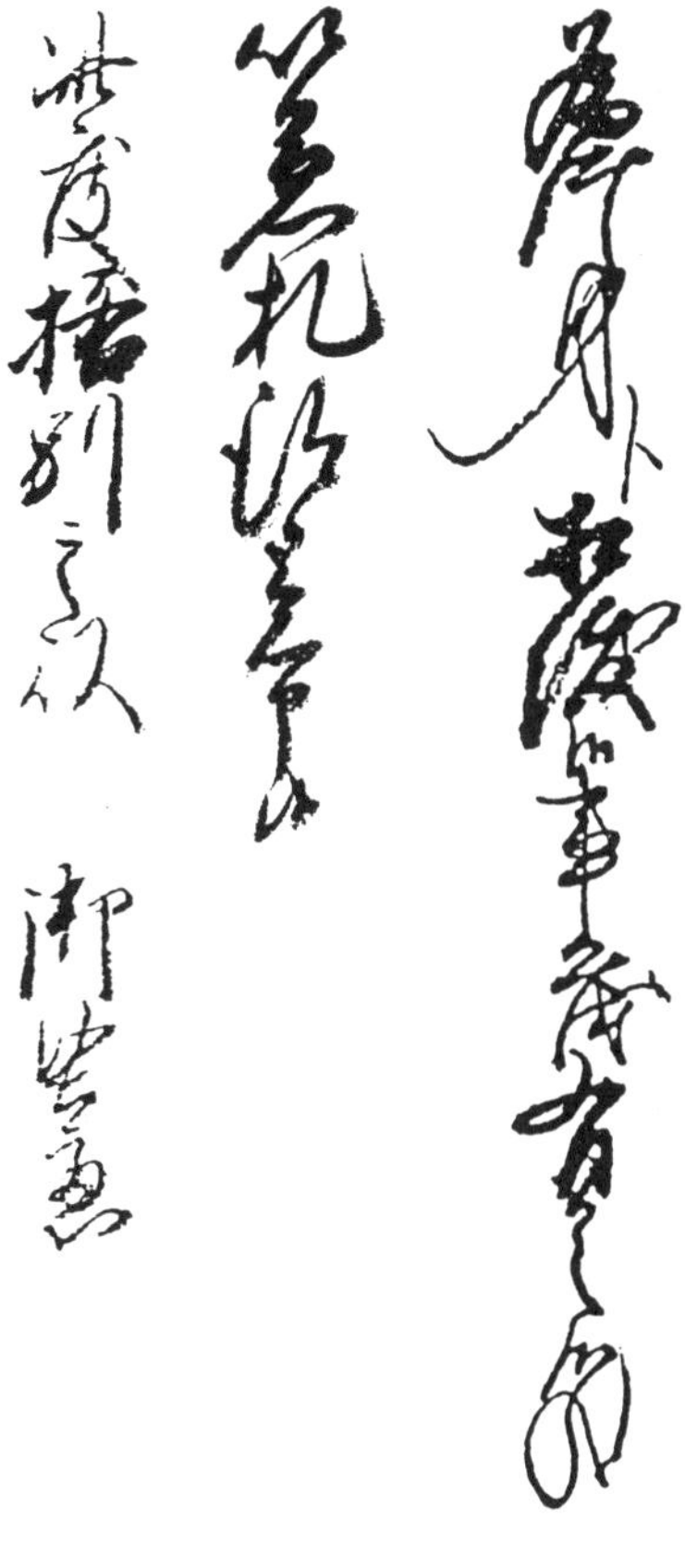

解読文

(1) 米三俵ツヽ被二下置一候趣、被二仰渡一難レ有承知奉レ畏

(2) 其場所惣し而無二高下一拾弐割

(3) 諸事ニ付少茂無二依怙贔屓一正路可レ仕候

(4) 万一心得違之もの有レ之者為二過料一弐貫文宛差出可レ申

(5) 為二参勤一近々在所発足

(6) 為二片身ト一相渡候事茂有レ之候哉

(7) 以二愚札一得二御意一申候

(8) 此度格別之以二御堅慮一

第３章　解読のポイントとなる品詞（接続詞・副詞・形容詞・形容動詞）

古文書を読み解く上でぜひ皆さんに理解していただきたいポイントは、それぞれの古文書には最も重要な、鍵となる用語が必ず一つは含まれているということです。これをしっかり捉えることにより、その文書が一番に語ろうとしている事柄が判明します。しかし、その用語がどういう意味を持つか、肯定しているのか否定しているのか。どの程度のことをいわんとしているか。そこをしっかり把握しないと古文書を理解したことにはなりません。その点で、その重要語彙の周辺をしっかり読み解くために、接続詞や副詞・形容詞などの用語を理解していただきたいと思います。

1　接続詞

併（しかし）（接続詞）、且（かつ）（副詞）など、おもに文頭にきて、前の文章（または語彙）と後ろの文章（語彙）とをつなぐ役目をする語句、すなわち接続詞（接続詞的に用いられている語）を説明します。接続詞をしっかり理解していないと、全体の文意を捉え違えることがありますので、重要な語句の一つといえます。

① 或者（あるいは）

同類の事柄のうち一方を示す場合に用いられます。「または」「もしくは」の意です。また、「或は…或は…」の形で、同類の事柄を列挙する場合に用いられます。「一方では」「時には」の意味です。

（例198）**或者別帳仕立置候段申出候もの有之候ハ、**
あるいは別帳仕立て置き候段申し出で候者これあり候わば

（例199）**軽重ニより或ハ籠舎或ハ可為過料事**
軽重によりあるいは籠舎あるいは過料たるべき事

（例198）

解読文　或者（あるいは）別帳（べっちょう）仕立置（したておき）候（そうろう）段（だん）申出（もうしいで）候（そうろう）もの有レ之候ハ、（これありそうらわば）

文意　または、別帳を仕立てておくことを申し出る者がいたら。

或

或者

或は

【類似文字（偏）】

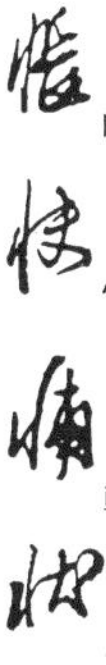

帳　快　輔　状

【解説】1字目が「或」です。「弐」と読み違えないように注意してください。4字目のは「巾(はばへん)」に「長」で「帳」です。偏は「忄(りっしんべん)」や「車(くるまへん)」、あるいは「状」の偏に似ています（前頁下段参照）。

（例199）

解読文　軽重(けいちょう)ニより或ハ(あるいは)籠舎(ろうしゃ)或ハ(あるいは)可レ為(たるべき)ニ過料(かりょう)一事(こと)

文意　（罪の）軽重により入牢または罰金刑に処する。

【解説】1字目のは若干難読です。偏は前例と同様、類似した字体に注意しましょう。旁は初めて出てきた字体です。次のは「重」です。これを手がかりに「軽重(けいちょう)」という熟語をぜひ思いついていただきたい。6字目の「弐」に似たが「或」です。は「駕籠(かご)」の「籠」です。「ろう」と読み「牢」のことです。は筆順を追っていただければわかると思いますが、「舎」の正字体（旧字体）「舍」です。は下から返って読む助動詞（第2章1③〈116頁〉）で説明しましたが、「可レ為」で「たるべし」と読みます。は「辶(しんにょう)」であることは間違いなさそうです。次のは「料」ですから「過料(かりょう)」（＝罰金）と読めば文意がとおります。最後は「事」の典型的な草体です。

軽
輕
軽率
軽重（けいちょう）
軽尻馬（からじりうま）
足軽（あしがる）
籠
（篭）
籠舎
駕籠（かご）
過
過金
過銭
過怠（かたい）
過半

② 且又（かつまた）

「且亦」とも書きます。「且（かつ）」は、「一方では」「同時に」「なおまた」の意の副詞ですが（例144）、「且又・且亦」となりますと、「その上また」の意の接続詞です。

（例200）且又博奕を改候ニ事寄せ
かつまた、博奕を改め候に事寄せ

（例201）且又当村中江罷越住居仕候者有之候ハ丶
かつまた、当村中へ罷り越し住居仕り候者これあり候わば

（例200）

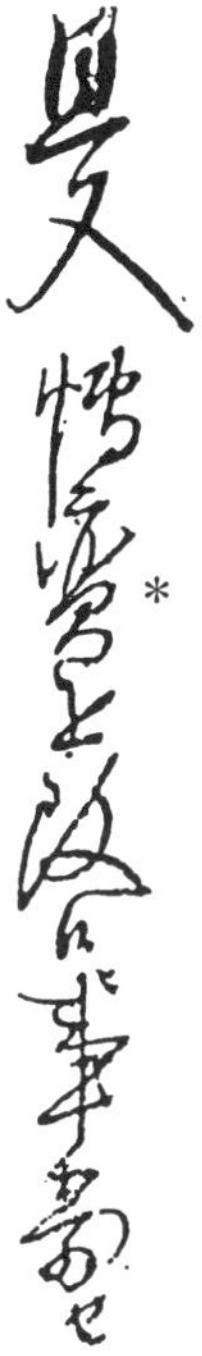

解読文 且又（かつまた）博奕（ばくち）を改（あらため）候（そうろう）ニ事寄（ことよ）せ

文意 その上また、博奕を取り調べることを口実にして。

［解説］ 文頭の「且又（かつまた）」は問題ないでしょう。「博奕（ばくち）」はすでに解説しましたが（例59）、ここでの「博」は「忄（りっしんべん）」に書かれていて、さらに「奕」は「亦」に「貝」のように見えますが、しばしばこのように書かれます。

（例201）

且

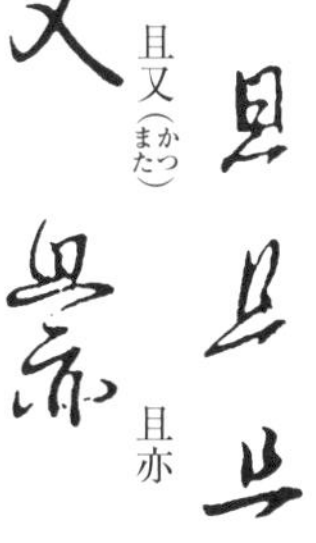

且又（かつまた）

且亦

亦

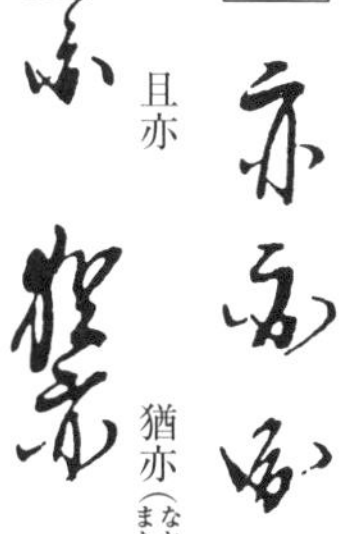

且亦

猶亦（なおまた）

奕

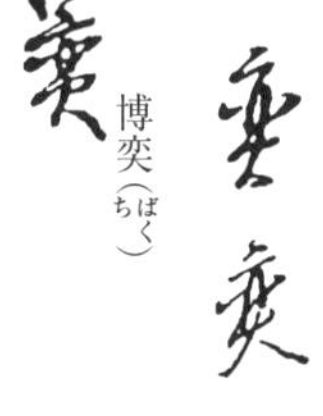

博奕（ばくち）

解読文　且又当村中江罷越住居仕候者有レ之候ハ、

文意　その上また、当村に来て住まう者がいたならば。

【解説】1字目のは横画が省略されているため「旦」にも読めますが、2字目が「又」ですので、「且又」と読んで問題ありません。3字目は「当」の典型的なくずし字です。の第一画目の横線が「罒」にあたり、下部が「能」の草体で「罷」となります。は「走」に「戉」で「越」です。以下は、「有之」に注意すれば判読できるでしょう。

③ 併・乍レ併（しかしながら）

「乍レ然」とも書きます。副詞として「すべて」「けっきょく」などの意味で用いられることもありますが、一般的には、逆接の接続詞として「しかし」「だが」「さりながら」の意で用いられます。なお、「併」は「しかし」とも読みますが、これは「ながら」が省略された語とも考えられています。本書では「しかしながら」と読みました。

（例202）**併右両村之野江入候而草刈申度候ハ、**
しかしながら右両村の野へ入り候いて草刈申したく候わば

（例203）**併国境之儀ニ候間、重而以検使境を可相定候**
しかしながら国境の儀に候間、重ねて検使をもって境を相定むべく候

併

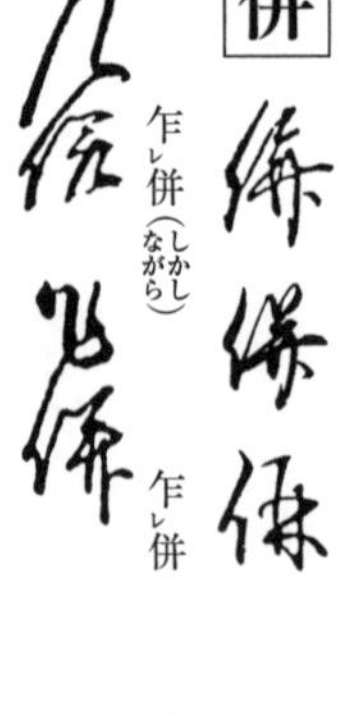
乍レ併（しかしながら）
乍レ併

（例204）　乍併御長持数相増候而者

しかしながら御長持数相増し候いては

（例202）

解読文　併（しかしながら）右両村之野江入候而草刈申度候ハヽ、（みぎりょうそんののえいりそうらいてくさかりもうしたくそうらわば）

文　意　しかし、右の両村の野へ入って草刈をしたければ。

［解説］　1字目は「イ」（にんべん）に「并」で「併」（しかしながら）です。は「両」と読みます。は「野」の典型的なくずし字です。

（例203）

解読文　併（しかしながら）国境之儀ニ候間、（くにざかいのぎにそうろうあいだ）重而以二検使一境を可二相定一候（かさねてけんしをもってさかいをあいさだむべくそうろう）

文　意　しかし、国境に関することなので、再度検使によって境を定めるべきです。

［解説］　1字目のは前例と字体が違いますが「併」（しかしながら）です。は「囗」（くにがまえ）の中が「お」と書かれています。次が「境」ですので、「国境」（こっきょう）と読みました。は「重而」（かさねて）と読みます。「検使」（けんし）は、事実を検視するために派遣された役

野

野荒
野銭
野火
野竿
野田
鷹野

重

重質
重役
重而（かさねて）
重大
重陽（ちょうよう）
珍重（ちんちょう）

人をさします。

（例204）

解読文　乍レ併御長持数相増候而者（しかしながらおんながもちかずあいましそうらいては）

文意　しかし、長持ちの数が増えては。

［解説］はすでに第2章3③（157頁）で解説しましたが、「乍（ながら）」です。は「扌（てへん）」に「寺」のくずしで「持」です。「長持（ながもち）」は、衣服や調度品を入れる蓋のついた直方体の箱をさします。は、「土（つちへん）」に「曽」で「増」となります。

④ 加之（しかのみならず）

前に述べた事柄に後から述べる事柄を付加することを示します。「そればかりでなく」「その上に」などの意です。

（例205）陣屋等厳重ニ相構江**加之**砲台ヲ築キ
陣屋等厳重に相構え、しかのみならず砲台を築き

（例206）御関所江不当申出**加之**下番不相勤候
御関所へ不当申し出で、しかのみならず下番相勤めず候

長

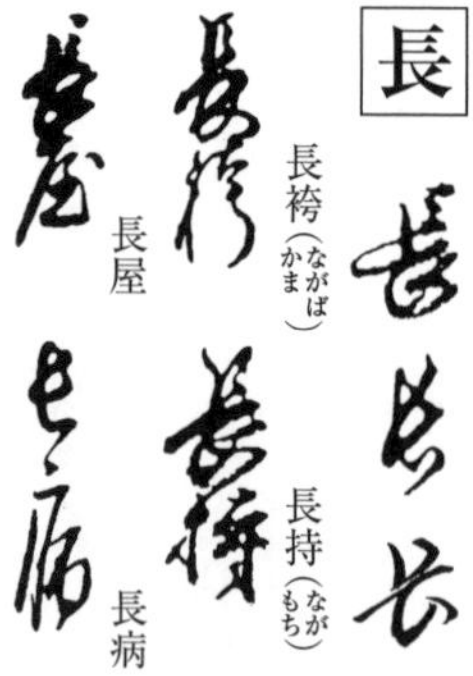
長袴（ながばかま）
長持（ながもち）
長屋
長病

増

増歩銭
増長

（例205）

解読文　陣屋(じんや)等(など)厳重(げんじゅう)ニ相構(あいかま)え、加之(しかのみならず)砲台(ほうだい)ヲ築(きず)キ

文意　陣屋など厳重に構え、それればかりでなく砲台をも築き。

［解説］この例文は幕末の資料のようです。字体がお家流ではありません。さて、5字目は読みづらいくずし字ですが、その上が「**厳**」ですから、「**厳重二**(げんじゅうに)」と読めばよいでしょう。は「**台**」の正字体（旧字体）「**臺**」の異体字です。

（例206）

解読文　御関所(おせきしょ)江(え)不当(ふとう)申出(もうしいで)、加之(しかのみならず)下番(かばん)不二相勤一(あいつとめず)候(そうろう)

文意　関所へ不当なことを申し出て、それればかりでなく関所の下番を勤めません。

［解説］は既出ですが、「**当**」の典型的なくずし字です。は「**下**」、は一画目の「ノ」が略される「**番**」です。

台　臺

臺下　臺所　尊臺　土臺

【異体字】（＝台〈臺〉）

当　當

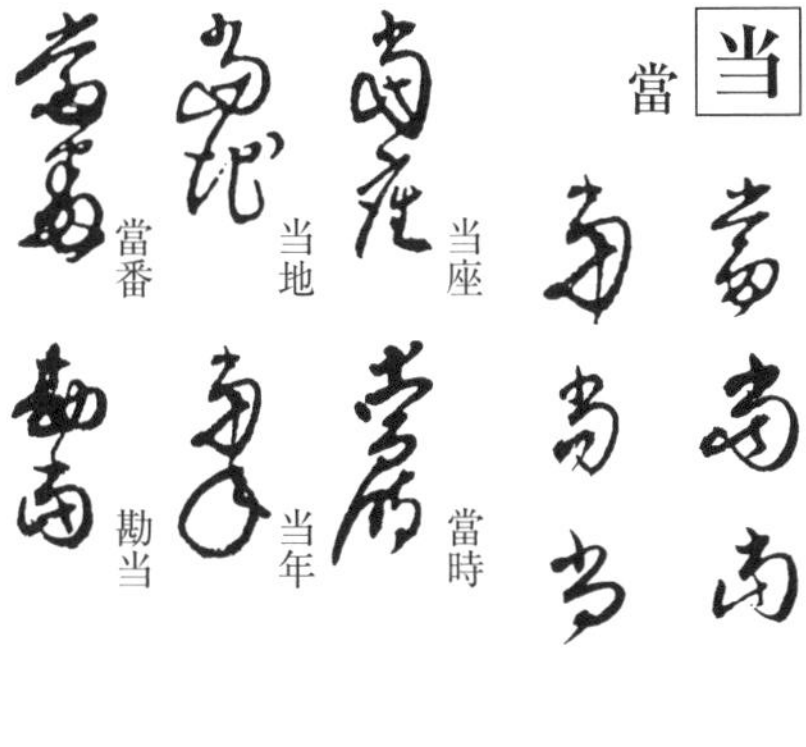

当座　當時　当地　当年　當番　勘当

⑤ 然上者（ハ）（しかるうえは）

前の文章を受け、さらに付け加える場合に用いられます。「この上は」「それでは」の意です。

（例207）**然上者惣村中男女立合吟味仕可申候**
しかるうえは惣村中男女立ち合い吟味仕り申すべく候

（例208）**然上者右内済之通相互ニ違変不仕**
しかるうえは右内済の通り相互に違変仕らず

（例209）**然上ハ当村人別帳ニ書載可申候**
しかるうえは当村人別帳に書き載せ申すべく候

（例207）

解読文　然上者惣村中男女立合吟味仕可レ申候（しかるうえはそうそんじゅうだんじょたちあいぎんみつかまつりもうすべくそうろう）

文意　この上は、村中のすべての男女が立ち会い取り調べます。

［解説］文頭は既出ですが（例32）、「然（しかり）」です。４字目は、上部が「物」、脚部が「心」で、「惣」と読みます。「吟味（ぎんみ）」は、取り調べることです。

（例208）

然

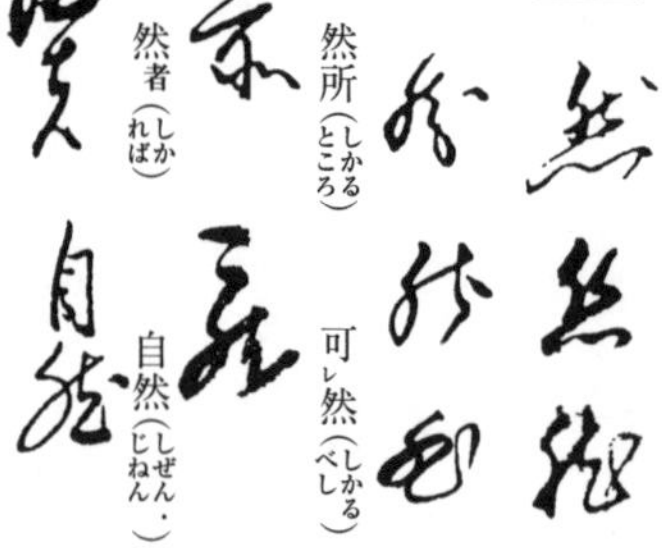

然所（しかるところ）
可レ然（しかるべし）
然者（しかれば）
自然（しぜん・じねん）

惣

惣而（そうじて）
惣高
惣代
惣百姓

【語彙解説】

吟味（ぎんみ）…①物事を調べること。②罪状を調べること。③刑事事件を審理すること。

解読文　然上者右内済之通相互ニ違変不レ仕（しかるうえはみぎないさいのとおりそうごにいへんつかまつらず）

文意　この上は、右のように内済したとおり、お互いに違反しません。

【**解説**】 は「**内済**（ないさい）」と読み、当事者同士の話し合いで和解によって解決することです。 は「**相互**（そうご）」と読みます。「**互**」は「楽」 に似ていますので注意してください。「**違変**（いへん）」 は、「違反（いへん）」とも書き、法や契約に背くことです。

（例209）

解読文　然上ハ当村人別帳ニ書載可レ申候（しかるうえはとうそんにんべつちょうにかきのせもうすべくそうろう）

文意　それでは、当村の人別帳に書き載せます。

【**解説**】この例文は、「人別引取り状」の一節です。5字目の ですが、旁は「寸」で間違いないようですが、偏はなんでしょう。「イ（にんべん）」に見えますが、一字上の文字が「**当**」ですから、「**当村**」と読めば文意が通りますので、問題の文字は「木（きへん）」と考えます。「**人**」の下の は「**別**」です。 の部分が「刂（りっとう）」です。「**人別帳**（にんべつちょう）」は、いわば戸籍簿のことです。 は、左下が「車」の草体ですので「**載**」です。

内

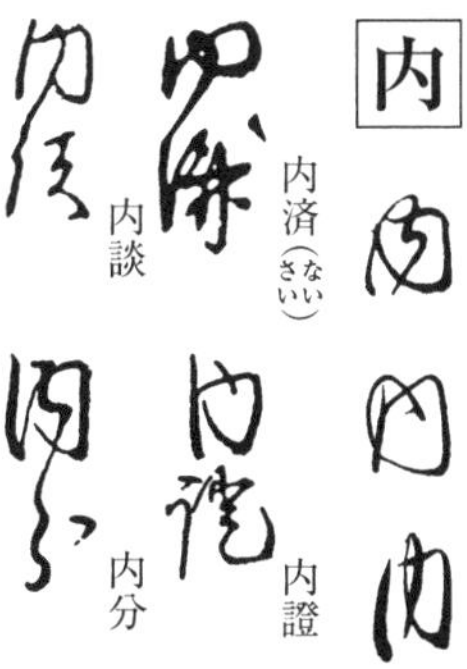

内済（ないさい）　内證　内談　内分

【**類似文字**】

互　楽

載

⑥ 然処（しかるところ）

前に述べた事柄に対し反対のことを述べるときや、関連した別のことを述べる場合に用いる接続詞です。「しかし」「ところが」「ところで」などの意です。

（例210）**然処右為養育料金四両御添被下**
しかるところ右養育料として金四両御添え下され

（例211）**然ル処去ル巳年諸国一統稀成違作ニ而**
しかるところ去る巳年諸国一統稀なる違作にて

（例210）

解読文　然処（しかるところ）右為ニ養育料一（みぎようういくりょうとして）金四両（きんよんりょう）御添被レ下（おそえくだされ）

文意　ところで、右の養育料として金四両を添えて下され。

［解説］は「**然処**（しかるところ）」です。「**処**」は正字体（旧字体）の「**處**」のくずし字を用いています。は、第2章4③（169頁）で学習しましたが、下から返って読む「**為**」で「**…として**」と読みます。次のは「**養**」の典型的なくずし字です。下から3字目は、「**添**」です。旁は「忝（かたじけなし）」と同字体です。最後は「**下**」ですが、その上に小字で平仮名の「ら」のような文字があります。これは受身・尊敬の助動詞「**被**（れ）」で、次の字と合わせ「**下され**（くだされ）」と読みます。

養

養子

養生

育

添

添書

添状

切添（きりぞえ）

差添

(例211)

解読文　然ル処（しかるところ）去ル（さる）巳年（みどし）諸国一統（しょこくいっとう）稀成（まれなる）違作（いさく）ニ而（にて）

文意　ところが、去る巳年は諸国全体が稀有な凶作で。

［解説］「然」の右下の文字は片仮名の「ル」です。は十二支の「巳」です。の左右の点は「口（くにがまえ）」で、中央が「王」のように書かれていますので、「国」となります。これは正字体（旧字体）で「國」と書かれることもありますので、両方とも覚えてください。は「禾（のぎへん）」に旁の上部が「メ」下部が「布」で「稀」となります。「違作（いさく）」は凶作のことです。

⑦ 然者（しかれば）

「しからば」とも読み、「そうであるから」「だから」などの意の接続詞です。また、書状などでは、時候などの挨拶のあと本文に入る場合に「さて」「そこで」などの意で用いられます。

(例212) **然者貴様今度首尾好御暇被　仰出**
しかれば貴様このたび首尾よく御暇仰せ出だされ

(例213) **然者塩引壱尺為御年暮送り被下**
しかれば塩引き壱尺御年暮として送り下され

【十二支】

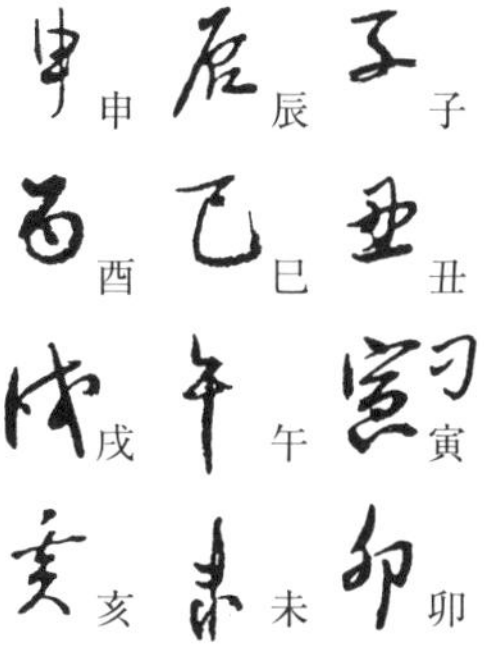

子
丑
寅
卯
辰
巳
午
未
申
酉
戌
亥

（例212）

解読文　然者貴様今度首尾好御暇被二仰出一

文意　さて、あなたはこのたび都合よくお暇（ご帰国）を命じられ。

［解説］「貴様」は、目上の相手に対する敬称です。は既出ですが、に「丶」で「今」です。「首尾好」は「首尾能」とも書き、都合よく、うまいぐあいに、の意です。は「暇」と読みます。「日」に「段」の草体が書かれます。語義ですが、ここでは江戸への参勤を終え帰国することをいいます。

（例213）

解読文　然者塩引壱尺、為二御年暮一送り被レ下

文意　さて、塩引き（鮭）を一匹お歳暮として送ってくだされ。

［解説］「塩」は正字体（旧字体）でとも書かれます。は偏も旁も縦棒だけで難読ですが、「引」と読みます。「塩引」は魚などを塩漬けにしたもので「塩引鮭」などをいいます。「尺」は魚を数えるのに用いる語です。「壱尺」

【類似文字】

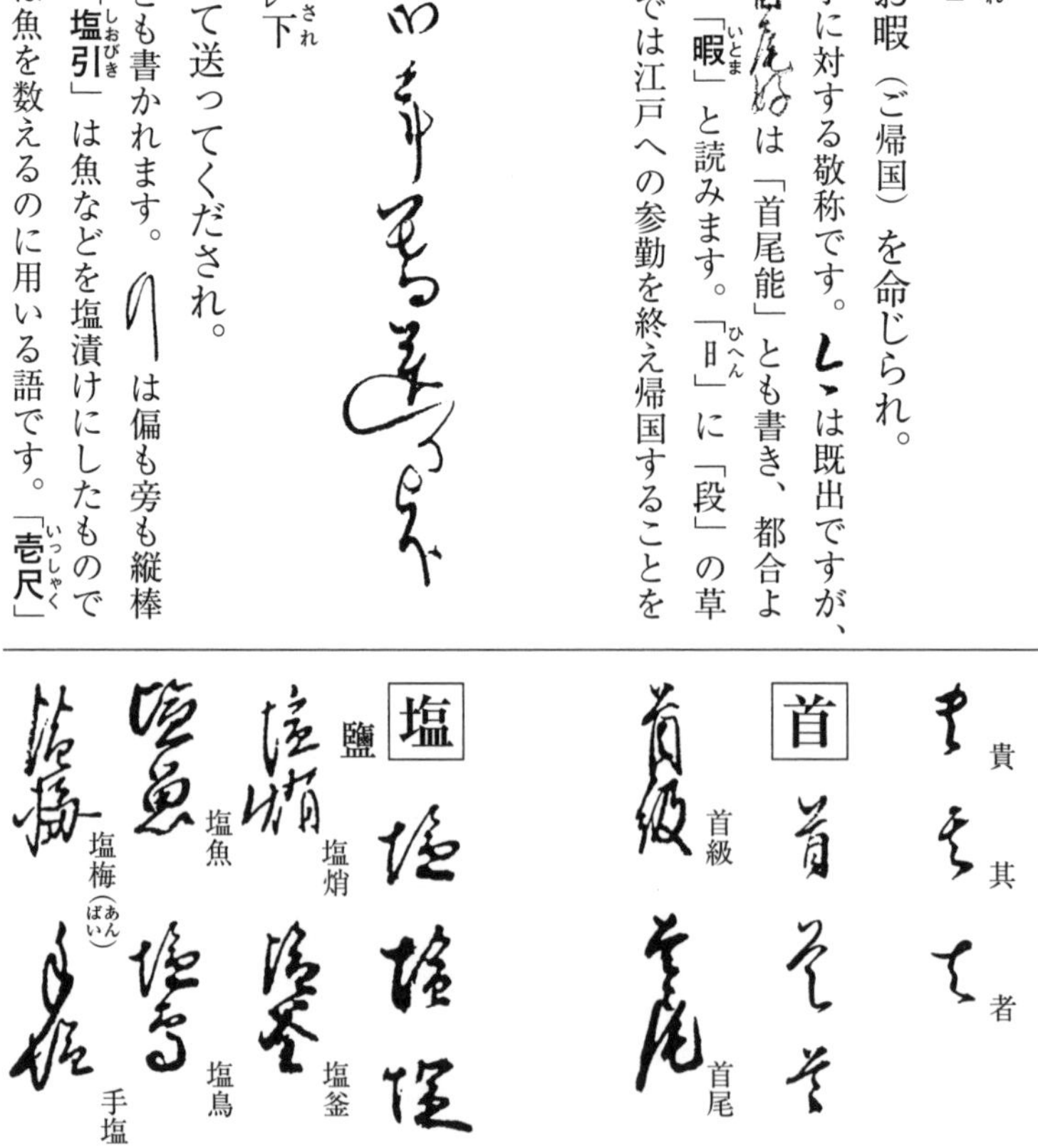

貴
其
者
首
首級
首尾
塩
鹽
塩焇
塩釜
塩魚
塩鳥
塩梅（あんばい）
手塩

ですから一匹ということです。「**年暮**」は「歳暮（せいぼ）」と同意でしょう。

⑧ 但（ただし）

前に述べた事柄について、補足・条件・例外などを付け加えるときに用い、「さて」「それで」などの意です。また、疑問・推量を付け加える場合にも用い、「あるいは」「もしかすると」などの意となります。

（例214）**但欠落等之者有之節者**
ただし欠落（かけおち）等の者これある節は

（例215）**此物成合五百俵者籾子、但京升七斗入也**
この物成合せ五百俵は籾子、ただし京升七斗入りなり

（例214）

解読文 但（ただし）欠落等（かけおちなど）之（の）者（もの）有レ之（これある）節（せつ）者（は）

文意 ただし欠落などの者がいたときには。

【**解説**】1字目が「イ（にんべん）」に「旦」で「**但**（ただし）」です。は「**欠落**（かけおち）」と読みます。意味は、居所から失踪して行方をくらますことですが、必ずしも男女の逃避行を意味せず、農民などが土地を捨てて出奔することもいいます。

但

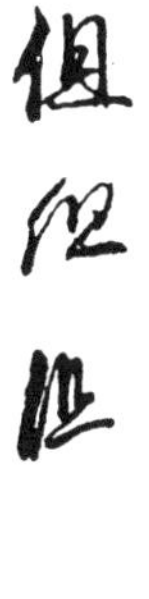

欠 缺

欠所

欠損

欠落（かけおち）

欠付（かけつけ）

欠米（かんまい）

川欠

(例215)

解読文　此物成合五百俵者籾子、但京升七斗入也

文意　この年貢の合計は合わせて五百俵、これは籾種で、ただし一俵あたり京枡で七斗入りです。

［解説］「物成」は、石高の合計のことです。「籾子」は、籾種に同じ。「京升」は、豊臣秀吉が京都で作った枡で、寛文九（一六六九）年江戸枡もこれに統一されました。「升」のかわりに「舛」が用いられることもあります。最後のは「也」の異体字です。

⑨ 尚又・尚亦・猶又・猶亦（なおまた）

一つの話を終えたあとに、関連ある別の事柄を付加するときに用いるつなぎの言葉で、「それに加えて」「さらに付け加えるならば」の意です。

(例216)　**尚又此度渡世向大切ニ可致様ニ被仰候**

なおまたこのたび渡世向き大切に致すべき様に仰せられ候

升

（舛）

舛形

舛取（ますどり）

升目

壱升

【異体字】

（＝也）

尚

尚書

尚更

尚又

尚以

尚々

尚々

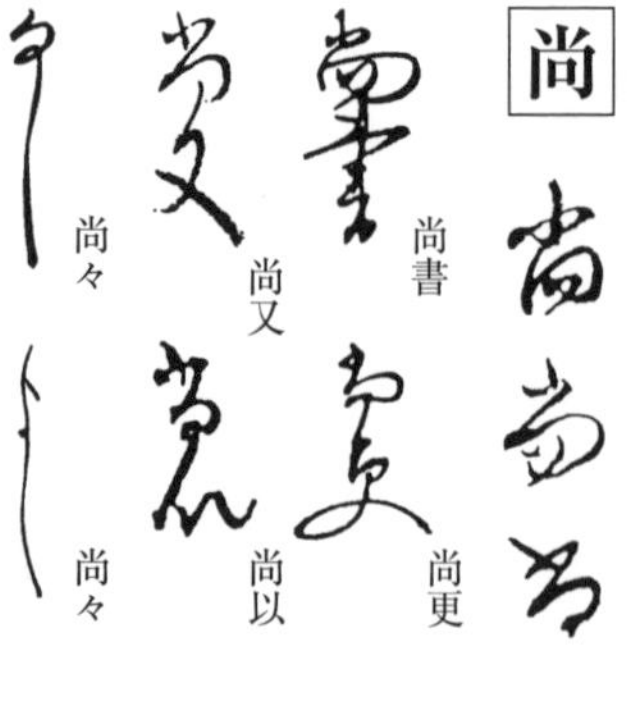

猶

（例217）尚亦行くれ候者一宿奉願上候
なおまた行き暮れ候わば一宿願い上げ奉り候

（例218）猶又五ケ年水車稼方御継年被　仰付度奉願上候
なおまた五か年水車稼ぎ方御継年仰せ付けられたく願い上げ奉り候

（例219）猶亦今般御教諭之御配符難有頂戴仕
なおまた今般御教諭の御配符ありがたく頂戴仕り

（例216）

解読文　尚又此度渡世向大切ニ可レ致様ニ被レ仰候

文意　さらに加え、このたび仕事を大切にするように命じられました。

［**解説**］　1字目は「**尚**」ですが、「当」に類似しています。は「**世**」の異体字です。最後の「**被レ仰候**」はもう読めますね。

（例217）

解読文　尚亦行くれ候者一宿奉ニ願上一候

文意　なおまた、途中で日が暮れましたら一晩の宿泊をお願い申し上げます。

猶更　猶以　猶亦　猶豫

【類似文字】

尚　当

【異体字】

（＝世）

宿

宿次（しゅく つぎ）　宿場

【解説】この例文は「往来手形」の一節です。すでに同様の文例を取り上げました（例33）ので、詳しい解説は省きます。文頭のが「尚亦（なおまた）」です。「亦」を「赤」と読み違えないように気をつけてください。「行くれ」は「行暮」で、旅などの途中で日が暮れることです。は「宀（うかんむり）」に「百」のように見えますが、「一宿」という熟語から判断して「宿」と判読します。

（例218）

解読文　猶又五ケ年水車稼方御継年被二仰付一度奉二願上一候（なおまたごかねんすいしゃかせぎかたごけいねんおおせつけられたくねがいあげたてまつりそうろう）

文意　さらに五か年水車稼ぎの継続を命じていただきたくお願い申し上げます。

【解説】「猶」の字体、とくに旁に注意してください。このように省略されて書かれることが一般的です。6字目のは「水」の草体です。はすでに出てきましたが、「糸（いとへん）」に旁が「㡭」で、「継」となります。「継年（けいねん）」は、契約期間を継続することです。なお、「継」の旁は「遣」のくずしと類似しています。

（例219）

解読文　猶亦今般御教諭之御配符難レ有頂戴仕（なおまたこんぱんごきょうゆのごはいふありがたくちょうだいつかまつり）

【類似文字】

無宿

旅宿

亦

赤

車

符（苻）

符合

割符（わっぷ）

文意　さらにまた、今般ご教諭の通達をありがたく頂戴し。

［解説］は「**符**」の異体字です。「**配符**（はいふ）」は、役所からの通達をいいます。は、左下が「異」の異体字が用いられていますので、「**戴**」となります。

⑩ 并（ならびに）

二つの事柄を並べるのに用いる接続詞で、「および」「かつ」などの意です。なお、「**并ニ**」と仮名を送る場合もあります。

（例220）**村々隠田地并畑を田ニ起し返し畑年貢納候**
村々隠田地ならびに畑を田に起し返し畑年貢納め候

（例221）**男女共ニ乗物并乗鞍馬停止候**
男女ともに乗物ならびに乗鞍馬停止（ちょうじ）候

（例220）

解読文　村々隠田地（むらむらおんでんち）、并（ならびに）畑（はたけ）を田（た）ニ起（おこ）し返（かえ）し畑年貢（はたねんぐ）納（おさめ）候（そうろう）

文意　村々が隠して耕作した田地や畑を田に転換した畑の年貢を納めました。

［解説］は「**穏田地**（おんでんち）」と読み、農民がその存在を隠して耕作し、年貢その他の租税を納めない田地をいいます。6字目のが「**并**」です。は

【異体字】符（＝符）

【異体字】戴（＝戴）

并

隠

隠居（いんきょ）　隠居（おんでん）

隠密　隠置

「起し返し（おこしかえし）」と読み、この場合は畑を田に転換することです。

（例221）

解読文　男女共二乗物、并乗鞍馬停止候（だんじょともにのりもの、ならびにのりくらうまちょうじそうろう）

文意　（庶民の）男女ともに乗物や乗鞍をつけた馬は禁止とする。

［解説］は「**乗**」と読みます。上部が「無」で脚部が「ふ」に見えます。「**乗（の）物（もの）**」は「乗物駕籠（のりものかご）」の略称で、身分の高い人が使用する駕籠のことです。は「**停**」で、「**停止**」は「**ちょうじ**」と読み、禁止することです。

⑪ 又者（または）

「**亦者**」とも書き、二つ以上の事柄を並列するときに用いる接続詞で、「あるいは」「一方では」「もしくは」の意です。

（例222）　農間稼之儀男者秣薪取入**又者**往還荷物付運ひ
農間稼ぎの儀、男は秣・薪取り入れ、または往還荷物付け運び

（例223）　男女馴合**又者**密通抔無之様可致
男女馴合い、または密通などこれなき様致すべし

乗

乗
乗懸ケ
乗物
乗組
名乗（なのり）

又

又候（またぞろ）
又々
又者（または）
是又

（例222）

解読文 農間稼之儀(のうまかせぎのぎ)、男者秣(おとこはまぐさ)・薪取入(たきぎとりいれ)、又者往還荷物付運ひ(またはおうかんにもつつけはこび)

文意 農業の合間の生業は、男は秣・薪を取り入れ、あるいは街道で荷物を運び。

［解説］ 文頭の「**農間稼**」は「**のうまかせぎ**」と読み、農業の合間の生業をいいます。は「**秣**(まぐさ)」と読み、肥料や牛馬の飼料となる草のことです。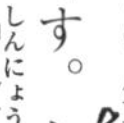は「**往還**(おうかん)」と読みます。「**徃**」は「**往**」の異体字です。は「**軍**」に「**辶**(しんにょう)」で「**運**」となります。

（例223）

解読文 男女馴合(だんじょなれあい)、又者密通抔無レ之様可レ致(またはみっつうなどこれなきよういたすべし)

文意 男女のなれあい、または密通などがないようにしなさい。

［解説］ 3字目のは、「**馬**(うまへん)」に「**川**」で「**馴**」となります。「**馴合**(なれあい)」は、ここでは男女が密かに親しくなることです。また、「**密**」は「**蜜**」という当て字が用いられることもあります。「**抔**」は「**等**」と同字です。

還

還御(かんぎょ)　往還

運

運上　運漕　運送　運賃

馴

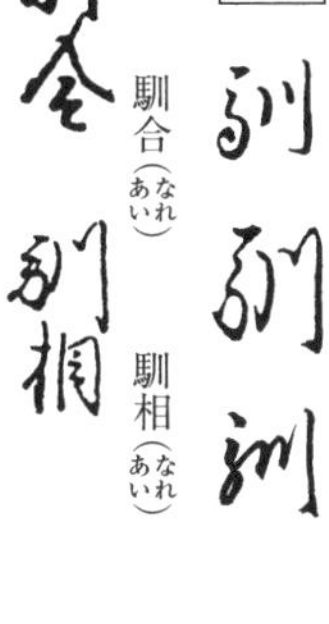

馴合(なれあい)　馴相(なれあい)

密

密買　密々

⑫ 尤（もっとも）

前の事柄を受けながらも、それに条件や補足を付け加えることを示します。「そうはいうものの」「一方で」「ただし」「はたまた」の意です。

（例224）尤御状箱之物数幷請取候時之刻付

もっとも御状箱の物数ならびに請け取り候時の刻付

（例225）尤此証文ヲ以何ケ年も御請負申上候

もっともこの証文をもって何か年も御請け負い申し上げ候

（例224）

解読文　尤（もっとも）御状箱（ごじょうばこ）之（の）物数（ものかず）幷（ならびに）請取（うけとり）候（そうろう）時（とき）之（の）刻付（こくづけ）

文意　ただし、状箱中の状数およびそれを受け取った時刻。

［**解説**］　1字目の「**尤**（もっとも）」の字体を覚えてください。二画目の「ノ」が途中で止まって三画目に移るところに特徴があります。4字目  は、「⺮（たけかんむり）」に「相」のくずし字（手偏にマ）で「**箱**」となります。「**状箱**（じょうばこ）」は、書状などを入れて使者に持たせた箱のことで、「**物数**（ものかず）」  はその数、ここではその書状の数をさします。

尤

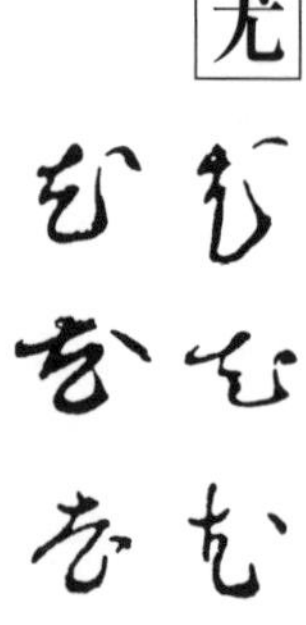

物

物騒（ぶっそう）

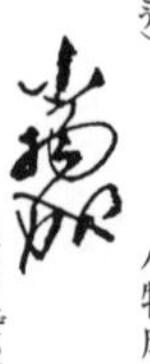

小物成

産物

雑物（ぞうもつ）

（例225）

解読文　尤（もっとも）此証文ヲ以（このしょうもんをもって）何ケ年（なんかねん）も御請負申上（おうけおいもうしあげ）候（そうろう）

文意　ただし、この証文によって何か年も請け負います。

［**解説**］は「言」（ごんべん）に「登」で「**証**」の正字体（旧字体）「**證**」です。は「**負**」の異体字です。「**候**」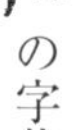の字体にも注意してください。

負

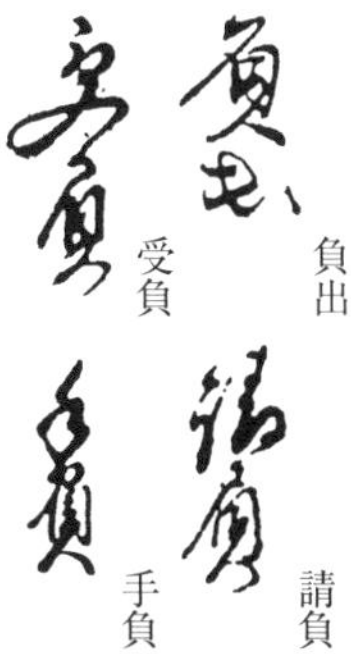

負出
受負
請負
手負

【異体字】肩（＝負）

中ざらい

ここで第3章「解読のポイントとなる品詞」1節「接続詞」の復習をしましょう。次の例文を解読してください。

（1）

（2）

(3)　(4)　(5)

解読文

(1) 絹紛失或者勘定間違等茂有レ之候

(2) 乍レ然無二筋目一入札之者有レ之候者可レ有二僉儀一候

(3) 然ル処当子年季明ニ付

(4) 湯治人町方掟近年猥ニ相成候ニ付今般猶又相改

(5) 旅人相煩候歟、又者酒ニ酔有レ之者

2 副詞

副詞は、主に用言や状態を表す体言、また他の副詞を修飾する語です。「一向不レ降（いっこうふらず）」の「一向」のように用言を修飾したり、「弥以増長（いよいよもってぞうちょう）」の「弥以」のように体言をも修飾します。本節では、古文書で使われる副詞のうち、頻出するものに限り解説します。

① 聊（いささか）・聊も（いささかも）

「少し」「わずか」の意味で用いられます。また、下に打消しの言葉を伴って、「少しも」「全然」「ちっとも」などの意味を表します。

(例226) 已来聊之物ニ而茂盗取候儀堅ク仕間敷候
已来（いらい）いささかの物にても盗み取り候儀、堅く仕るまじく候

(例227) 聊御苦労相懸ケ申間敷候
いささか御苦労相懸け申すまじく候

(例228) 此上聊も心得違仕間敷事
この上いささかも心得違い仕るまじき事

(例226)

聊
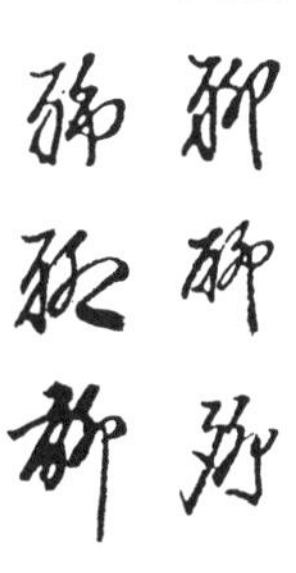

盗

解読文　已来聊之物ニ而茂盗取候儀、堅ク仕間敷候

文意　以後は少しの物でも盗み取ることは、決してしてはいけない。

［解説］「ら」とも「已」とも読める1字目は「已来」の「已」です。聊は偏と旁に分解して考えてください。偏は「耳」で、旁は十二支の「卯」です。すなわち、「聊」となります。堅は「堅」ですが、左上の「臣」が「ヒ」または「リ」と書かれます。

（例227）

解読文　聊御苦労相懸ケ申間敷候

文意　少しもご苦労をかけません。

［解説］　1字目は前例文と同様「耳」に「卯」で「聊」です。懸は「懸」ですが、似た字に「進」や「遂」があります（下段参照）。「相懸ケ」の上が「苦労」ですから、「御苦労相懸ケ」となります。「間敷」は「可」の否定形で、「…しない」とか「…してはいけない」などの意味です（第6章⑦〈285頁〉）。

（例228）

盗賊　盗取　盗人　盗伐　盗取　夜盗

苦

苦節　苦労　苦楽　不レ苦（くるしからず）

【類似文字】

懸　進　遂

解読文　此上（このうえ）聊（いささか）も心得違（こころえちがい）仕（つかまつる）間敷事（まじきこと）

文意　この上少しも考え違いをしてはいけない。

［解説］「此上（このうえ）」はもう読めますね。「心得違（こころえちがい）」は、考え違いや、道理に背く行為・考えをいいます。は「耳（みみへん）」に「卯」の異体字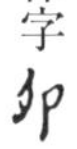です。

② 一向（いっこう）

「**ひたすら**」とも読み、「いちずに」「すべて」の意です。また、下に打消しの語を伴って「まるで」「まったく」の意味となります。

（例229）雨ハ**一向**不降只砂計り雷雨之ことく
雨は一向降らず、ただ砂ばかり雷雨のごとく

（例230）夏旱魃ニ而**一向**根付不申
夏旱魃にて一向根付き申さず

（例229）

解読文　雨ハ（あめは）一向（いっこう）不レ降（ふらず）、只砂計り（ただすなばかり）雷雨之ことく（らいうのごとく）

文意　雨はまったく降らず、ただ砂ばかり雷雨のように。

［解説］この例文は、「浅間焼（やけ）（噴火）」の状況を報告した古文書の一部です。1字

【異体字】

（＝聊）

向

向後（こうご）
向寄（むより）
一向
表向
差向
参向

降

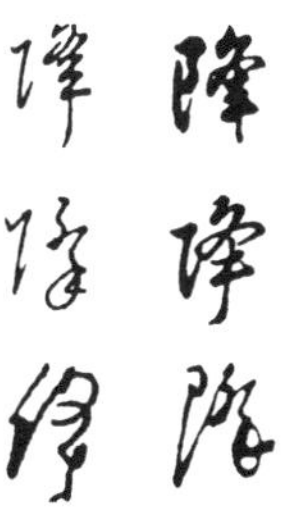

計

目は「当」に類似していますが「雨」です。が「一向（いっこう）」です。「向」の「口」が「り」のように下に伸びていますが、このようなくずし方もしばしば見られます。は「阝（こざとへん）」ですが、旁が判別しにくいかもしれません。これは、「夅」で、すなわち「降」となります。

（例230）

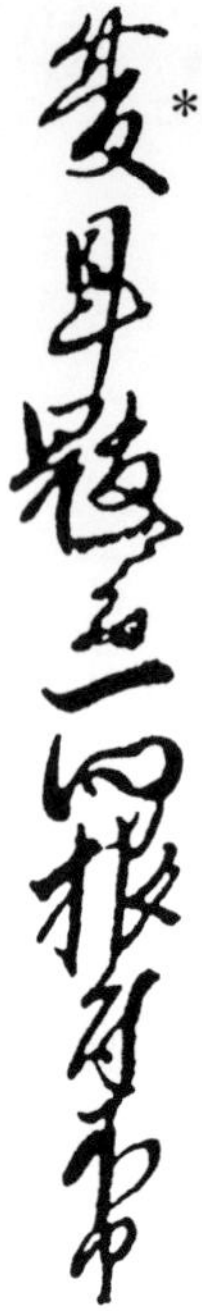

＊

解読文　夏旱魃二而一向根付不レ申（なつかんばつにていっこうねつきもうさず）

文意　夏の旱魃でまったく（作物が）根付きません。

［解説］　1字目は「夏」の異体字が用いられています。は「旱魃（かんばつ）」と読みます。次の「二」を読み落とさず、「二而（にて）」と読んでください。課題の「一向」のうち「向」が「問」に似ていますので注意してください。

③ 一切（いっさい）

下に打消しの語を伴って、「まったく」「ひとつも」の意味を表します。

（例231）**浪人躰之もの江合力一切差出不申候事**

浪人躰の者へ合力一切差し出し申さず候事

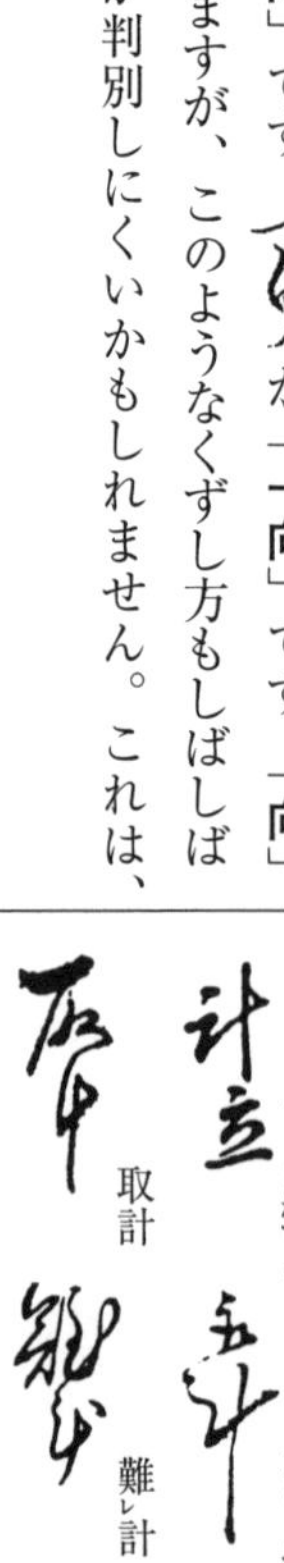

計立（はかりだて）　取計　取計（とりはからい）　難レ計

夏

夏作　夏中　夏成　夏葉

【異体字】

（＝夏）

【類似文字】

向　問

切

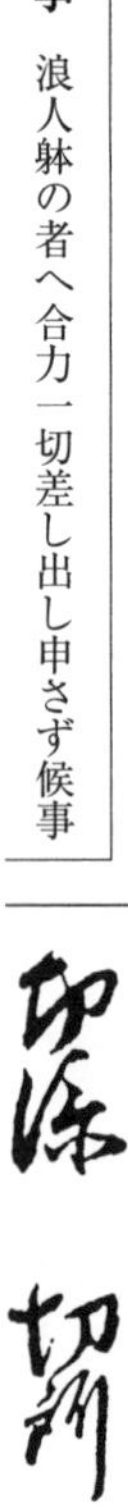

切添　切所（きれしょ）

(例232) 兎角牛馬之通者一切無御座候

とかく牛馬の通りは一切御座なく候

(例231)

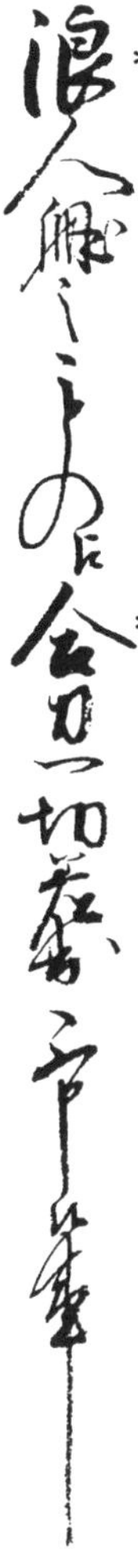

解読文 浪人躰之もの江合力一切差出不レ申候事（ろうにんていのものえごうりょくいっさいさしだしもうさずそうろうこと）

文意 浪人風の者に施しを決してしてはいけない。

［**解説**］ 3字目のは難読ですが、偏と旁をとに分割して考えてみましょう。偏は横画が中央に縦棒一本に略されていますが「身（みへん）」です。旁は「本」の草体で、すなわち「**躰**（てい）」です。ここでの「**合力**（ごうりょく）」は金品を施し与えることです。

(例232)

解読文 兎角牛馬之通者一切無二御座一候（とかくぎゅうばのとおりはいっさいござなくそうろう）

文意 とにかく牛馬の通行はまったくありません。

［**解説**］ 文頭の「**兎**」は、「免」と紛らわしいので注意してください。「**兎**」の場合、最後に点が打たれることが一般的のようです。「**馬**」は既出ですが、「高」と読み違えないようにしましょう。「**切**」は「工（たくみへん）」のように書かれています。

切手

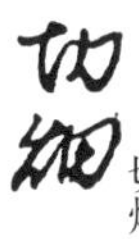
切畑

浪

浪人

流浪（るろう）

合

合印

合力（ごうりょく）

兎

兎角（とかく）

兎角

【**類似文字**】

兎

免

また、旁の「刀」は「力」と書かれることもあります。

④ 今以（いまもって）

「今になるまで」「今でも」「いまだに」の意の副詞です。

（例233）在方抔者今以不相止段相聞
（例234）今以種痘相願候者不罷出趣ニ而

在方などは今もって相止まざる段相聞こえ
今もって種痘あい願い候者罷り出でざる趣にて

（例233）

解読文　在方(ざいかた)抔(など)者(は)今以(いまもって)不(あい)ニ相止(やまざる)一段(だん)相聞(あいきこえ)

文意　農村などではいまだに止められていないとのことが耳に入り。

【解説】　1字目は三画目が略される「在」です。下の文字と熟語になって「在方(ざいかた)」と読み、農村のことをいいます。対語は「町方(まちかた)」です。は「抔(など)」と読み「等」と同意です。「今以(いまもって)」は読めるでしょう。は「止」です。

抔

(例234)

解読文　今以種痘相願候者不㆓罷出㆒趣ニ而（いまもってしゅとうあいねがいそうろうものまかりいでざるおもむきにて）

文意　今でも種痘を志願する人が出てこない状況で。

［**解説**］　文頭が「**今以**（いまもって）」です。続いて「**種痘**（しゅとう）」は、筆順を追えば判読できると思います。「**願**」 はもう読めますね。 は「走（そうにょう）」に「取」で「**趣**（おもむき）」です。

⑤ 弥（いよいよ）・弥以（いよいよもって）

「その上に」「ますます」「たしかに」の意の副詞です。「弥以」は、「弥」を強調した表現です。

(例235) **弥御無異可有之珍重存候**
いよいよ御無異これあるべく珍重に存じ候

(例236) 名主退役以後者**弥以**増長仕
名主退役以後はいよいよもって増長仕り

(例235)

種

種貸　種籾　種々（しゅじゅ）　菜種

弥

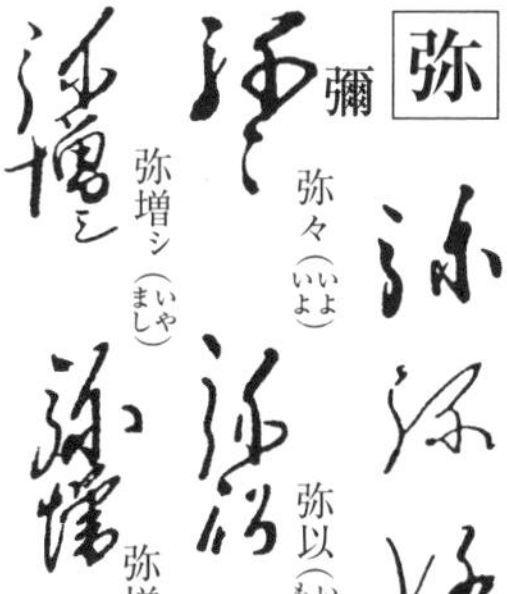

彌　弥々（いよいよ）　弥以（いよいよもって）　弥増シ（いやまし）　弥増

異

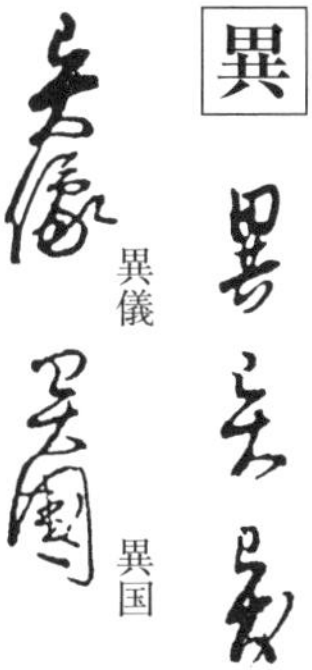

異儀　異国

解読文 弥御無異可レ有レ之珍重存候（いよいよごぶいこれあるべくちんちょうにぞんじそうろう）

文意 ますますご健康でいらしてめでたく存じます。

［**解説**］本例文は書状の書出に用いられる文章です。1字目は、「弓（ゆみへん）」に「尓」で「**弥**（いよいよ）」です。は、上部が「己」、脚部が「大」（右肩の点は筆の勢いか）で「**異**」の異体字です。「**無異**（ぶい）」は、平穏なこと、健康なことをいいます。は「王（おうへん）」に「尓」で「**珍**」の異体字 珎 です。「**珍重**（ちんちょう）」は、めでたいことです。

（例236）

解読文 名主退役以後者弥以増長仕（なぬしたいやくいごはいよいよもってぞうちょうつかまつり）

文意 名主役を退いてからはますます増長し。

［**解説**］文頭は「**名主**（なぬし）」と読みます。「**名**」には右肩に点が打たれています。以下は「**弥以**（いよいよもって）」が読めれば、特に難読文字はないようです。

⑥ 兼而（かねて）

「前もって」「前々から」「あらかじめ」の意の副詞です。

（「兼」のくずし字例は277頁下段参照）

（例237）兼而従　公儀被　仰出候通捨子堅仕間敷候

かねて公儀より仰せ出だされ候通り、捨子堅く仕るまじく候

異同　異変

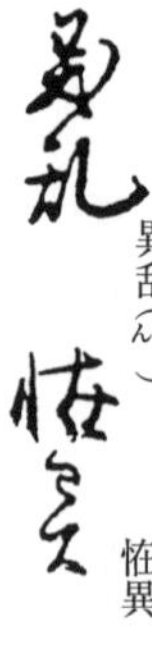

異乱（いらん）　恠異

【異体字】

（＝異）

主

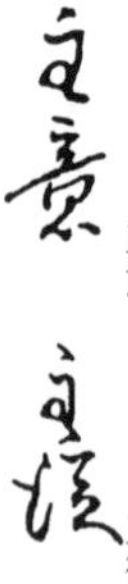

主意　主従

退

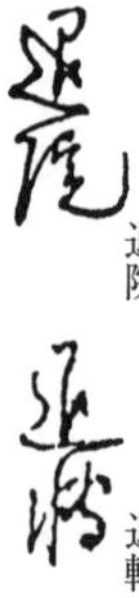

退院　退転

（例238）兼而被仰出候種痘之義先達而御廻状を以御達候
かねて仰せ出だされ候種痘の義、先だって御廻状をもって御達し候

（例237）

解読文 兼而従二公儀一被二仰出一候通、捨子堅仕間敷候

文意 前々からずっと公儀から命じられていましたとおり捨子は決してしてはいけません。

［解説］文頭のが「兼而（かねて）」です。「兼」の下部が「心」または「灬（れんが）」のように見えるところにこのくずしの最大の特徴があります。という字体もありますので合わせ記憶してください。は「従（より）」で下から返って読みます。

（例238）

解読文 兼而被二仰出一候種痘之義、先達而御廻状を以御達候

文意 以前から命じられていました種痘の件について、先だってご廻状にてお知らせしました。

公
公儀（こうぎ）
公家（くげ）
公事（くじ）
公方様（くぼうさま）
捨
捨置
捨札（すてふだ）
見捨
用捨（ようしゃ）

【解説】1字目は前例と同じ「兼」ですが若干くずしの趣が違います。「種痘(しゅとう)」は、天然痘の予防法のことです。は、「先達而(せんだって)」と読み、先日と同意です。最後のは「達し」とも読めますが、「達候」とも読めます。ここでは後者を採用しました。

⑦ 急度(きっと)・吃度

「屹度」「屹与」とも書かれ、「必ず」「きびしく」「たしかに」「すばやく」などの意の副詞です。「急度叱り」は、刑罰の一つで厳しい叱責のことです。

(例239) **急度**可被　仰付候義ニ御坐候
きっと仰せ付けらるべく候義に御坐候

(例240) 向後右様之儀無之様**急度**相改可申候事
向後(こうご)右様(みぎよう)の儀これなき様、きっと相改め申すべく候事

(例241) 我等何方迄も罷出**吃度**申披仕
我らいずれ方(かた)までも罷り出できっと申し披き仕り

(例239)

解読文
急度(きっと)可レ被二(おおせつけらるべく)仰付一候(そうろう)義(ぎ)ニ(に)御坐候(ござそうろう)

痘

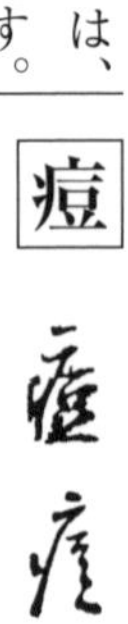

急

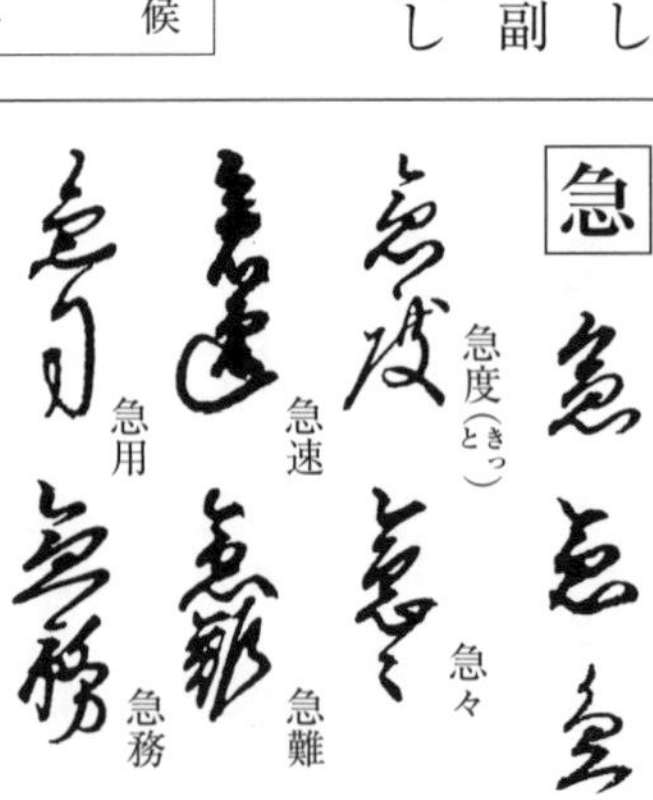

急度(きっと)
急々
急速
急難
急用
急務

吃

吃度(きっと)

文意　きびしく命じられることでございます。

［**解説**］冒頭が課題の「**急度**（きっと）」です。はもう読めるでしょう。下から返って「**可レ被**（らるべく）」と読みます。最後の「**御坐候**（ござそうろう）」は一気に読めるように慣れてください。

（例240）

*

解読文　向後（こうご）右様（みぎよう）之（の）儀（ぎ）無レ之（これなき）様（よう）、急度（きっと）相（あい）改（あらため）可レ申（もうすべく）候（そうろう）事（こと）

文意　今後は右のようなことがないように、必ず改めます。

［**解説**］冒頭「**向後**（こうご）」は、「**きょうこう**」とも「**きょうご**」とも読み、今後、この後、の意味です。なお、「**向**」は「**勿**」に類似していますので注意してください。さて、中程の「**急度**（きっと）」はすなおなくずし字ですのでもう読めるでしょう。

（例241）

*

解読文　我等（われら）何方（いずかた）迄（まで）も罷出（まかりいで）吃度（きっと）申（もうし）披（ひらき）仕（つかまつり）

文意　私がどこまでも出頭して必ず申し抜きいたし。

改

改札
改年
改正
改名

披

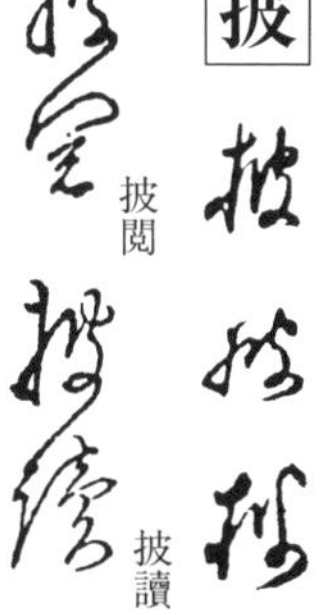
披閲
披讀

【解説】文頭は一字に見えますが、点線の所で切れます。上は「我」、下は「ホ」のように書かれる「等」の異体字です。「我等（われら）」は必ずしも複数を意味しませんので注意してください。は「迄」の異体字です。さて、は「吃」の異体字が用いられています。ここでの「吃度（きっと）」は、必ず、の意味です。

⑧ 決而（けっして）

下に打消しの語を伴い、「必ず」「どうしても」「絶対に」の意の副詞です。

（例242）尤此柿木伐採候義者決而相不成候
もっともこの柿木伐り採り候義は決して相成らず候

（例243）一村五人より余慶ハ決而不相成
一村五人より余計は決して相成らず

（例242）

*

解読文
尤（もっとも）　此柿木伐採（このかきぎきりとり）　候（そうろう）　義者決而相不レ成（ぎはけっしてあいならず）　候（そうろう）

文意
いうまでもなくこの柿の木を伐採することは絶対に認められません。

【解説】文頭は「尤（もっとも）」です。は「此」。は「柿」の異体字です。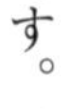は「木（きへん）」に「宋」で「採」の異体字です。「決」はすでに述べましたが、

【異体字】

披露

申披（もうしひらき）

（＝吃）

柿

渋柿

栗柿

【異体字】

（＝柿）

偏が左上に小さく「冫(にすい)」に書かれる点に特徴があります。

(例243)

解読文 一村五人(いっそんごにん)より余慶(よけい)ハ決而(けっして)不㆓相成(あいならず)㆒

文意 一村あたり五人より余計に集まることは絶対にいけない。

［**解説**］「**余慶**(よけい)」は「余計」と同意です。また、「**慶**」は異体字が用いられています。「**決**」は前例と若干字体が違いますがしばしば用いられますので必ず覚えてください。

⑨ 自然(しぜん)

「じねん」とも読み、「もしも」「ひとりでに」などの意で副詞的に用いられる語彙です。

(例244) 若**自然**不縁仕儀候ハ、右之代物此方江無相違返し
もし自然不縁仕る儀候わば、右の代物この方へ相違なく返し

(例245) **自然**不審成者有之は申出へし
自然不審なる者これあらば申し出ずべし

慶

吉慶(きっけい)　御慶(ぎょけい)

大慶　萬慶

【**異体字**】 慶 (＝慶)

（例244）

解読文　若自然不縁仕儀候ハヽ、右之代物此方江無ニ相違一返し

文意　もし不縁となったならば、右の代物をこちらへ間違いなく返し。

［解説］ は画数が少ないので「白」のように書かれていますが、次が「然」ですので、「自然」と読みます。 は「糸」に旁が「彖」の草体ですので「縁」です。「代物」は「しろもの」とも読み、金銭や田畑をさします。

（例245）

解読文　自然不審成者有レ之は申出へし

文意　もし不審な者がいたら申し出なさい。

［解説］ は「有レ之は」と読みます。「は」は平仮名ですが、字母は「波」です。冒頭の「自然」が読めれば特に難しいくずし字はありません。

縁

縁合（えんあい）
縁組
縁者
縁類（えんるい）

審

不審
不審

⑩ 少茂（すこしも）

「少しでも」「ちょっとでも」の意の副詞です。下に打消しの語を伴って「ちっとも」「まったく」の意味となります。

（例246）貴殿方江**少茂**御損御苦労相掛申間鋪候
貴殿方へ少しも御損・御苦労相掛け申すまじく候

（例247）世話人方ゟ申触候儀**少茂**相背申間鋪候事
世話人方より申し触れ候儀少しも相背き申すまじく候事

（例246）

解読文 貴殿方江少茂御損・御苦労相掛申間鋪候（きでんかたえすこしもごそん・ごくろうあいかけもうすまじくそうろう）

文意 あなたに少しも損をさせたり苦労をかけたりしません。

［解説］ 1字目は「**貴**」です。は「水」ではなく「**少**」、は変体仮名の「**も**」で、字母は「**茂**」です。は、「扌（てへん）」に「ム」「貝」で「**損**」の異体字 損 です。

（例247）

少

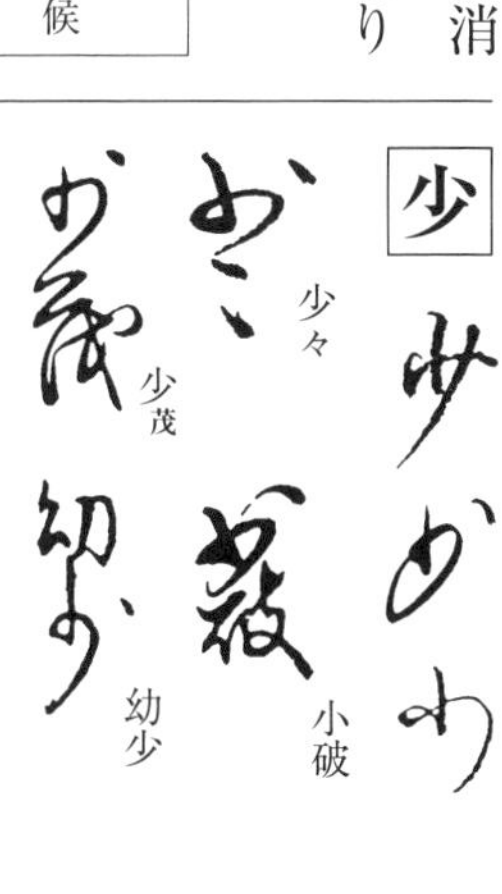

少々
少茂
小破
幼少

損

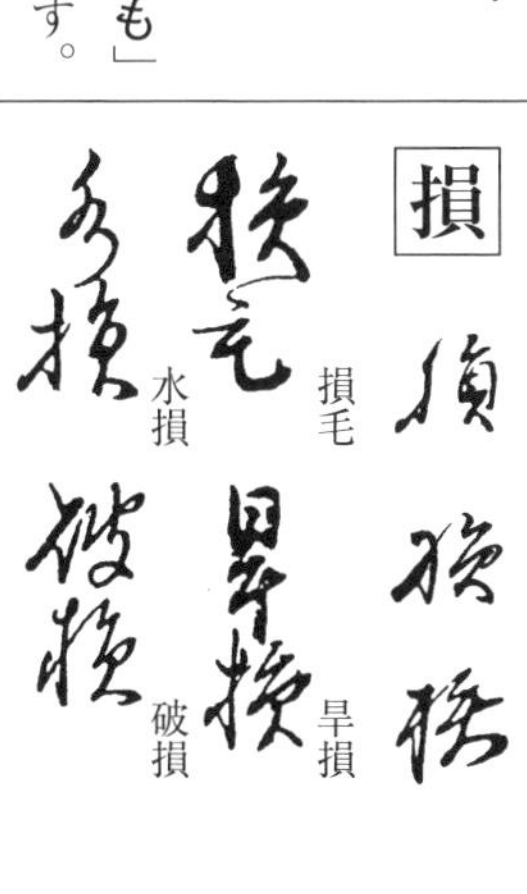

損毛
水損
早損
破損

解読文　世話人方ゟ申触候儀少茂相背申間鋪候事（せわにんかたよりもうしふれそうろうぎすこしもあいそむきもうすまじくそうろうこと）

文意　世話人方から申し触れられたことに少しも背きません。

[解説]　 は「触」の正字体（旧字体）の「觸」が用いられています。すでに出てきましたが「少」 は典型的な草体ですが、三画目の点が最後に打たれています。

⑪ 則（すなわち）

「即座に」「ただちに」「そこで」「いいかえれば」などの意の副詞です。

（例248）**御改之上松七拾弐本則拙者とも二御渡被遊**
お改めの上松七十二本、すなわち拙者どもにお渡し遊ばされ

（例249）**則通帳其度々請取印形仕候**
すなわち通い帳その度々請け取り印形仕り候

（例248）

解読文　御改之上松七拾弐本（おあらためのうえまつしちじゅうにほん）、則（すなわち）拙者（せっしゃ）とも二（に）御渡被レ遊（おわたしあそばされ）

文意　改めの上松七十二本を、すぐに私どもにお渡しになられ。

[解説]　2字目は「己（おのれ）」に旁が「攵（ぼくにょう）」で「改」です。 は「扌（てへん）」に「合」で

則

本

本山　本陣　本書　本丸

「拾（じゅう）」と読みます。課題の「則（すなわち）」はくずされていないので問題ないと思います。

（例249）

解読文　則（すなわち） 通帳（かよいちょう） 其度々請取印形（そのたびたびうけとりいんぎょう） 仕（つかまつり） 候（そうろう）

文意　そこで通い帳をそのたびごとに請け取り印判を押しました。

［**解説**］　1字目が「**則**（すなわち）」です。「貝（かいへん）」の字体に注意してください。「**度々**（たびたび）」は、「どど」とも読みます。「**印形**（いんぎょう）」は、印鑑、印判のことです。

⑫ 慥ニ（たしかに）

「間違いなく」「確実に」の意味で、副詞的に用いられます。

（例250）　金子三分只今**慥ニ**請取御年貢金ニ上納仕候
金子三分只今たしかに請け取り、御年貢金に上納仕り候

（例251）　書面之金子**慥ニ**請取借用申処実正ニ御座候
書面の金子たしかに請け取り、借用申す処実正に御座候

（例250）

形

形状
手形
判形（はんぎょう）
屋形（やかた）

慥

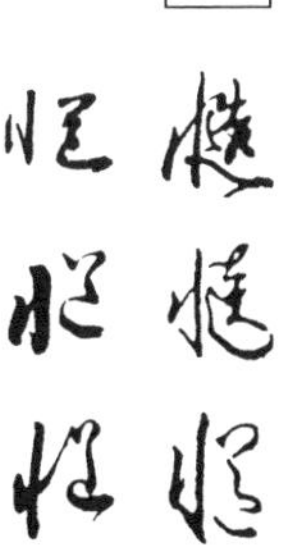

只

只今
只今

解読文　金子三分只今慥ニ請取、御年貢金ニ上納仕候

文意　金子三分を只今たしかに請け取り、お年貢金として上納しました。

【解説】　「只今」は「只今（ただいま）」と読みます。「慥」は「忄（りっしんべん）」に「送」と書いて「慥」の異体字で、「たしか」と読みます。

（例251）

解読文　書面（しょめん）之（の）金子（きんす）慥（たしか）ニ請取（うけとり）、借用申処（しゃくようもうすところ）実正（じっしょう）ニ御座候（ござそうろう）

文意　書面の金子をたしかに受け取り、借用しますことに間違いありません。

【解説】　1字目の「**書**」は何度か出てきましたのでもう読めますね。「実正」は「**実正**（じっしょう）」と読み、確かなこと、偽りでないこと、の意です。

⑬ 縦（たとい）・縦令・譬

「**仮令**」とも書き、「もし」「仮に」の意味で順接条件を示す場合と、「とも」「ども」を伴い「もしや」「たとえ」の意味で逆接条件を示す場合があります。

（例252）　縦何れ江罷出候共入用差出

たといいずれへ罷り出で候とも入用差し出し

【異体字】　只管（ひたすら）　只顧（ひたすら）　（＝慥）

借　借金　借銭　借家　借受

縦　縦覧　縦令（たとい）

譬

（例253）**縦令袖口半襟成共絹類相用申間敷**　たとい袖口・半襟なりとも絹類相用い申すまじく

（例254）**譬如何様之義御座候共**　たといいかようの義御座候とも

（例252）

解読文　縦（たとい）何（いず）れ江（え）罷出（まかりいで）候（そうろう）共（とも）、入用差出（にゅうようさしだし）

文意　たとえどちらへ出かけても費用を差し出し。

［解説］　1字目は「糸（いとへん）」に「従」で「縦（たとい）」です。次のは「亻（にんべん）」に「可」で「何」。次は変体仮名の「れ」で字母は「連」です。は「罷出（まかりいで）」と読みます。「罷（まかり）」は第5章⑥で解説します。

（例253）

解読文　縦令（たとい）袖口（そでぐち）・半襟成共（はんえりなりとも）絹類相用（きぬるいあいもちい）申間敷（もうすまじく）

文意　たとえ袖口や半襟でも絹の類を用いてはいけません。

［解説］　文頭は前文例と偏こそ若干違いますが旁はほぼ同様で「縦」と読みます。偏は、しばしば「亻（にんべん）」に書かれ、旁を「叚」と解して「假令」＝「仮

【語彙解説】

入用（にゅうよう）：「いりよう」とも読み、必要な費用、経費、出費の意。

袖

小袖

袖乞（そでごい）

襟

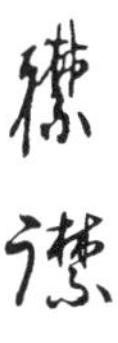

（例254）

令」と判読されることもあります。さて「縦」は次の「令」とあわせ「縦令」で「たとい」と読みます。3字目・4字目とも「ネ（しめすへん）」に見えますが、「ネ（ころもへん）」です。したがって、「袖口（そでぐち）」「半襟（はんえり）」と判読します。「半襟」はおもに女性が襦袢（じゅばん）の襟にかけるものです。は「糸（いとへん）」に「ヒ」「日」で「絹」の異体字となります。次は既出ですが「類」です。

解読文　譬（たとい）如何様（いかよう）之（の）義（ぎ）御座候共（ござそうろうとも）

文意　たとえどのようなことがございましても。

【**解説**】1字目は上部が「辟」、脚部が「言」で、「**譬**（たとい）」となります。は、「**如何様**（いかよう）」と読み、どのような、の意です。

⑭ 篤与（とくと）

「よくよく」「念を入れて」「つらつら」の意の副詞です。

（例255）　双方篤与懸合之上熟談内済仕候

双方とくと懸け合いの上熟談内済仕り候

絹

絹紬　絹類

【異体字】　⿰糸旨　（＝絹）

篤

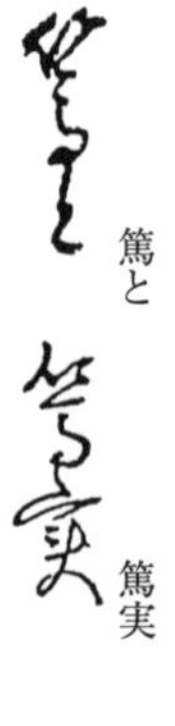

篤と　篤実

（例256）**篤与評談之上一同奉願上候趣意者**

とくと評談の上一同願い上げ奉り候趣意は

（例255）

解読文 双方篤与懸合之上熟談内済 仕 候（そうほうとくとかけあいのうえじゅくだんないさいつかまつりそうろう）

文意 双方よくよく話し合いのうえ熟談し内済しました。

[**解説**] 3字目が「竹（たけかんむり）」に「馬」で「**篤**」です。下の小字は「**与**」で「**と**」と読みます。は「**懸**」の一般的なくずしですが、という字体も頻出します。「熟」は沓部の「灬（れんが）」が「火」と書かれることもあります。

（例256）

解読文 篤与評談之上一同奉願上候趣意者（とくとひょうだんのうえいちどうねがいあげたてまつりそうろうしゅいは）

文意 念入りに相談のうえで一同がお願いします趣旨は。

[**解説**] は「言（ごんべん）」に「平」で「**評**」。は「言（ごんべん）」に旁の上部が「火」下部が踊り字の「ゝ」で「**談**」です。「**評談**（ひょうだん）」は、意見を交換して相談することです。は「走（そうにょう）」に「取」で「**趣**」。は「**意**」です。かなり省画されていて難読

熟

熟酔
熟和
熟談
不熟

評

評定
評談
評定所
世評

【平の筆順】

文字ですが頻出します。「趣意（しゅい）」は、意見や趣旨をいいます。

⑮ 可レ成丈（なるべくだけ）

「できるだけ」「できる限り」「なるべく」の意で、「なるたけ」と同意です。

（例257）無賃人馬之義可成丈ハ宿場ニ而御勤可被成候
無賃人馬の義なるべくだけは宿場にて御勤めなさるべく候

（例258）恐多御儀ニ付可成丈差扣罷在候
恐れ多き御儀につきなるべくだけ差し控え罷り在り候

（例257）

解読文 無賃人馬之義可レ成丈ハ宿場ニ而御勤可レ被レ成候（むちんじんばのぎなるべくだけはしゅくばにておつとめなさるべくそうろう）

文意 無賃人馬についてはできるだけ宿場にてお勤めなさってください。

［解説］2字目は脚部が「貝」のようですが、読みづらいくずしです。1字目は「無」で、3・4字目が「人馬（じんば）」ですから、「無賃人馬（むちんじんば）」という用語を思いついていただきたい。が課題の「可レ成丈（なるべくだけ）」です。「宿」は一般的なく

丈

丈夫　可レ成丈

賃

賃銀　賃銭　店賃　駄賃

【語彙解説】
無賃人馬（むちんじんば）‥公用の通行者が宿場において無賃で使役した人馬。

ずし方です。「場」は異体字 塲 が用いられています。は下から「可レ被レ成候（なさるべくそうろう）」と読みます。

（例258）

解読文　恐多御儀ニ付可レ成丈差扣罷在候（おそれおおきおんぎにつきなるべくだけさしひかえまかりありそうろう）

文意　恐れ多いことですのでなるべく差し控えております。

［解説］が課題である「可レ成丈（なるべくだけ）」です。は「扌（てへん）」に「口」で「扣（ひかえ）」と読み、「控」と同字です。

⑯ 必至与（ひしと）

物事が押し迫るさまを表す語で、「しっかりと」「きびしく」「きつく」「必ずや」などの意です。より強調するときは「ひっしと」と読みます。

（例259）今年ニ至必至と大小之百姓共困窮仕
今年に至りひしと大小の百姓ども困窮仕り

（例260）困窮之百姓共必至与難儀至極罷有候
困窮の百姓どもひしと難儀至極罷り有り候

必

必至
必々（ひつひつ）
必定（ひつじょう）
必要

（例259）

解読文　今年(ことし)ニ至(いたり)必至(ひし)と大小(だいしょう)之(の)百姓(ひゃくしょう)共(ども)困窮(こんきゅう)仕(つかまつり)

文意　今年になってひしひしと大小の百姓たちが困窮し。

【解説】「**必**」は本例文のように書かれる場合と、「心」に襷がけで「ノ」の字  を書く場合があります。

（例260）

解読文　困窮(こんきゅう)之(の)百姓(ひゃくしょう)共(ども)必至(ひし)与(と)難儀(なんぎ)至極(しごく)罷(まかり)有(あり)候(そうろう)

文意　困窮の百姓たちは厳しく難儀この上ない状態です。

【解説】本例文の「**必**」は、「心」に「ノ」と襷がけに書く字体です。は「**而**」にも読めますが、「**必至与**(ひしと)」の「**与**」と読みました。は「**難**」と読みます。旁が「隹」でなく「至」にも読めますが、次の文字が「**儀**」ですから、「**難儀**(なんぎ)」という熟語と判断しました。

姓

百姓　姓名　惣百姓　百姓代

困

困窮　困難

【語彙解説】

難儀（なんぎ）：困難。苦しい。苦労。迷惑。悩み。

⑰ 偏（ひとえに）・偏ニ

「ひたすら」「いちずに」「ひとすじに」の意で、もっぱらある状態や行為に徹するさまを示します。

（例261）偏　御憐察御沙汰奉願上候
ひとえに御憐察の御沙汰願い上げ奉り候

（例262）偏ニ　御威光与難有仕合ニ奉存候
ひとえに御威光とありがたき仕合せに存じ奉り候

（例261）

解読文　偏（ひとえに）御憐察（ごれんさつ）の御沙汰（ごさた）奉（ねがいあげたてまつり）二願上一候（そうろう）

文意　もっぱら憐れみのご判断（裁決）をお願い申し上げます。

【解説】1字目の「偏（ひとえに）」については、「扁」のさまざまな字体を覚えてください（下段参照）。「憐察（れんさつ）」は、憐れみ察することです。

（例262）

解読文　偏ニ（ひとえに）御威光与難レ有仕合ニ奉レ存候（ごいこうとありがたきしあわせにぞんじたてまつりそうろう）

偏

偏頗（へんぱ）

扁

編　偏　編　篇　遍　篇　遍

憐

憐察（れんさつ）　憐愍（れんびん）

察

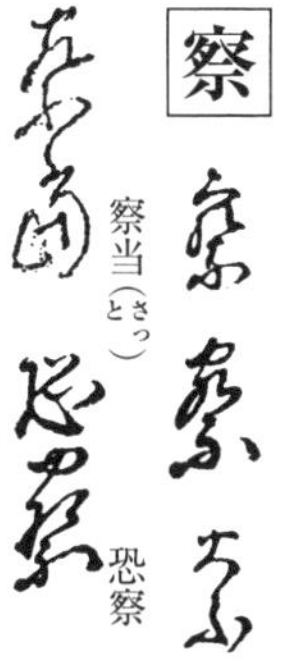

察当（さっと）　恐察

威

文意　もっぱらご威光のお陰と感謝申し上げます。

［解説］  は「**威**」です。「戊」の中側が「安」のようになります。「**威光**」とは、畏敬の対象となるような威厳をいいます。次の右下の小字は助詞の「**与**」です。
「**難レ有仕合ニ奉レ存候**」は一気に読めるようにしてください。

⑱ 不斗・風と

擬態語の一つで、「**不図**」「**風与**」「**与レ風**」「**風度**」などとも書き、「突然に」「不意に」「思わず」「即座に」「とっさに」などの意の副詞です。

（例263）拙者共不斗存立願書認　拙者どもふと存じ立ち願書認め

（例264）風と申煩之由ニ而薬を用ひ色々養生仕　ふと申し煩いの由にて薬を用い色々養生仕り

（例263）

解読文　拙者共不斗存立願書　認

文意　私どもはふいに思い立ち願書を認め。

［解説］　1字目は「扌」に「出」で「**拙**」です。 は「**計**」ではなく「**斗**」と読みます。「**不斗**」は、ここでは、ちょっとしたきっかけで、の意です。

威厳　威勢　威光　権威

斗

拙

拙者　拙宅　拙僧　下拙

（例264）

解読文
風(ふ)と申(もうし)煩(わずらい)之由(のよし)ニ而(にて)薬(くすり)を用(もち)ひ(い)色々(いろいろ)養生(ようじょう)仕(つかまつり)

文意
突然に病にかかったとのことで薬を飲んでさまざま養生し。

［解説］ は「火(ひへん)」に「頁」で「煩(わずらい)」と読み、病気にかかることです。は、「艹(くさかんむり)」に、と書かれています。これは「楽」の異体字ですので、「薬」となります。は「色」でとも書かれます。「養」は三度目です。

⑲ 別而(べっして)

「わけて」とも読み、「訳而」とも書きます。「とりわけ」「とくに」「ことさらに」の意の副詞です。

（例265）当年別而凶作ニ而米穀高直大困窮仕候
当年別して凶作にて米穀高直(こうじき)大困窮仕り候

（例266）御家中諸士与別而中能茂中悪茂仕間敷候
御家中諸士と別して仲良くも仲悪くも仕るまじく候

（例265）

煩

薬

【異体字】茾（＝薬）

色

別

別紙
別而(べっして)

各別(かくべつ)
差別(しゃべつ)

凶

解読文　当年別而凶作ニ而米穀高直大困窮　仕　候

文意　今年はとくに凶作で米穀の値段が高く大層困窮しています。

【解説】本例の「別而」は容易に解読できるでしょう。は四画目が略されていて読みにくいのですが、次の「作」から「凶作」という熟語が思いつくと思います。は「高直」と読み、値段が高いことです。対語は「下直」です。

（例266）

解読文　御家中諸士与別而中能茂中悪茂　仕　間敷　候

文意　家中の諸士と特に仲良くも仲悪くもしてはいけません。

【解説】本例の「別」ははじめの「口」が点に略されていますが、一般的に用いられるくずしです。「中」は「仲」のことで、「能」は「御機嫌能」などというときの「よく」で「良く」と同意です。は上部が「西」のくずしで脚部が「心」のようです。したがって「悪」の異体字ということになります。

⑳ 毛頭（もうとう）

下に打消しの語を伴い、「少しも…ない」「いささかも…ない」の意の副詞です。

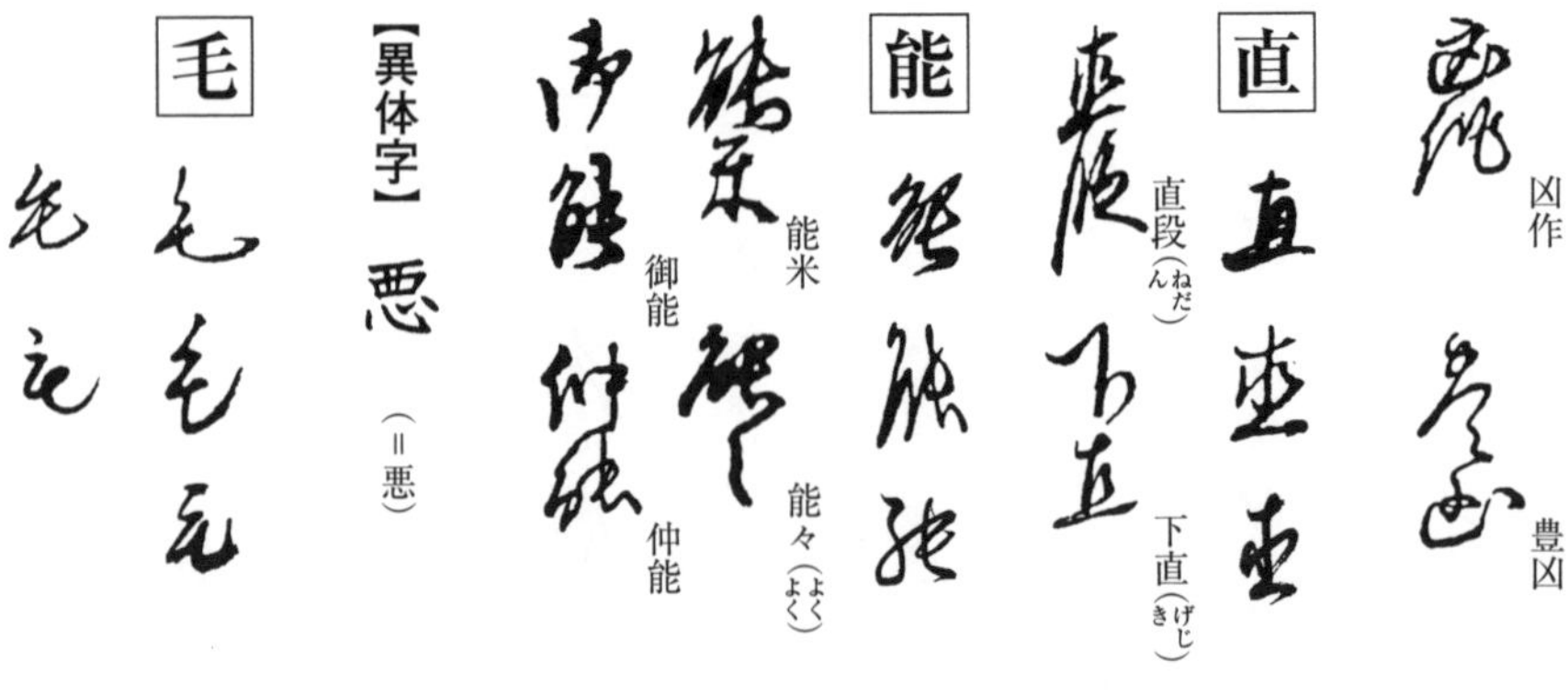
凶作
豊凶
直
直段（ねだん）
下直（げじき）
能
能米
能々（よくよく）
御能
仲能
【異体字】悪
（＝悪）
毛

（例267）他人ハ不及申ニ諸親類ニ至迄毛頭構無御座候
他人は申すに及ばず、諸親類に至るまで毛頭構い御座なく候

（例268）路用等之義も相互ニ割合等少シ茂滞候儀毛頭無御座候
路用等の義も相互に割合等少しも滞り候儀毛頭御座なく候

（例267）

解読文 他人ハ不レ及二申一ニ、諸親類ニ至迄毛頭構無二御座一候

文意 他人は言うまでもなく、諸親類に至るまで少しも干渉することはございません。

［解説］は既出ですが、「不レ及二申一ニ」と読みます。は難読ですが、上の文字が「親」ですので、「親類」という用語をあてはめますと意味が通りますので、「類」であることが判明します。は「頭」の異体字です。「頂」の異体字でもありますので注意してください。は「構」と読み、干渉することです。「構無二御座一候」は頻出する常套句ですので暗記してください。

（例268）

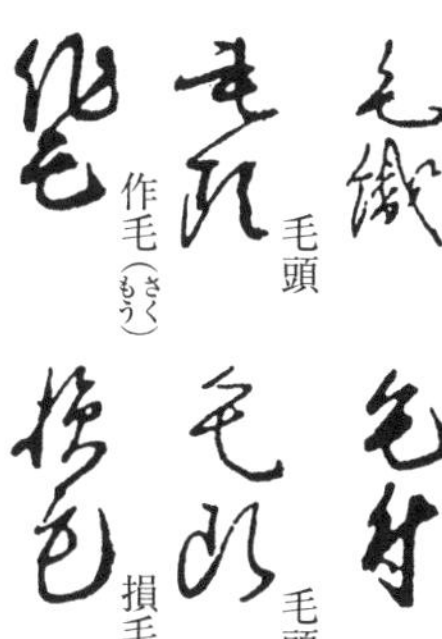

毛織　毛付　毛頭　毛頭　作毛（さくもう）　損毛

他

他村　他領

【異体字】

（＝頭）

構

差構（さしかまい）　無レ構（かまいなし）

解読文　路用等之義も相互ニ割合等少シ茂滞候儀毛頭無二御座一候

文意　旅行費用についてもお互いに分担などが少しも滞ることは全くありません。

【解説】　1字目は難読文字です。偏は「言」（ごんべん）のようですが「⻊」（あしへん）で、旁は「各」ですので「**路**」となります。「**路用**」（ろよう）は、旅行の費用のことです。は「**相**」（そう）「**互**」（ご）と読みます。は「**割**」ですが、偏の「宀」（うかんむり）の下がとなります。「**毛**」は変体仮名の「も」に類似していますが、「も」の字母が「**毛**」であるからです。は、偏（⾖）（まめへん）も旁（頁）（おおがい）も最大限にくずされているようです。上の「**毛**」と、旁が「頁」であることを判断材料に「**毛頭**」（もうとう）という熟語を思いつくほか解読の方法はないようです。

㉑ 若（もし）・若又（もしまた）

仮定条件で、「仮に」「万一」「もしも」の意を表します。また、疑問や推量の表現で、「あるいは」「もしか」の意味を示します。なお、「もし」を強調した言い方が「もしまた」です。

（例269）**若六ケ敷儀申者御座候ハ、我等埒明可申候**
もし難しき儀申す者御座候わば、我等埒明け申すべく候

（例270）**若又手向被成候村方ハ壱軒も不残焼払可申**
もしまた手向いなされ候村方は、一軒も残らず焼き払い申すべし

用

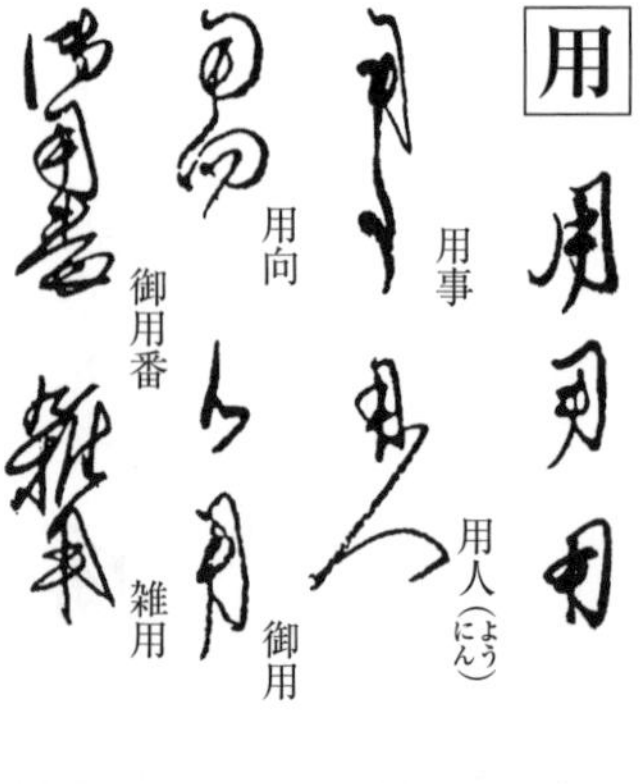
用事
用向
御用番
用人（ようにん）
雑用
御用

若

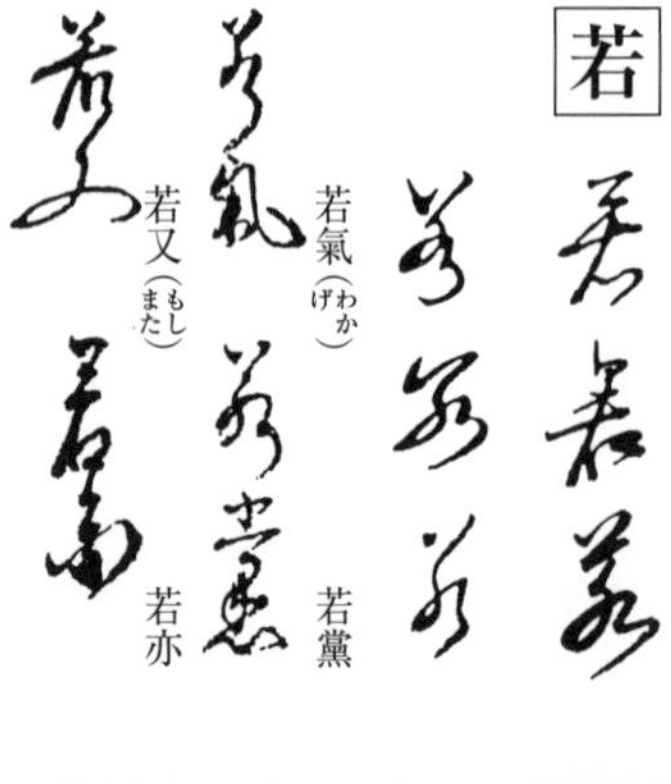
若氣（わかげ）
若又（もしまた）
若黨
若亦

（例269）

解読文　若六ケ敷儀申者御座候ハヽ、我等埒明可レ申候

（もしむつかしきぎもうすものござそうらわば、われらちあけもうすべくそうろう）

文意　もしも難題を持ちかける者がいましたら、私が解決します。

【解説】「若」は一般的にはのようにくずしますが、これをさらに略字化したものが本用例です。「六ケ敷（むつかしき）」は「難しき」の当て字です。は「我」の草体です。異体字と考えることもできますが、頻出しますので覚えてください。は「土（つちへん）」に「守」ですが、これは「埒（らち）」の異体字です。

（例270）

解読文　若又手向被レ成候村方ハ、壱軒も不レ残焼払可レ申

（もしまたてむかいなされそうろうむらかたは、いっけんものこらずやきはらいもうすべし）

文意　もしも手向かいなさる村は、一軒残らず焼き払います。

【解説】3字目は「手」の草体ですが、一般的にはと書きます。は「お」に読めますが、これは「扌（てへん）」（本来は「木（きへん）」）に旁をと書いて、「村」と読みます。は偏が「車（くるまへん）」、旁が「干」で「軒」です。「残」のくずし方と「不レ残（のこらず）」という語彙もぜひ覚えてください。は、「扌（てへん）」に「弗」で、「払」

【異体字】

（＝埒）

村

村方　村境　村高　村持

軒

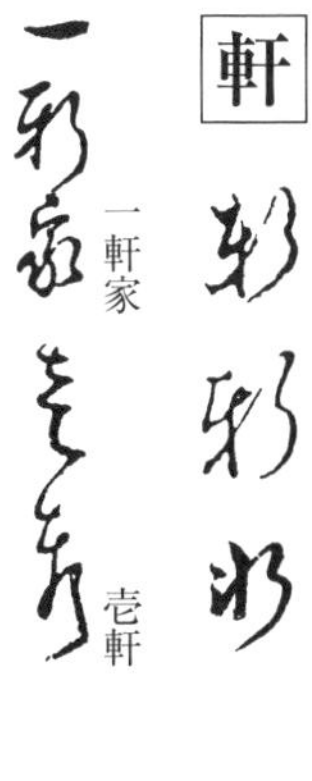

一軒家　壱軒

㉒ 漸（ようやく）

の正字体（旧字体）「拂」です。

「次第に」「だんだん」「ゆっくり」「かろうじて」「やっとのことで」などの意の副詞です。

（例271）此節漸家数六拾軒余有之
この節ようやく家数六十軒余これあり

（例272）追々米価下直ニ相成漸露命相繋申候得共
おいおい米価下直（げじき）にあい成り、ようやく露命相繋ぎ申し候えども

（例271）

解読文 此節（このせつ）漸（ようやく）家数（いえかず）六拾軒（ろくじゅっけん）余（よ）有（これ）レ之（あり）

文意 現在やっとのことで家数が六十軒余りあり。

［解説］「此節（このせつ）」はすでに学びました。「漸」 の字体を分解すると、「氵（さんずい）」「車」「斤」とから成り立っています。

（例272）

漸

家

家数　家作（かさく）

家内　家老

家禄　本家

価

價

米價　米價

解読文 追々米価下直ニ相成、漸露命相繋申候得共

文意 段々米価が下がり、かろうじて露命を繋ぎましたが。

［**解説**］文頭は「**追々**」で、段々、次第に、という意味の副詞です。は「**価**」の正字体（旧字体）「**價**」です。は「**直**」と読みます。「**下直**」は値段が安いことで、反意語は「高直」です。は「⻗」に「路」で「**露**」となります。次のは「𠆢」に「印」の草体で「**命**」です。「**露命**」とは、露のようにはかない命のこと。は「**繫**」です。「**露命を繫ぐ**」という成句を覚えてください。

露

露顕

露寒

命

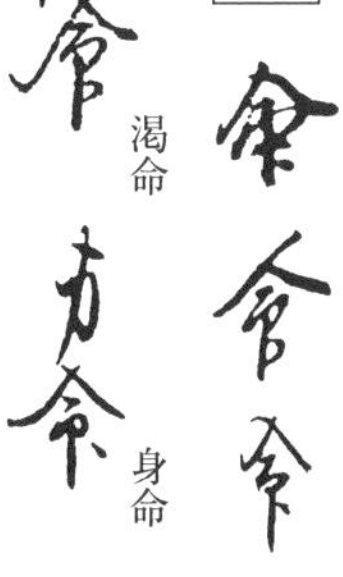

渇命

身命

中ざらい

第3章「解読のポイントとなる品詞」2節「副詞」の復習をしましょう。次の例文を解読してください。

⑴ 

⑵ 

⑶　⑷　⑸　⑹

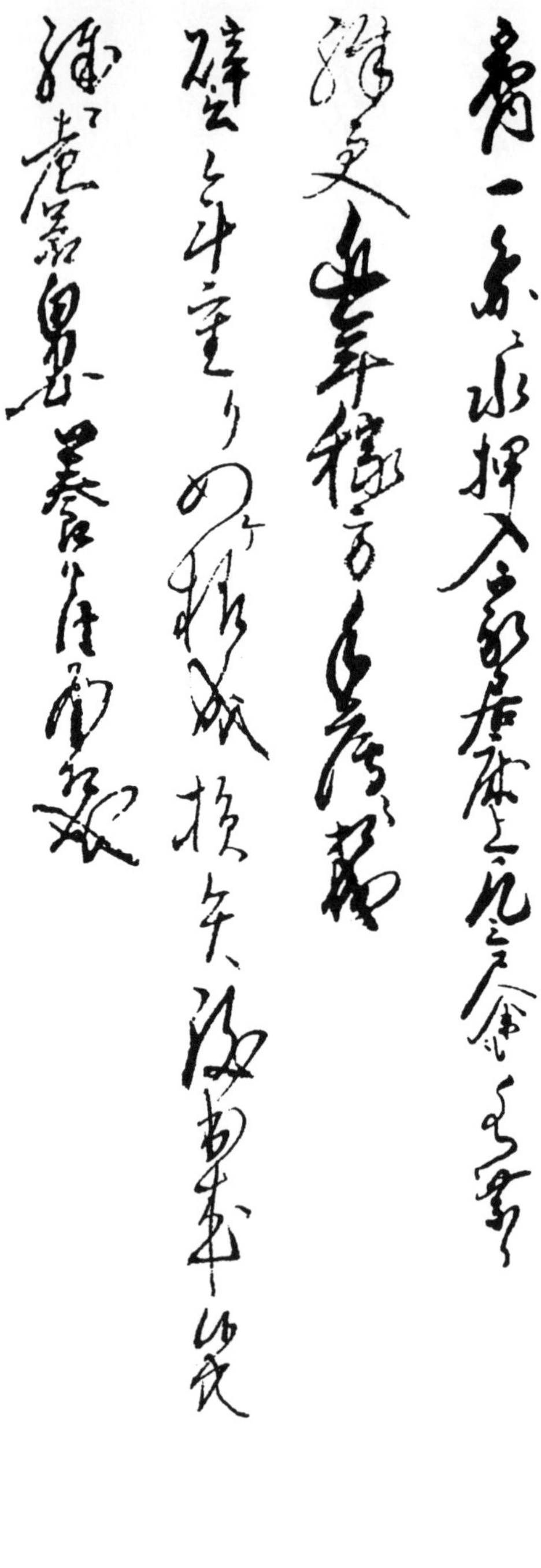

解読文

⑴ 夫食ニ差支候もの数多出来候ニ付

⑵ 吉利支丹宗門兼々被二仰付一候通、弥以無二油断一可二申付一候

⑶ 宿内一円ニ水押入、家居床上凡三尺余も水乗り

⑷ 殊更近年稼方手薄ニ相成

⑸ 譬年重り如ケ様成損失致二出来一候共

⑹ 殊ニ老若男女養候は不二相成一

3 形容詞・形容動詞

物事の性質や状態を表す形容詞やその不備を補う形容動詞のうち、頻出するものを用例とともに解説します。

① 弥増（いやまし）

「いよいよますます」の意の形容動詞です。書簡の冒頭で時候を述べるときにもしばしば用いられます。

（例273）**弥増困窮相募り雑用等差支申候ニ付**
いやまし困窮相募り雑用等差し支え申し候につき

（例274）**追日秋冷弥増申候処**
追日秋冷いやまし申し候処

（例273）

解読文 弥増困窮相募り雑用等差支申候ニ付（いやましこんきゅうあいつのりざつようなどさしつかえもうしそうろうにつき）

文意 ますます困窮が重なり雑用などに支障をきたしましたので。

［解説］ 1字目は「弥（いよいよ）」の項（第3章2⑤〈205頁〉）で説明しましたが、「弓（ゆみへん）」に旁が

募

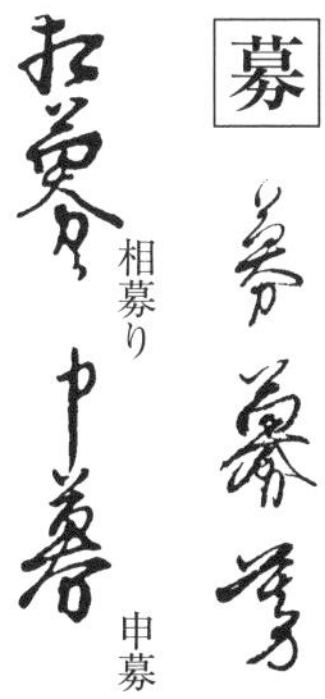

相募り　中募

雑

雑　雑木　雑費

「尓」です。は「募」と読みます。「艹（くさかんむり）」が明確でありませんが下部から判読できるでしょう。は「雑用（ざつよう）」と読みます。

（例274）

＊

解読文　追日（ついじつ）秋冷（しゅうれい）弥（いや）増申（ましもうし）候（そうろう）処（ところ）

文意　日を追って秋のひややかさが増していますが。

【解説】この例文は書状の書出の一節です。「**追日**（ついじつ）」は、日を追って、日ましに、の意。は「**秋**」の異体字です。「**秋冷**（しゅうれい）」は、秋を表す、書簡における季語の一つです。最後のは「**処**」の正字体（旧字体）「**處**」です。

② 忝（かたじけなし）・辱

「もったいない」「恐れ多い」「身にしみてありがたい」の意の形容詞です。

（例275）　先年私方江被仰付是迄相勤忝仕合ニ奉存候

先年私方へ仰せ付けられ、これまで相勤めかたじけなき仕合せに存じ奉り候

（例276）　為改年之御祝詞貴札辱致拝見候

改年の御祝詞として貴札かたじけなく拝見致し候

雑兵（ぞうひょう）　雑物

追

追訴　追放　追手　追而（おって）

【異体字】　秌（＝秋）

忝

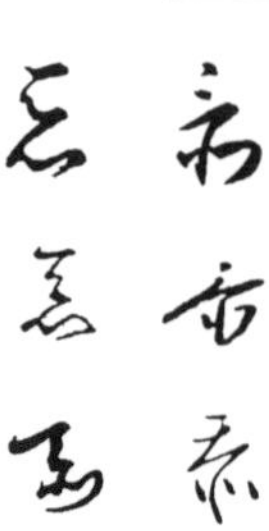

辱

（例275）

解読文

先年(せんねん)私(わたくし)方(かた)江(え)被(おおせつけられ)二仰付一、是迄(これまで)相勤(あいつとめ)　忝(かたじけなき)　仕合(しあわせ)ニ(に)奉(ぞんじたてまつり)レ存　候(そうろう)

文意

先年私方に命じられ、これまで勤め、ありがたいことと存じます。

［解説］「請負証文」の一節です。は「是迄(これまで)」と読みます。は偏の横画が一画少なく、旁が「刀」となっていますが、「勤」と読んで問題ないでしょう。「忝仕合(かたじけなきしあわせ)」は、身にしみてありがたい、の意です。

（例276）

解読文

為(の)二改年(かいねん)之御祝詞(おしゅくしとして)一貴札(きさつ)　辱(かたじけなく)　致(いたし)二拝見(はいけん)一　候(そうろう)

文意

新年のお祝詞としてのあなたのお手紙をありがたく拝見しました。

［解説］「為」は下から返って「…として」と読みます。「改年(かいねん)」は、新年と同意。は「キ」のように書かれていますが、「貴」です。「貴札(きさつ)」は、人からの手紙の尊敬語。は「辱」で「かたじけなし」と読みます。は「拝見(はいけん)」です。

【語彙解説】

仕合（しあわせ）：①めぐり合わせ。成り行き。運命。②幸運。幸福。③処理。処置。物事のやり方。いきさつ。しまつ。

祝

祝儀　祝着（しゅうちゃく）　祝言　不祝儀

③ ケ間敷（鋪）（がましく・がましき）

「挨拶ケ間敷（あいさつがましく）」「奢ケ間敷（おごりがましく）」「人集ケ間敷（ひとあつめがましく）」「懇意ケ間敷（こんいがましく）」「願ケ間敷（ねがいがましく）」「馳走ケ間敷（ちそうがましく）」などと体言や動詞の連用形について形容詞を作ります。「…に似ている」「…らしい」「…の風である」「…のきらいがある」の意です。

(例277) 惣して奢ケ間敷儀不可致
惣じて奢りがましき儀致すべからず

(例278) 勿論御馳走ケ間敷義不仕候
もちろん御馳走がましき義仕らず候

(例279) 双方共御願ケ間鋪儀申上間敷候
双方ともお願いがましき儀申し上げまじく候

(例280) 人集ケ間敷義一切不致
人集めがましき義一切致さず

(例277)

解読文　惣して（そうじて）奢（おごり）ケ間敷（がましき）儀（ぎ）不レ可レ致（いたすべからず）

文意　概して贅沢みたいなことはしてはならない。

［解説］  は上部が「物」で、下部は「灬（れんが）」に見えますが「心」で、「惣」となります。「惣して」は、概して、一般に、の意です。 は「大」に「者」で

敷

敷金

敷物

難渋ケ間敷

鋪

屋鋪（やしき）

致間鋪

奢ケ間鋪

奢

奢侈

奢侈

「奢」となり、贅沢することです。

（例278）

解読文 勿論（もちろん）御（ご）馳走（ちそう）ケ（が）間敷（ましき）義（ぎ）不レ仕（つかまつらず）候（そうろう）

文意 当然御馳走を振る舞うようなことはしません。

[解説] 1字目は例229の「向」と類似していますが、ここでは2字目が「**論**」ですから「**勿論**（もちろん）」となります。「**馳走**（ちそう）」は難読です。下の「走」を手がかりに「**馳走**」という語彙を想起していただきたい。

（例279）

解読文 双方共御願（そうほうともおねがい）ケ（が）間鋪（ましき）儀（ぎ）申上（もうしあげ）間敷（まじく）候（そうろう）

文意 双方ともお願いじみたことは申し上げません。

[解説] 文頭は「**双方**」です。「**ケ間鋪**（がましき）」は「ケ間敷」と全く同意です。

（例280）

論

論所　口論

馳

馳集　馳走

集

解読文　人集ケ間敷義一切不レ致（ひとあつめがましきぎいっさいいたさず）

文意　人を集めるようなことはいっさいしません。

[解説]「**人集ケ間敷**」は「人寄ケ間敷（ひとよせがましき）」ともいいます。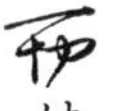は「**一切**（いっさい）」と読みます。「切」の偏が「十」になり旁が「力」になっているところに注意してください。

④ 敷（鋪）（しく・しき）

形容詞の活用語尾「しく・しき」の当て字で、「六ケ敷（むつかしく）」「睦敷（むつまじく）」「怪敷（あやしく）」「歎ケ敷（なげかわしく）」などと用いられます。

(例281) 若脇ゟ宗門**怪敷**義訴人御座候ハ、	もし脇より宗門怪しき義訴人御座候わば
(例282) 御公儀様御法度之義ハ**厳鋪**相守可申候	御公儀様御法度の義は厳しく相守り申すべく候
(例283) 何様**六ケ敷**義御申立被成候共	いか様難しき義御申し立てなされ候とも
(例284) 父母ニ孝行夫婦兄弟ニ**睦敷**可仕候	父母に孝行、夫婦兄弟に睦まじく仕るべく候

(例281)

解読文　若脇ゟ宗門怪敷義訴人御座候ハ、（もしわきよりしゅうもんあやしきぎそにんござそうらわば）

集會

群集

集評

取集

怪

文意　もし脇から宗門が怪しいと訴える者がいましたら。

[解説]　は「忄（りっしんべん）」であることが判別つけば、旁は筆順を追っていくと「又」に「土」で「**怪**」となります。また、「**怪**」は＝という異体字が用いられることもあります。

(例282)

解読文　御公儀様（ごこうぎさま）御法度（ごはっと）之（の）義（ぎ）ハ（は）厳鋪（きびしく）相守（あいまもり）可ㇾ申（もうすべく）候（そうろう）

文意　御公儀の法令は必ずやしっかり守ります。

[解説]　は「**公儀**」と読み、幕府・将軍のこと。また、各領国を支配する大名をさす場合があります。は典型的な「厳」のくずし字です。

(例283)

解読文　何様（いかよう）六ケ敷（むつかしき）義（ぎ）御申立（おもうしたて）被ㇾ成（なされ）候共（そうろうとも）

文意　どんなに困難なことをお申し立てになっても。

[解説]　は「**六ケ敷**（むつかしき）」と読み「難しき」の当て字です。は「**申立**（もうしたて）」と読み、意見や主張を言うことです。

怪我
怪敷
怪敷

立

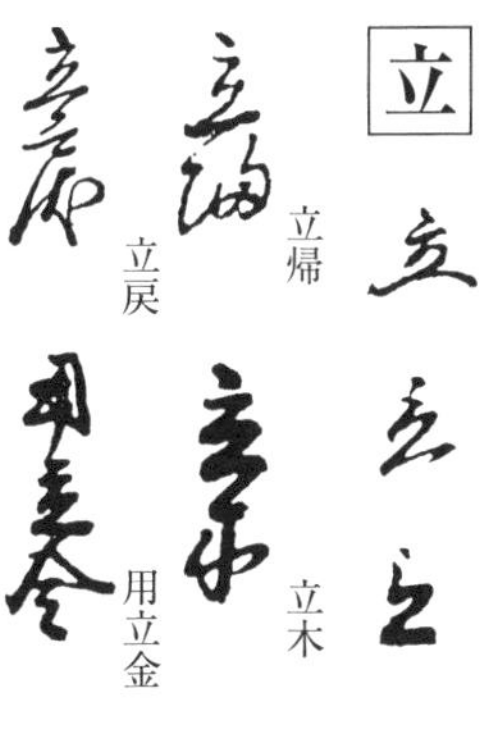
立帰
立戻
立木
用立金

（例284）

*

解読文 父母ニ孝行、夫婦・兄弟ニ睦敷可レ仕候

文意 父母に孝行、夫婦・兄弟は睦まじくしなさい。

［解説］は「弟」の異体字です。これは「第」の異体字でもあります。「兄弟（きょうだい）」は「けいてい」とも読みます。は「睦」です。

⑤ 殊之外（ことのほか）

「思いのほか」「意外」「とりわけ」などの意の形容動詞です。

（例285）殊之外権威募り
ことのほか権威募り

（例286）村内殊之外不勝手ニ相成り
村内ことのほか不勝手にあい成り

（例285）

*

睦

睦敷

睦間敷

【異体字】

（＝弟）

殊

殊更

殊外

殊之外

殊勝

解読文 殊之外権威募り（ことのほかけんいつのり）

文意 とりわけ権威が増して。

［解説］「殊」の偏は「歹」と同様で、旁は一画目の「ノ」が省略されることがしばしばあります。は難読です。「木」（きへん）は判読できますが、旁は見慣れないくずしです。次の「威」から類推して、「権威」（けんい）という熟語を思い出していただきたい。

（例286）

＊

解読文 村内殊之外不勝手ニ相成り（そんないことのほかふかってにあいなり）

文意 村内ではとりわけ困窮になり。

［解説］は「殊」です。偏と旁のバランスが悪いのでちょっと読みづらいようですが、分解してみて、筆順を追うと理解できるのではないでしょうか。は「勝」の典型的なくずし字です。「不勝手」（ふかって）は、生計が成り立たないことをいいます。

⑥ 可レ然（しかるべし）

「適している」「適当な」「そうしてよい」「立派な」などの意の形容詞です。

権
権
権威
権威
権現
権威
勝
勝負
勝手
勝手
勝手作

（例287）最寄可然処に井どをほり
（例288）併此外可然仕方茂有者可致宜

もよりしかるべき処に井戸をほり
しかしながらこのほかしかるべき仕方もあらば宜しく致すべし

（例287）

解読文　最寄可レ然処（もよりしかるべきところ）に井ど（い（戸））をほり（（掘））

文意　もよりの適したところに井戸を掘り。

［**解説**］　1字目は「宀（うかんむり）」に「取」ですがこれは「最」の異体字です。が課題の「**可レ然**（しかるべき）」です。は「**処**」の正字体（旧字体）「**處**」です。

（例288）

解読文　併（しかしながら）　此外可レ然仕方茂有者可レ致レ宜（このほかしかるべきしかたもあらばよろしくいたすべし）

文意　しかしながらこの他に適当な方法があるならばよいようにしなさい。

［**解説**］　文頭「**併**」は、「**しかしながら**」または「しかし」と読みます。は「**此外**」です。は、下から順に「**宜しく致すべし**（よろしくいたすべし）」と読みます。

最

最前　最早（もはや）　最早　最寄（もより）

【**異体字**】　㝡（＝最）

外

外国人　外様（とざま）　此外　書外

⑦ 俄ニ（にわかに）

「突然に」「だしぬけに」「すぐに」「即座に」などの意の形容動詞です。

（例289）俄ニ人馬入候時ハ出シ来候村江申触呼寄せ
にわかに人馬入り候時は出し来たり候村へ申し触れ呼び寄せ

（例290）夜中ゟ俄ニ悪敷罷成御死去被為成候
夜中よりにわかに悪しく罷り成り御死去ならせられ候

（例289）

解読文 俄ニ（にわかに）人馬（じんば）入（いり）候（そうろう）時（とき）ハ（は）、出シ（だし）来（きたり）候（そうろう）村江（むらえ）申触（もうしふれ）呼寄（よびよ）せ

文意 突然人馬が必要になったときは、人馬を出してきた村に触れ出して呼び寄せ。

［解説］は「時」の異体字です。は「触」の正字体（旧字体）「觸」。は変体仮名の「せ」で、字母は「世」です。

（例290）

俄

時

時節

時分

時借（ときがり）

當時

【異体字】时（＝時）

悪

解読文 夜中ゟ俄ニ悪敷罷成御死去被レ為レ成候（よなかよりにわかにあしくまかりなりごしきょならせられそうろう）

文意 夜中から急に容態が悪くなり死去なされました。

【解説】 1字目  は「夜」の典型的なくずし字です。 は上部が「西」で脚部が「心」で「悪」の異体字「悪」となります。

⑧ 宜（よろし）・宜敷（よろしく）

「よい」を丁寧にいう語で、好ましい状態を示す形容詞です。近世の古文書では多くの場合、異体字の「冝」が用いられます。

（例291） 右等之為自諷議も不宜、自然与町内市立茂衰微
右などのため自ずと諷儀も宜しからず、自然と町内市立ても衰微

（例292） 世間風聞至極宜敷相聞候
世間風聞至極宜しく相聞こえ候

（例291）

*

解読文 右等之為自諷議も不レ宜、自然与町内市立茂衰微（みぎなどのためおのずとふうぎもよろしからず、しぜんとちょうないいちだてもすいび）

文意 右などのため自ずと風儀も悪くなり、自然と町内に市場を開くことも衰微し。

悪心　悪黨

悪道　悪米

宜

宜布（よろしく）　宜敷

不レ宜　時宜

【異体字】 冝 （＝宜）

市

市中　市毎

（例292）

［**解説**］「**諷議**（ふうぎ）」は「風儀」の当て字で、様子や慣わしのことです。「**市**（いち）**立**（だて）」は市場を開くことをいいます。

解読文　世間風聞至極宜敷相聞　候（せけんふうぶんしごくよろしくあいきこえそうろう）

文　意　世間の風聞もとても良いように聞こえます。

［**解説**］1字目の「十」に「世」は「**世**」の異体字です。「**間**」はもう読めるでしょう。は「**風聞**（ふうぶん）」と読みます。「**至極**（しごく）」も既出です。は前例文の場合と同様に「冖（わかんむり）」の異体字「冝」が用いられています。

市場

市場

至

至而（いたって）

至而

至極

必至与（ひしと）

【**異体字**】　卋（＝世）

中ざらい

ここで第3章「解読のポイントとなる品詞」3節「形容詞・形容動詞」の復習をしましょう。次の例文を解読してください。

（1）

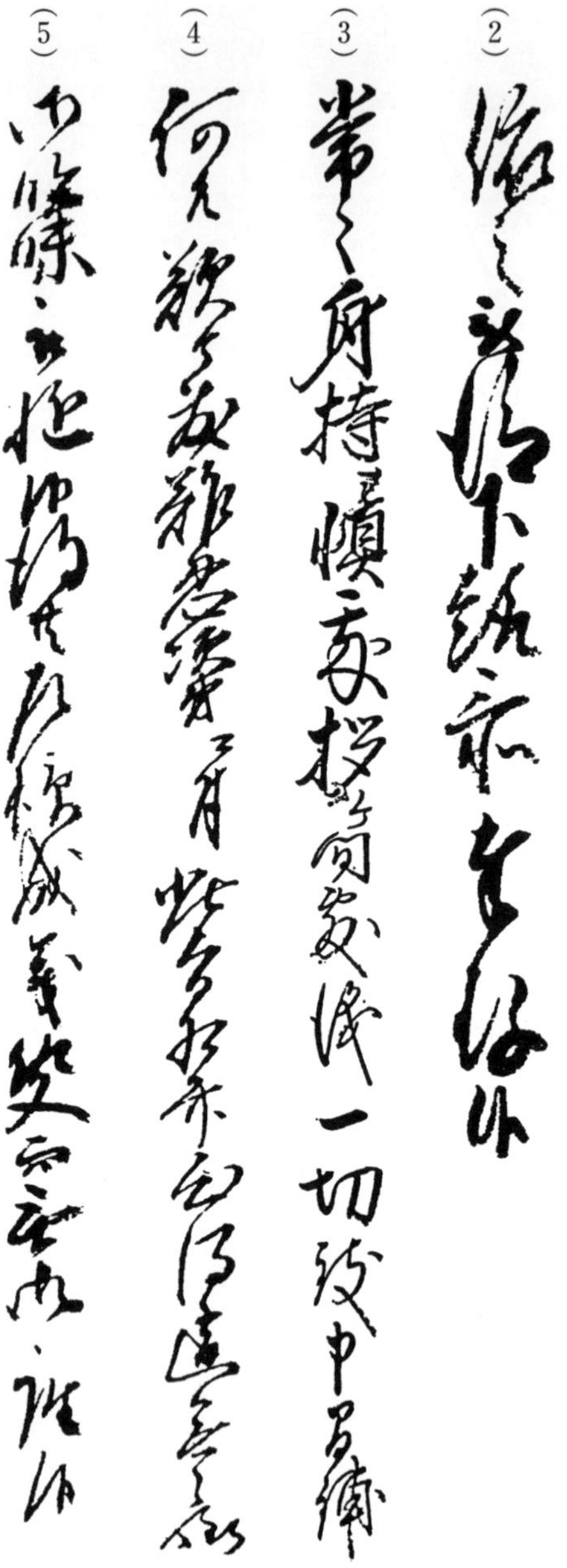

解読文

(1) 家作新規之儀ハ堅停止候

(2) 依レ之被二仰下一趣忝奉レ存候

(3) 常々身持ヲ慎我拶ケ間敷儀一切致申間鋪

(4) 何共歎ケ敷難レ忍次第ニ付、此旨相弁心得違無レ之様

(5) 御吟味被レ遊候得共、左様成義決而無二御座一候

第4章 助詞に用いられる変体仮名

これまで見てきたように、国語の表現は名詞・動詞・形容詞・副詞・助動詞などによって成立しますが、これらの語と語、句と句との間の関係を示し、陳述に一定の意味を添える語が助詞です。現代文では、助詞はほとんどの場合平仮名が用いられますが、古文書では、漢字が変化した変体仮名（江・者・茂など）、もしくは、漢文の助辞が跡をとどめたとみられる漢字の草体（与・而・之など）が用いられます。漢字の草体は変体仮名とは別のものですが、ここではいっしょに覚えてしまいましょう。使用される文字数も限られ、字体も多様ではありませんので、これで、ほぼ助詞はマスターできると思います。

① 江（え）

変体仮名「え」で、動作・作用の方向や相手を示します。「…の方に」「…に向かって」の意の助詞として用いられます。

（例293）訴詔願有之ハ名主を以支配之役人江可申出事
訴訟願いこれあらば名主をもって支配の役人へ申し出ずべき事

江

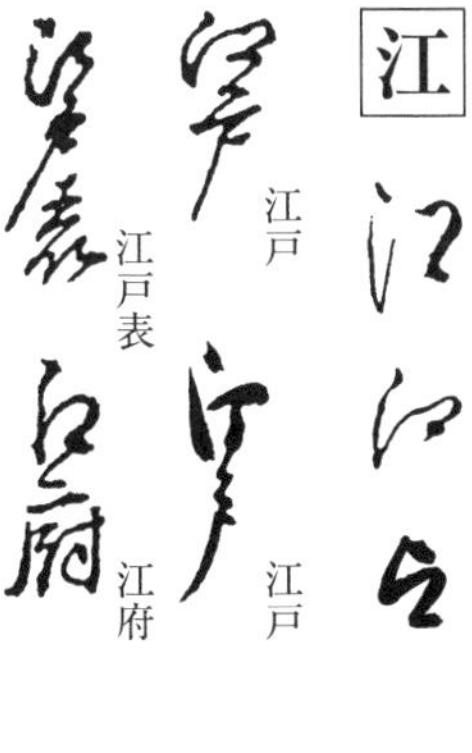

江戸
江戸
江戸表
江府

（例294）貴殿方江壱ケ年反織り御奉公ニ相定申候

貴殿方へ一か年反織り御奉公に相定め申し候

（例295）評定所江役人之外一切不可参

評定所へ役人のほか一切参るべからず

（例293）

解読文 訴詔願有レ之ハ、名主を以支配之役人江可二申出一事

文意 訴訟願いがあったら名主を通して支配の役人へ申し出なさい。

[解説] 2字目は本来「訟」と書くところを「詔」と書いていますが、近世の古文書ではしばしば用いられる当て字です。また本例では「詔」の異体字が使用されています。は「支」に書かれていますが、本来は「支」と書かれるべきところです。「江」は「郷」に類似していますので注意してください。

（例294）

解読文 貴殿方江壱ケ年反織り御奉公ニ相定申候

文意 あなた様へ一年季で機織り奉公することに決めます。

詔

訴詔

訴詔人

【異体字】詔（＝詔）

反

反取（たんどり）

反物（たんもの）

[解説]「奉公人請状」の一節です。1字目は「**貴**」です。は「**奉公**(ほうこう)」と読み、ここでは住み込みで家事・家業に従事することです。

(例295)

解読文　評定所(ひょうじょうしょ)江(え)役人(やくにん)之(の)外(ほか)一切(いっさい)不ㇾ可ㇾ参(まいるべからず)

文意　評定所へは役人のほかはだれも来てはならない。

[解説]　1字目は「言(ごんべん)」に「平」で「**評**」です。「平」の筆順が四画目と五画目が逆になっています。次の「**定**」は「宀(うかんむり)」に「之」と書きます。は「**参**」と読みますが、もっとも一般的なくずし方です。「**不ㇾ可ㇾ参**」で「**まいるべからず**」と下から返って読みます。

② 歟(か)

事柄に対する疑問を表現し、「…だろうか」の意です。また、詠嘆の感情や反語を表します。「歟」は変体仮名としても用いられますが、古文書では文末にきて、疑問・反問を表す漢文の助辞が跡をとどめたものとみられます。

(例296)　**双方共差支無之歟差支候方有之歟**

双方とも差し支えこれなきか、差し支え候方これあるか

定

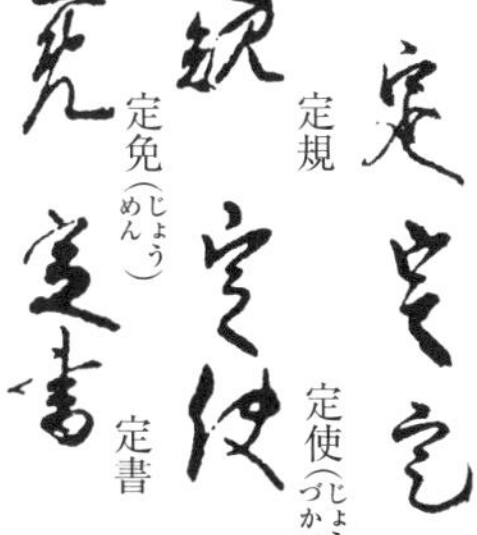

定規
定使(じょうづかい)
定免(じょうめん)
定書

【語彙解説】

評定所(ひょうじょうしょ):①幕府の訴訟および立法審議の最高機関。②各藩において、重役などが会議をして評決する機関。

歟　(欤)

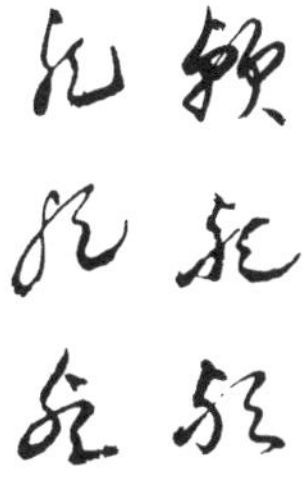

（例297）利不尽成者ニ出合及喧咓口論ニ候歟

理不尽なる者に出合い喧嘩口論に及び候か

（例296）

解読文 双方共差支無レ之歟、差支　候　方有レ之歟

文意 双方とも支障がないか、支障がある方があるか。

［**解説**］ 8字目および最後の文字は「歟」の異体字で、近世の古文書では、ほとんどの場合この異体字が用いられます。

（例297）

解読文 利不尽成者ニ出合、及二喧咓口論一候歟

文意 理不尽な者に出会い、喧嘩口論になったのか。

［**解説**］「**利不尽**」は「理不尽」の当て字で、道理に合わないことをいいます。「**及**」は下から返って読みます。は「**嘩**」の異体字で国字でもあります。

【**異体字**】 （＝歟）

嘩（咓）

喧嘩（けんか）
喧咓

【**異体字**】 （＝嘩）

③ 与（と）

物事の並立や共同の相手などを示す助詞で、「…と」「…とともに」の意で、変体仮名ではなく、漢文の助辞が跡をとどめたものと思われます。

（例298）当村分ハ各方御両人与私と三人ニ而引請
当村分は各方御両人と私と三人にて引き請け

（例299）自今者名主壱人組頭三人百姓代壱人与相定メ申度
自今は名主一人、組頭三人、百姓代一人と相定め申したく

（例298）

解読文 当村分ハ（とうそんぶんは） 各（おのおの） 方御両人与（がたごりょうにんと） 私（わたくし） と 三人ニ而（さんにんにて）引請（ひきうけ）

文意 当村分はみなさま方御両人と私と三人にて引き受け。

［解説］3字目  は「分」の草体です。 は「ら」に見えますが、助詞の「与（と）」です。 は「引請（ひきうけ）」と読みます。

（例299）

与 與

与頭（くみがしら） 与荷（よない） 與合（くみあい） 風与（ふと）

各

各方（おのおのがた） 各様 各々様 各別

解読文 自今者名主壱人、組頭三人、百姓代壱人与相定メ申度

文意 今後は名主一人、組頭三人、百姓代一人と定めたく。

[解説]「**自今**」は「今後」と同意です。「**名主・組頭・百姓代**」は村方三役といいます。

④ 二而・二而も

「二而」は、現代語の「で」にあたる語で、「にありて」「において」などの意です。また、「二而も」は、「二而」に係助詞「も」が付いた語で、「…でも」「…においても」の意です。「而」は変体仮名ではなく、やはり漢文の助辞の跡をとどめたものです。

(例300) 海中**ニ而**船具打捨於不足ハ着船之湊**ニ而**可相調事
海中にて船具打ち捨て、不足においては、着船の湊にて相調うべき事

(例301) 御当地**ニ而**段々御世話ニ被成被下
御当地にて段々御世話に成され下され

(例302) 何様之越度**ニ而も**可被仰付候
いか様の越度にても仰せ付けらるべく候

(例300)

＊

頭

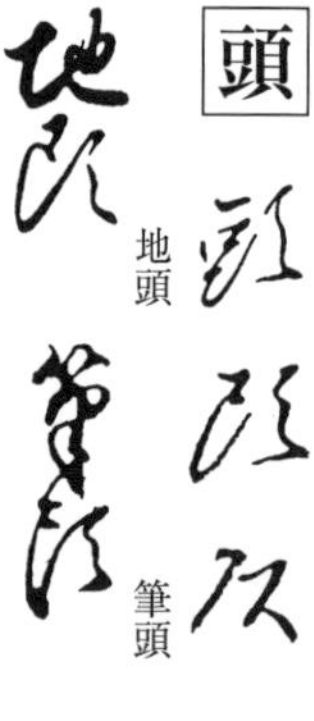

地頭　筆頭

而

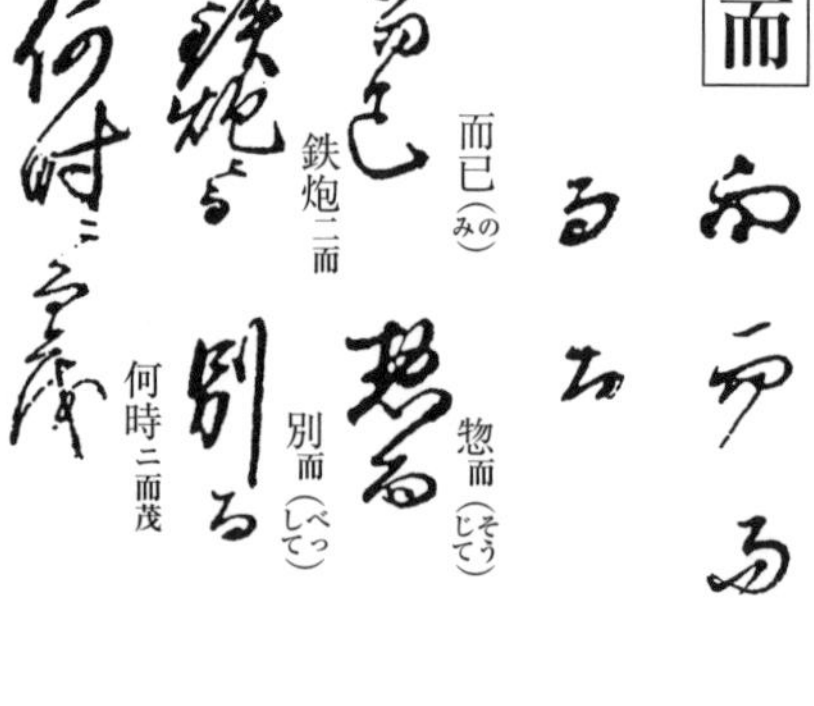

而已(のみ)　鉄炮ニ而　物而(そうじて)　別而(べっして)　何時ニ而茂

調

解読文 海中ニ而船具打捨、於二不足一ハ、着船之湊ニ而可二相調一事

文意 海中へ船具などを捨て、不足が生じたときは、着いた港で調達すること。

［解説］ 3字目 が課題の「ニ而」です。 は接頭語の「打」。 は読みづらいのですが、「捨」と読みます。 は「船」の異体字 舩 です。 は「於」で下から返って「不足において」と読みます。 は「湊」です。

（例301）

解読文 御当地ニ而段々御世話ニ被レ成被レ下

文意 ご当地ではたいそう御世話になり（お世話していただき）。

［解説］ 6字目 は「段々」で、ここでは「たいそう」の意味です。9字目 は「世」の異体字 世 です。

（例302）

解読文 何様之越度ニ而も可レ被二仰付一候

文意 どのような処罰でも命じてください。

［解説］ 4字目 は「越度」と書いて、「おちど」または「おっと」と読み、

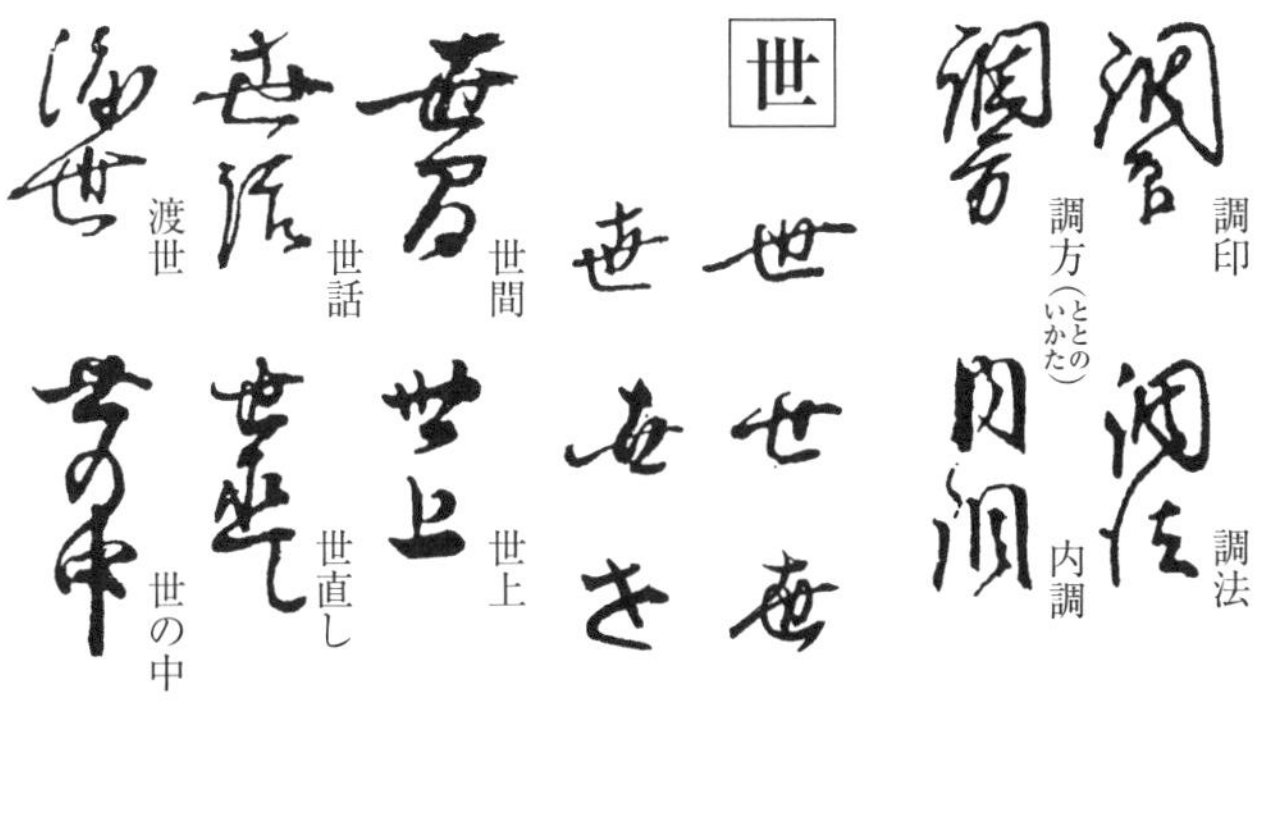

調印
調方（ととのいかた）
調法
内調
世
世間
世上
世話
世直し
渡世
世の中

過ち、過失のことです。6字目以下「ニ而(て)も」が課題の部分です。

⑤ 之(の)

所有・所属・所在などを示す助詞です。口語と同様「…の」の意です。

(例303) **御家之御作法相背申間鋪候**
御家の御作法相背き申すまじく候

(例304) **御打合之訳柄茂有之ニ付**
御打合せの訳柄(わけがら)もこれあるにつき

(例305) **馬車通行之節者往来之妨ニ茂相成**
馬車通行の節は往来の妨げにも相成り

(例303)

解読文 御家之御作法相背申間鋪候(おいえのおさほうあいそむきもうすまじくそうろう)

文意 お家の作法に背いてはいけません。

[解説] 片仮名の「ミ」のように書かれているが「**之**」です。は「肖」に類似していますが、上部が「北」ですので「**背**」です。

(例304)

*

柄

解読文　御打合之訳柄茂有レ之ニ付（おうちあわせのわけがらもこれあるにつき）

文意　打ち合わせたことの事情もあるので（打ち合わせた経緯もあるので）。

［解説］　が「之」です。　は「訳」の正字体（旧字体）「譯」です。この旁部分を持つ漢字には「驛（えき）」　や「澤（さわ）」　などがあります。これらも正字体（旧字体）で書かれることが多いのでぜひ覚えておいてください。　は「木（きへん）」に「西」のようですが、実は「丙」で「柄（がら）」と読みます。

（例305）

解読文　馬車通行之節者往来之妨ニ茂相成（ばしゃつうこうのせつはおうらいのさまたげにもあいなり）

文意　馬車が通行するときは往来の妨げにもなり。

［解説］　二回出てきますが、　が「之」です。平仮名の「し」のようですが、これは「し」の字母が「之」であるからです。　は「往」の異体字 徃 です。

⑥ 者（は）

変体仮名の「は」で、近世の古文書では主に助詞として用いられます。片仮名の「ハ」も同様に用いられます。

（例306）　右者私所持之分ニ御座候所

右は私所持の分に御座候所

折柄（おりがら）　村柄　人柄　長柄（ながえ）

往

往々（ゆくゆく）　往古　往返　往還　往昔（おうせき）　往来

者

縁者　先比者（さきころは）

（例307）御店者勿論宰料衆中江茂少茂御苦難相懸ケ申間敷候

御店はもちろん、宰料衆中へも少しも御苦難相懸け申すまじく候

（例308）近年者諸品高直之義ハ天情与相心得

近年は諸品高直（こうじき）の義は天情と相心得

（例309）宿役人者勿論助郷惣代一両人可罷出事

宿役人はもちろん、助郷惣代一両人罷り出ずべき事

（例306）

解読文　右者（みぎは）私（わたくし）所持（しょじ）之分（のぶん）ニ御（ご）座候（ざそうろう）所（ところ）

文意　右は私個人の所持の分でございますので。

［解説］が「者」です。右下の二つの点 い が「日」にあたります。は「所持（しょじ）」と読みます。は「分」ですが、筆順に注意して下さい。

（例307）

然者（しかれば）　拙者　拙者　右者（みぎは）

店

店抱　店借　店方　店賃

解読文 御店者勿論、宰料衆中江茂少茂御苦難相懸ケ申間敷候

文意 お店は当然、宰領の人たちにもいっさいご苦労をかけません。

【解説】3字目が「者」です。前例と比較すると「日」の部分が一つの点になっています。「宰料」は「宰領」のことで、荷物を運送する人夫に付き添い指揮・監督する人をいいます。は「難」の異体字⿰𦰩隹です。とくに旁の「隹」が「至」の草体に類似しているところに注目してください。

（例308）

解読文 近年者諸品高直之義ハ天情与相心得

文意 この頃では諸物価が高騰するのを、自然のことわりと心得て。

【解説】は「品」の典型的なくずし字です。「品」には、品物以外にさまざまな語義がありますので（下段参照）、前後関係で判断してください。は「天情」と読み、自然の理をいいます。

（例309）

解読文 宿役人者勿論、助郷惣代一両人可二罷出一事

料

御料所

過料

才料

役料

品

品々

木品

【語彙解説】

品（しな）：①品物。②わけ。事情。③種類。④程度。⑤内容。品質。⑥身分。⑦振る舞い。

助

助成

助命

文意 宿役人はもちろん、助郷惣代が一人か二人出頭しなさい。

【解説】 4字目のが「**者**」です。「十」のように書かれていますが、縦画が少し右方向に流れているところに注目して判断してください。は既出ですが、「**助**」が判読できれば「**助郷**（すけごう）」という語彙を思いつくでしょう。

⑦ 茂（も）

変体仮名ですが、同類を示したり、並列を意味する助詞として口語の「も」とほぼ同意に用いられます。

（例310）村中大小之百姓入作之者迄**茂**立会
村中大小の百姓・入作の者までも立ち会い

（例311）御利害被仰聞申訳**茂**無之仕合
御利害仰せ聞けられ、申し訳もこれなき仕合せ

（例310）

解読文 村中大小（むらじゅうだいしょう）之（の）百姓（ひゃくしょう）・入作（いりさく）之（の）者迄茂（ものまでも）立会（たちあい）

文意 村中の大小の百姓と他村から入作にきている者までも立ち会い。

【解説】 は「**入作**（いりさく）」と読み、ある村に他村から入ってきて耕作する者をいいます。は「**迄**」の異体字です。「意」に類似していますので注意しましょう。

【語彙解説】

助郷惣代（すけごうそうだい）：助郷の村を代表して宿場に赴き、助郷人馬を差配・監視する人。

茂

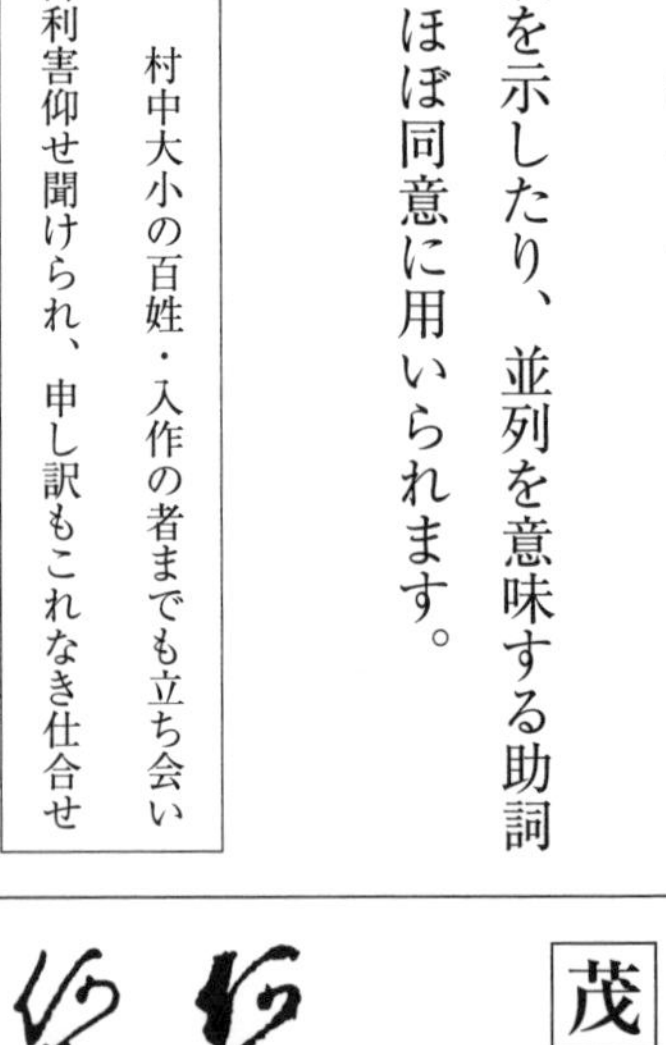

何茂　少茂　何茂様（いずれもさま）

大

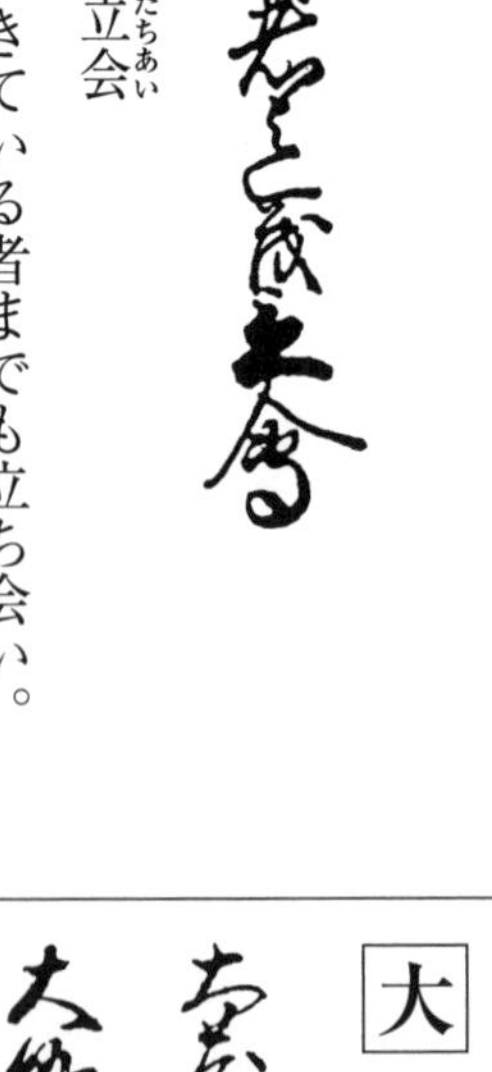

大慶　大破　大勢　大手

【類似文字】

迄　意

（例311）

解読文 御利害被二仰聞一、申訳茂無レ之仕合
（ごりかいおおせきけられ、もうしわけもこれなきしあわせ）

文意 説諭していただき、言い訳もないありさま。

［解説］ 利害 は「**利害**（りかい）」と読み、「利解」とも書き、説得や説諭のことです。

⑧ ゟ（より）

「よ」と「り」の合字です。動作・作用の起点を表す助詞で、「…から」の意です。

（例312） 私共不行届十一月中旬ゟ漉出し
私ども不行届き十一月中旬より漉き出し

（例313） 居家大破之者ゟ順ニ見立年々修覆可致
居家大破の者より順に見立て、年々修覆致すべし

（例312）

解読文 私共不行届十一月中旬ゟ漉出し
（わたくしどもふゆきとどきじゅういちがつちゅうじゅんよりすきだし）

利

利銀　利足（りそく）

害

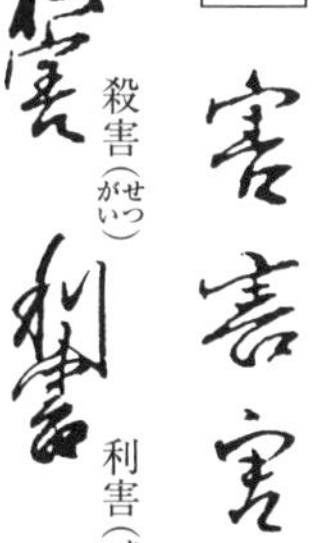

殺害（せつがい）　利害（りかい）

ゟ

旬

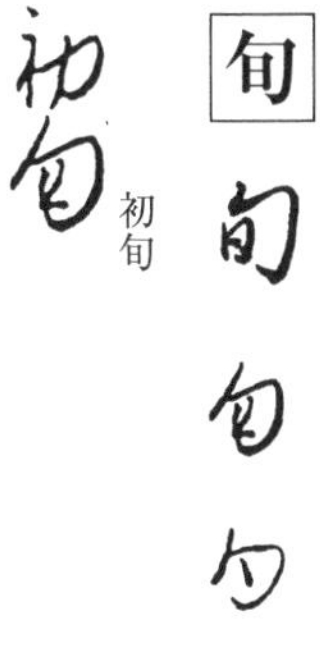

初旬

文意

私どもは勝手に十一月中旬から（紙を）漉き出し。

【解説】「不行届（ふゆきとどき）」は、注意がゆきわたらないこと、よく気がつかないことです。「行」の字体は難読文字ですので注意してください。は、「句」や「同」に類似していますが、「中旬（ちゅうじゅん）」の「旬」です。が「より」の合字「ゟ」です。は「氵（さんずい）」に「鹿」の異体字で「漉（すく）」となります。

（例313）

解読文

居家大破之者ゟ順ニ見立、年々修覆可レ致（きょかたいはのものよりじゅんにみたて、ねんねんしゅうふくいたすべし）

文意

住居が大破したものから順に選んで、年々修復しなさい。

【解説】4字目は「石（いしへん）」に「皮」で「破」です。「順」は偏の三画目がとくに長く伸びるところに特徴があります。は一般的にはとくずします。つまり、「修」です。は冠が「襾（かなめのかしら）」で、脚が「復」です。「修覆（しゅうふく）」は「修復」とも書き、破損したところを修理することです。

⑨ 而已（のみ）

漢文で用いられる限定を表す助辞で、古文書でも助詞として用いられました。口語と同様に「…だけ」の意で用いられます。

【類似文字】

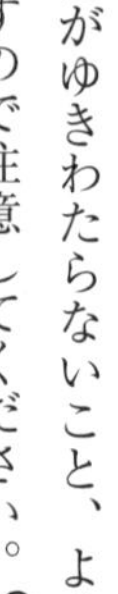
句
句
同

【異体字】

（＝漉）

順

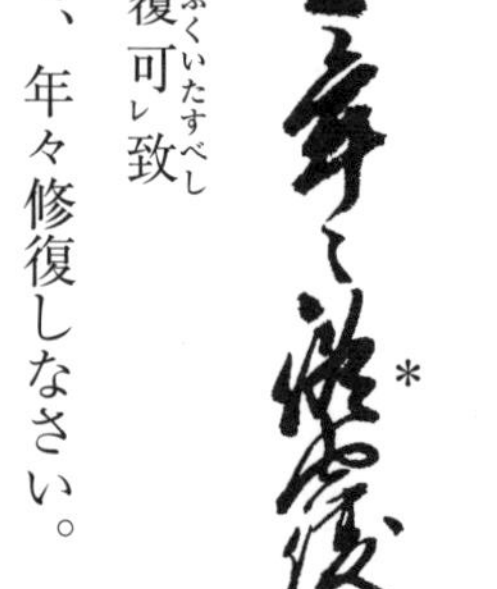
順継
順拝
席順
道順

修

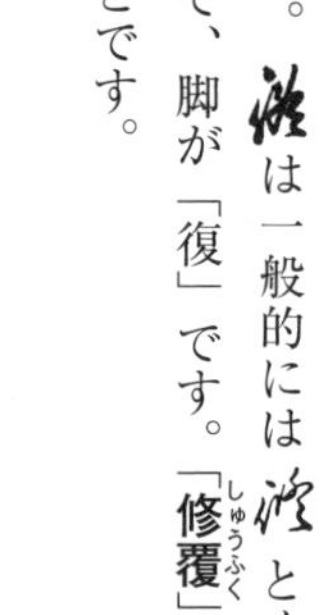
修行
修補

已

(例314)　親類近所懇意之もの**而已**

親類・近所懇意の者のみ

(例314)

解読文　親類（しんるい）・近所（きんじょ）懇意（こんい）之（の）もの而已（のみ）

文意　親類や近所で懇意の者だけ。

[解説]　5字目は読みづらいくずしですが、「**意**」が判読できれば「**懇意**（こんい）」という熟語を思いつくでしょう。「**而已**（のみ）」の「**已**」は「己」や「巳」と書き違えないように注意してください。

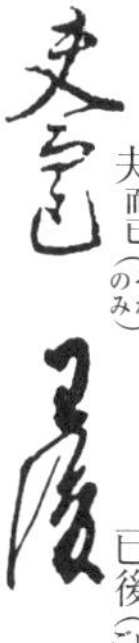

夫而已（それのみ）

已後（いご）

已前

已来

懇

懇意

懇志

懇情

懇命

【類似文字】

己

已

巳

中ざらい

第4章「助詞に用いられる変体仮名」の復習をしましょう。次の例文を解読してください。

(1)

（2）（3）（4）（5）（6）

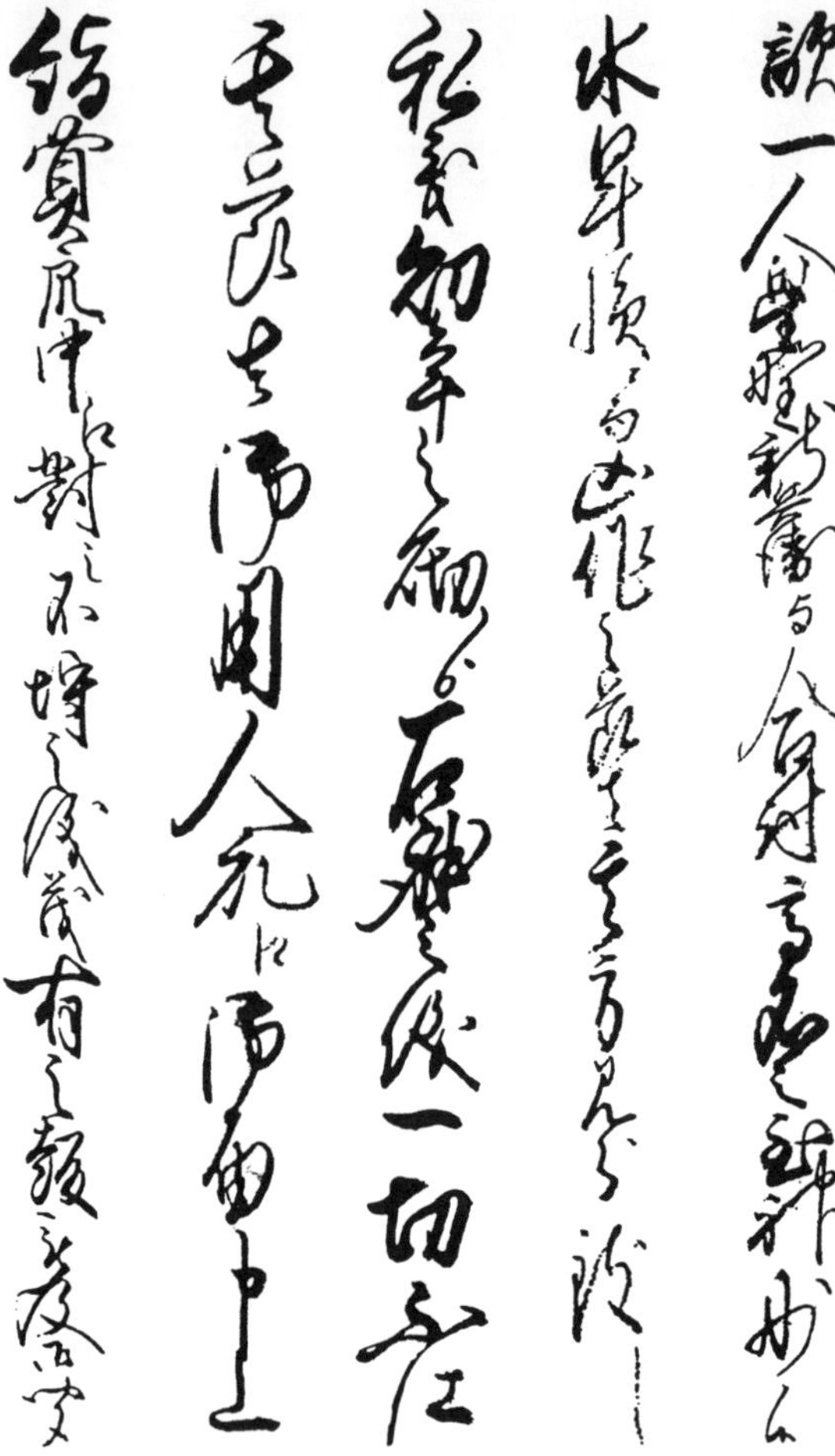

解読文

（1）粮米之余分改なくして陸江揚申間敷候事

（2）敵一人星野新兵衛与合討、高名之至神妙候

（3）水旱損ニ而凶作之節者其方見分致し

（4）私義幼年之砌ゟ右躰之儀一切不レ仕

（5）其節者御用人衆江御届申上

（6）絹買衆中江対シ不埒之儀茂有レ之趣被レ及二御聞一

第5章 文章を整える語（接頭語）

ある語の上に付いて、語調を整えたり意味を強めたり、または意味を添えたりする語を接頭語といいます。本章では、名詞や動詞の上に付く「相」「打」「御」などの接頭語を説明します。なお、接頭語ではありませんが、動詞について謙譲の意を添える「罷」についても合わせて解説します。

① 相（あい）

(a)「相客」「相弟子」などと名詞について同じ関係を示す場合と、(b)「相背（あいそむき）」「相済（あいすまし）」などと、動詞に付いて、語勢を添え語調を整える場合があります。ここでは、後者について解説します。

(例315) 雨天之節者雨具**相**弁可遣事
雨天の節は雨具相弁え遣わすべき事

(例316) 万一**相**滞候村方者厳敷申渡
万一相滞り候村方は厳しく申し渡し

相

相續　相談　相場　相圖（あいず）

（例315）

解読文　雨天之節者雨具相　弁　可レ遣事
（うてんのせつはあまぐあいわきまえつかわすべきこと）

文意　雨天のときは雨具を用意してやりなさい。

【解説】　1字目は墨が濃いため筆の運びが判然としませんが、と書かれています。これは「雨」の典型的なくずし方です。接頭語「相（あい）」は行書体に近いので容易に判読できるでしょう。は「弁（わきまえ）」の正字体（旧字体）「辨」です。「弁（わきまう）」は、弁償する、承知するなどの意味ですが、ここでは、用意するほどの意味です。

（例316）

解読文　万一　相　滞　候　村方者厳敷　申　渡
（まんいちあいとどこおりそうろうむらかたはきびしくもうしわたし）

文意　もし（年貢が）滞った村は厳しく申し渡し。

【解説】　3字目は、すでに何度か出てきましたが「手偏にマ」と書かれる接頭語「相」です。は「氵（さんずい）」に「帯」で「滞（とどこおる）」。は典型的なくずし方の「厳」です。

【語彙解説】
弁（わきまう）：①善悪を区別する。承知する。心得る。②つぐなう。弁償する。返済する。

厳　嚴

厳寒　厳密　厳重　厳鋪（きびしく）

② 打（うち）

「打続（うちつづく）」「打驚（うちおどろく）」などと、動詞に冠してその意を強めたり語調を整えたりする接頭語です。

（例317）村中打寄何れ共致相談
村中打ち寄りいずれとも相談致し

（例318）船打建次第川船御役所江御届申上
船打ち建て次第川船御役所へお届け申し上げ

（例319）近年打続諸作凶年ニ付困窮仕候
近年打ち続き諸作凶年につき困窮仕り候

（例317）

解読文　村中打寄何れ共致二相談一（むらじゅううちよりいずれともそうだんいたし）

文意　村中が寄り合い何であっても相談致し。

［**解説**］　3字目が接頭語の「**打**」です。「**折**」に類似していますので注意してください。「**何れ**」の「**れ**」は変体仮名で、字母は「**連**」です。

（例318）

打

打擲（ちょうちゃく）　打捨

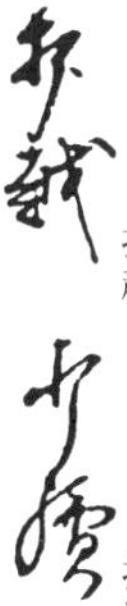

打越　打續

打出　打拂

船（舩）

船賃　船積

解読文　船打建次第川船御役所江御届申上

文意　船を建造したらすぐに川船役所へ届け出て。

［解説］は、「舟」（ふねへん）に「公」で「船」の異体字です。は「次第」です。「第」の異体字が用いられています。「打」は読めるでしょう。

（例319）

解読文　近年打続諸作凶年ニ付困窮　仕　候

文意　近年打ち続いて作物の凶作で困窮しています。

［解説］は、「氵」（さんずい）のように見えますが「糸」（いとへん）で、旁は「賣」です。したがってこれは「続」の正字体（旧字体）「續」です。は、「言」（ごんべん）に、旁は「者」で「諸」となります。は、「亻」（にんべん）に「乍」で「作」。は既出ですが最後の縦画が略された「凶」です。

③ 御（ご・お・おん）

名詞や動詞に付いて尊敬や丁寧の意を表す接頭語です。頻出するため字体もさまざまです。典型的な字体の短文を紹介し解説します。

（例320）　御　公儀様御法度之趣何ニ而も相背申間敷候

御公儀様御法度之趣、何にても相背き申すまじく候

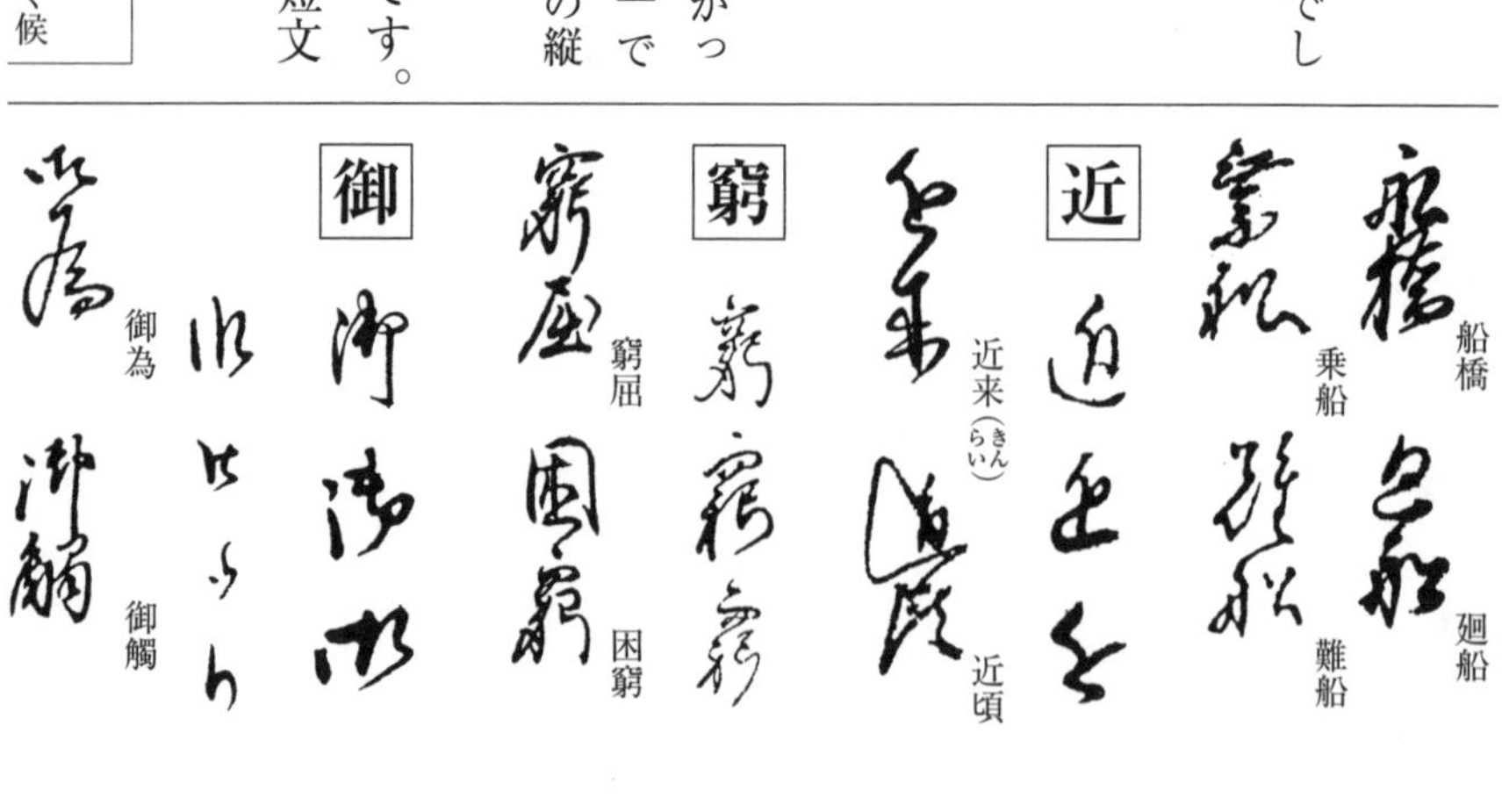

船橋
乗船
廻船
難船
近
近来（きんらい）
近頃
窮
窮屈
困窮
御
御為
御觸

（例321）公儀御法度之儀者不及申当役所作法之通相守
公儀御法度の儀は申すに及ばず、当役所作法の通りあい守り

（例322）御公方御年貢諸役等我方ゟ相済可申候
御公方御年貢・諸役等我が方より相済まし申すべく候

（例320）

解読文　御公儀様御法度之趣、何ニ而も相背申間敷候
（ごこうぎさまごはっとのおもむき、なににてもあいそむきもうすまじくそうろう）

文意　幕府法令の趣旨には、どの様なことでも背きません。

［**解説**］二箇所に二種類の「**御**」・が用いられています。両方とも典型的なくずし方ですので、ぜひ読めるようにしてください。「**公儀**（こうぎ）」は一般的には幕府・将軍をさしますが、各領国を支配する大名（領主）をさす場合もあります。は、半円が「走（そうにょう）」、が「取」で「**趣**」となります。

（例321）

解読文　公儀御法度之儀者不レ及レ申、当役所作法之通 相守
（こうぎごはっとのぎはもうすにおよばず、とうやくしょさほうのとおりあいまもり）

御免　御意（ぎょい）　御礼　御地頭

法

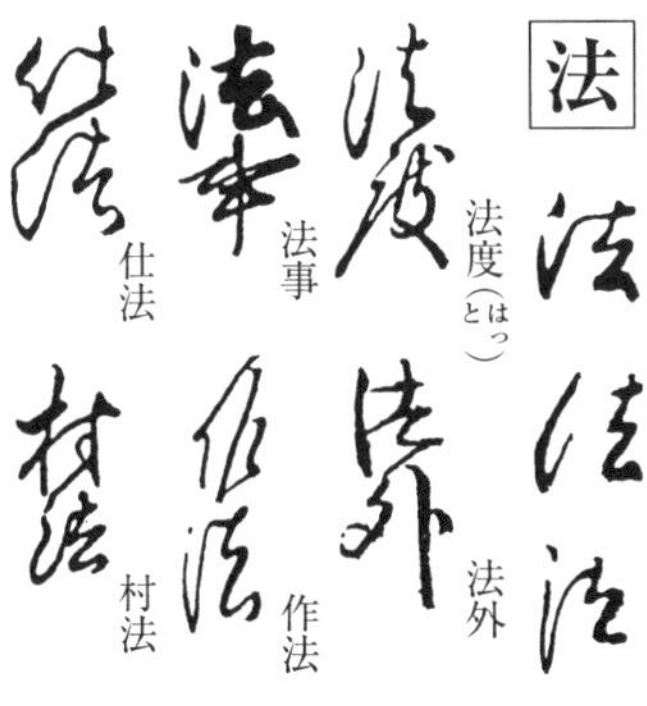

法度（はっと）　法事　仕法　法外　作法　村法

守

文意　幕府法令は言うまでもなく、当役所の決まりごとも守り。

［解説］　3字目の「**御**」 と前例の1字目  を比較していただきたいのですが、旁の「阝（おおざと）」の字体が違っています。「**作法**（さほう）」 は決まりや規約を言います。文末の  は接頭語の「**相**」に「**守**」です。

（例322）

解読文　御公方御年貢（ごくぼうおねんぐ）・諸役等我方ゟ相済可レ申候（しょやくなどわがほうよりあいすましもうすべくそうろう）

文意　幕府に納める年貢・諸役などは私のほうで納めます。

［解説］　やはり「**御**」が二度出てきます。両方とも前例と字体が違います。とくに二例目の「**御**」 はかなりくずされていて、原形をとどめていません。さて、 は「**公**」です。「**公方**（くぼう）」は将軍をさします。 は「**年貢**（ねんぐ）」の「**貢**（ぐ）」です。 は本章①で説明しました「**相**」です。

④ 差（さし）・指

「差免（さしゆるし）」「差加（さしくわえ）」「差構（さしかまえ）」などと、動詞に冠して語勢を強め、語調を整える接頭語です。近世初頭は「指」が多く用いられ、時代を下がるにつれて「差」が多く用いられる傾向にあるといわれています。

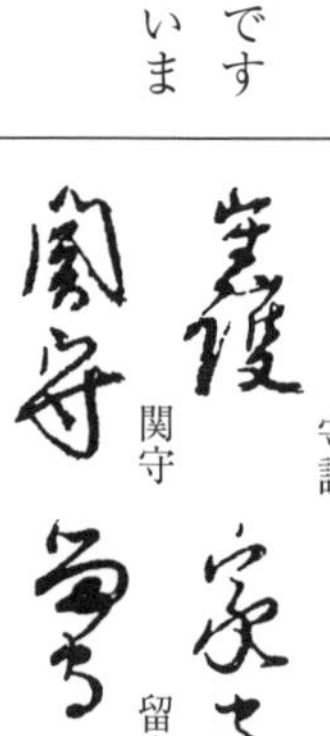
守護
関守
家守
留守

差

差構（さしかまい）
差圖（さしず）
差紙
差文

(例323) 右女子養女ニ差遣し申候処相違無御座候
右女子養女に差し遣わし申し候処、相違御座なく候

(例324) 将又此度其元江差越使者候間如此候
はたまたこのたび其元へ使者を指し越し候間、かくの如くに候

(例325) 会所江差出改印受
会所へ差し出し改め印受け

(例326) 今度為持被指越請取申候
このたび持たせ指し越され、請け取り申し候

(例323)

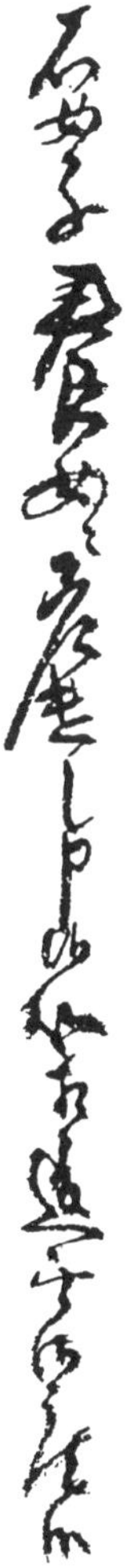

解読文 右女子養女ニ差遣し申候処、相違無ニ御座一候

文意 右の女子を養女に差し出しますことに相違ありません。

〔解説〕 7字目は「差」で、すでに述べましたが、左下に長く伸びる所に特徴があります。は、「キ」に「辶」で「遣」です。

(例324)

解読文 将又此度其元江差ニ越使者一候間、如レ此候

指

指上

指出

指構（さしかまい）

指支

文意　なおまた、このたびはそちら様へ使者を遣わしたので、この通りです。

【解説】　1字目　は難読です。「為」のようにも見えますが全く違います。偏は「扌(てへん)」のようですが、実は「丬(しょうへん)」です。旁は、「得」　という字の旁部分に類似していますが、これは「寽」です。したがって、「将」という文字になります。「**将又**」で、「**はたまた**」と読み、それともまた、なおまた、もしくは、の意味です。　は、「**其元**」で、「**そこもと**」とも「**そのもと**」とも読み、あなた、そちらの意味です。反意語は「**爰元**(ここもと)」です。　は「**使**」で、くずしがさらに進むと　となります。

（例325）

解読文　会所江差出改印受(かいしょえさしだしあらためいんうけ)

文意　会所に提出し改め印を受け。

【解説】　1字目の　は「**会**」の正字体（旧字体）「**會**」です。次の　は「**所**」で、「**会所**(かいしょ)」となります。　は「**差**(さし)」のくずし方の一つです。「**曽**」と間違いやすいようですが、しばしばこの字体が用いられます。

（例326）

将

将

将棋

将軍

【語彙解説】

会所（かいしょ）：株仲間商人など組合事務所や、米や金銀、繰綿などの取引所など、種々の目的をもって人の集合する事務所。

持

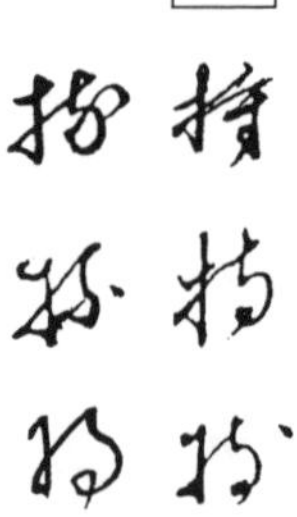

解読文 今度為（このたび）レ持（もた）被（せ）ニ指越（さしこされ）一、請取申（うけとりもうし）候（そうろう）

文意 このたび持たせてよこされ、（それを）請け取りました。

【解説】 3字目は使役の助動詞「為（せ）」、次のは「扌（てへん）」に「寺」で「持」ですから「**持たせ**」と読みます。6字目は、最初の横画が省略されていますが「扌（てへん）」です。旁は、一画略されていますが「旨」と解し、すなわち「**指**（さし）」という接頭語となります。

⑤ 取（とり）

「取繕（とりつくろう）」「取乱（とりみだす）」などと、動詞などに冠して、語勢を強めるのに用いられる接頭語です。

（例327）前書之通今般**取**極候上者

（例328）相互ニ勝手儘之義不致諸事正路ニ**取**計

前書の通り今般取り極め候上は

相互に勝手ままの義致さず、諸事正路に取り計らい

（例327）

解読文 前書之通今般取極 候 上者（まえがきのとおりこんぱんとりきめそうろううえは）

持参　持主　持添（もちそえ）　持山

般

般若　先般　今般　先般

文意　前書のとおり今度取り決めたからには。

［解説］　は「**取**(とり)」ですが難読です。一般的な字体より一画少ないためです。普通は左側に点が打たれ、　となります。　は「**極**」です。旁の最後の横画であるべきところが「心」のくずしのようになっています。

（例328）

解読文　相互(そうご)ニ勝手(かって)儘之義(ままのぎ)不(いた)レ致(さず)、諸事正路(しょじしょうろ)ニ取計(とりはからい)

文意　互いに勝手気ままにせずに、諸事まっとうに取り計らい。

［解説］　１字目は「手偏にマ」の「**相**(あい)」、　は既出ですが「**互**」と読みます。　の偏は「月(つきへん)」ですが、旁が判然としません。次の「**手**」を手掛かりに「**勝手**(かって)」という熟語を思い出してください。　は、「**儘**(まま)」の異体字「**侭**」です。　は「**正路**」で「**せいろ**」または「**しょうろ**」と読み、正しく、まっとうに、の意味です。　は「**取**(とり)」で典型的なくずし方です。

⑥ 罷(まかり)

出る、来る、行く、などの意の動詞「まかる」の連用形で、他の動詞に付いて接頭語的に用いられます。「罷出(まかりいで)」「罷帰(まかりかえり)」などと、へりくだり丁重にいう気持ちを添えた

正

正道　正味　正路　実正

路

路用　井路

【異体字】　侭（＝儘）

罷

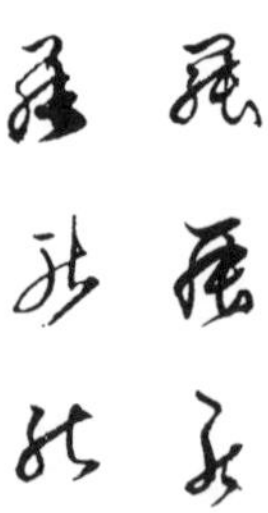

り、「罷通（まかりとおり）」などと、あらたまった口調で荘重にいう気持ちや、勝手に行うなどの気持ちを添えて、その意を強めます。

（例329）**難渋被致居候ニ付他分江罷出候**
難渋致され居り候につき他分へ罷り出で候

（例330）**仁左衛門義ハ菩提所崇徳寺江入寺仕相慎罷在候**
仁左衛門義は菩提所崇徳寺へ入寺仕り、相慎み罷り在り候

（例331）**我等請人ニ罷立身代金借用仕処実正ニ御坐候**
我ら請け人に罷り立ち身代金借用仕る処、実正に御坐候

（例329）

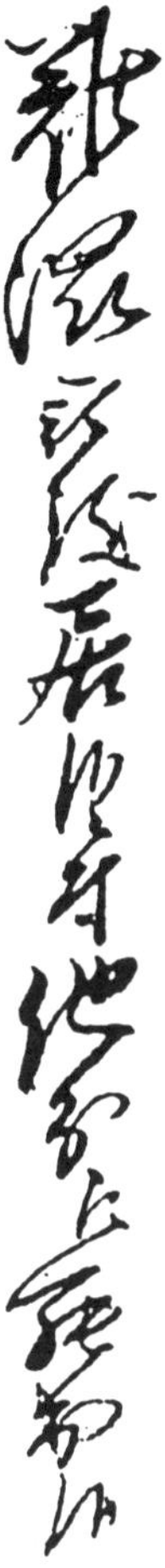

解読文　難渋（なんじゅう）被レ致（いたされ）居（おり）候（そうろう）ニ付（につき）、他分（たぶん）江（え）罷（まかり）出（いで）候（そうろう）

文意　困窮に陥っておられましたのでよそへ出かけて行きました。

［解説］　1字目は「**難**」の異体字です。下部が繰り返しの記号です。「渋」と読み、は、「氵（さんずい）」に旁の上部が「止」です。「**難渋**（なんじゅう）」は生活に困窮することです。は「**他分**（たぶん）」と読み、他の領分のことです。は「**罷**」ですが、上部のが「罒（よんがしら）」で下部が「能」にあたります。

罷在
罷帰
罷越
罷成
罷出
罷下
罷立
罷戻

（例330）

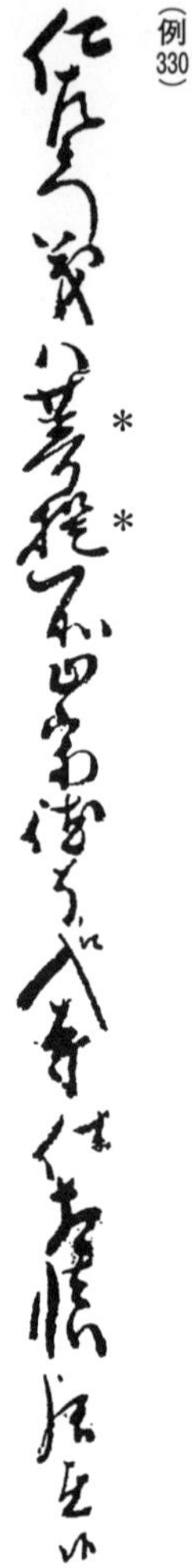

解読文 仁左衛門義ハ菩提所崇徳寺江入寺仕、相慎罷在候

文意 仁左衛門は菩提所の崇徳寺に入寺し、謹慎しております。

［解説］ は「菩提」と読み、死後の冥福を祈ることです。 は一般的にはちとくずしますが、「寺」と読みます。「慎」 は謹慎することです。

（例331）

解読文 我等請人ニ罷立身代金借用仕処、実正ニ御坐候

文意 私が保証人に立って、身代金を借用することに、間違いありません。

［解説］ 3字目 は「請」と読みます。「請人」は保証人、身元引き受け人のこと。 は「金」です。「身代金」は、人身を担保として受け取る金銭のこと。 は「処」の正字体（旧字体）「處」です。

中ざらい

ここで第5章「文章を整える語」の復習をしましょう。次の例文を解読してください。

菩

提

【語彙解説】
入寺（にゅうじ）：①住職として寺に入ること。②罪を犯した者が謝罪・謹慎の意思を示すため寺院に駆け込むこと。

金

金銀
金子（きんす）
金高
金納
出金
本金

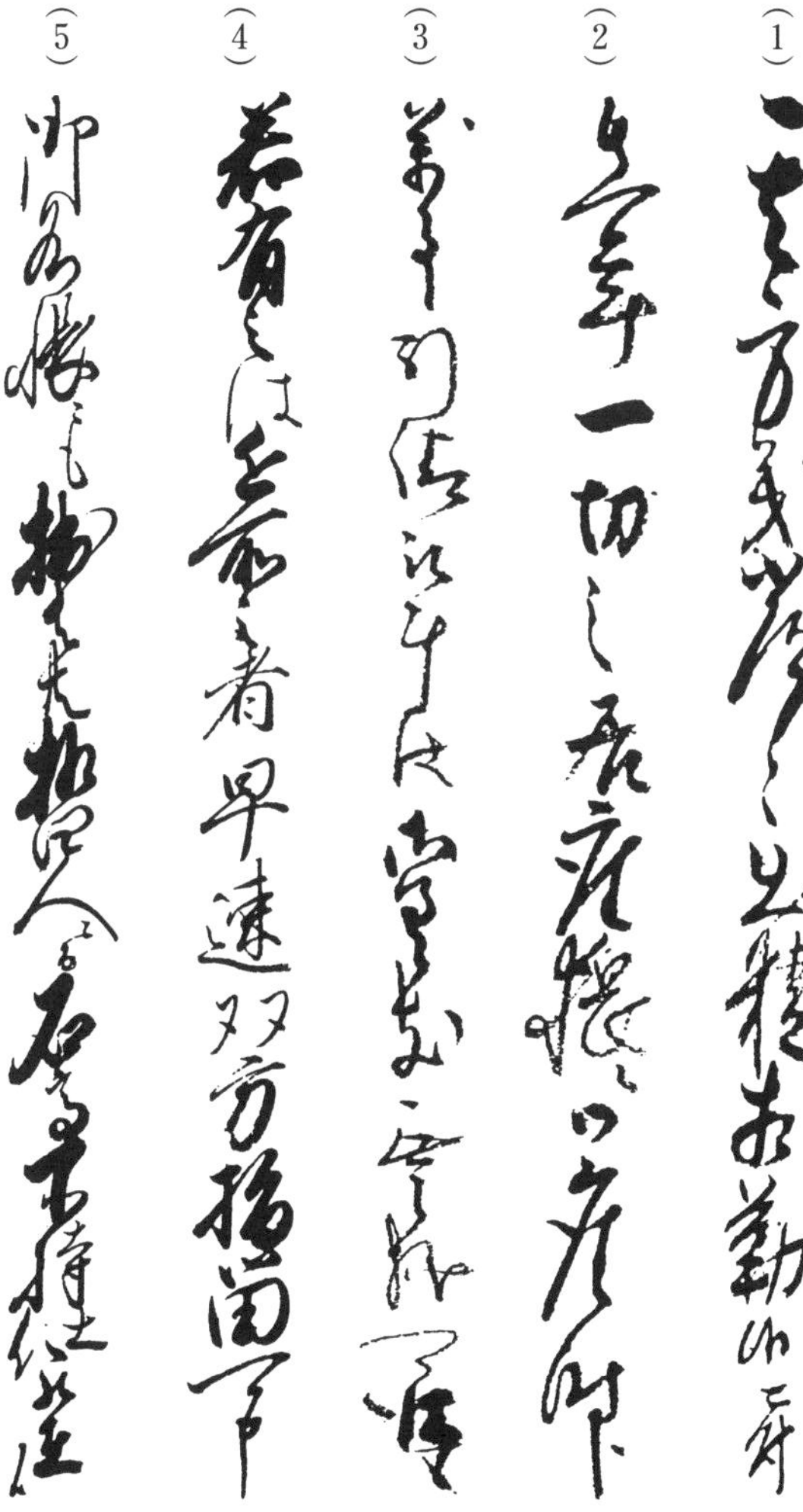

解読文

（1）其方義常々出精相勤候ニ付
（2）先年一切之居座猥ニ御座候時分
（3）万事引請取計仕御差支無レ之様可レ仕候
（4）若有レ之は近所之者早速双方指留可レ申
（5）御水帳ニも拙者共拾四人ニ而石高所持仕罷在候

第6章 語句の末尾に付く語

名詞や動詞などの品詞や語句の末尾に付いて、継続・同等・否定・強調・限定・要望などの意を添える単語の解説をします。わずか一文字に、発給する側の意思や相手への思いが込められています。ここをしっかり読みこなすことも、古文書を解読する上で大事なことの一つです。

① 置（おく）

動詞の連用形に付く補助動詞で、ある状態を続ける意向を表したり、その状態を認める意を表します。現代語では「…しておく」となります。

（例332）村中一統ニ相定**置**候所少茂相違無御座候
村中一統に相定め置き候所、少しも相違御座なく候

（例333）山中無年貢之地ニ而諸事共被差免**置**候
山中無年貢の地にて諸事共差し免し置かれ候

（例332）

置

預置
差置
仕置（しおき）
物置
留置
取置

解読文 村中一統ニ相定置候所、少茂相違無二御座一候

文意 村中全員で定めておくことに、少しも相違ありません。

［解説］ は「一統」と読み、全体、全員の意です。旁部分の「儿」が三本になっていますが、しばしば見られる字体です。 の上部が「罒」、下部が「直」で「置」となります。

（例333）＊

解読文 山中無年貢之地ニ而、諸事共被二差免置一候

文意 山中で無年貢の土地なのでさまざまな雑税も免除されています。

［解説］ は接頭語の「差」に「免」で「さしゆるす」と読みます。「置」 は前例に比べ「罒」の部分がさらに簡略化されています。

② 兼（かね）

動詞の連用形に付く補助動詞で、「…することができない」の意です。

（例334） 御用村用共御用弁ニ相成兼候間

御用・村用とも御用弁に相成りかね候間

山

山崩　山帳　山論　山高　山札　炭山

兼

凌兼（しのぎかね）　見出兼

（例335）問屋共商売相続出来兼候

問屋ども商売相続できかね候

（例334）

解読文　御用村用共御用弁ニ相成兼候間（ごようむらようともごようべんにあいなりかねそうろうあいだ）

文意　（役所の）御用、村用とも用を足せなくなりましたので。

[解説]「用」が三度出てきますが、二・三回目は一画目の縦画が略されています（くずし字の法則②）。は「ム」に「廾」で「弁」となります。「**用弁**（ようべん）」は、用事を済ますこと、用を足すことです。「**兼**（かね）」は、筆順をたどれば判読できるでしょう。

（例335）

解読文　問屋共商売相続出来兼候（といやどもしょうばいそうぞくできかねそうろう）

文意　問屋たちは商売を継続できません。

[解説]　は「音」にも似て入ますが、次が「**売**」の正字体（旧字体）「**賣**」であることから判断して「**商売**（しょうばい）」と読みます。は「**兼**」ですが、前例と下部

弁　辧

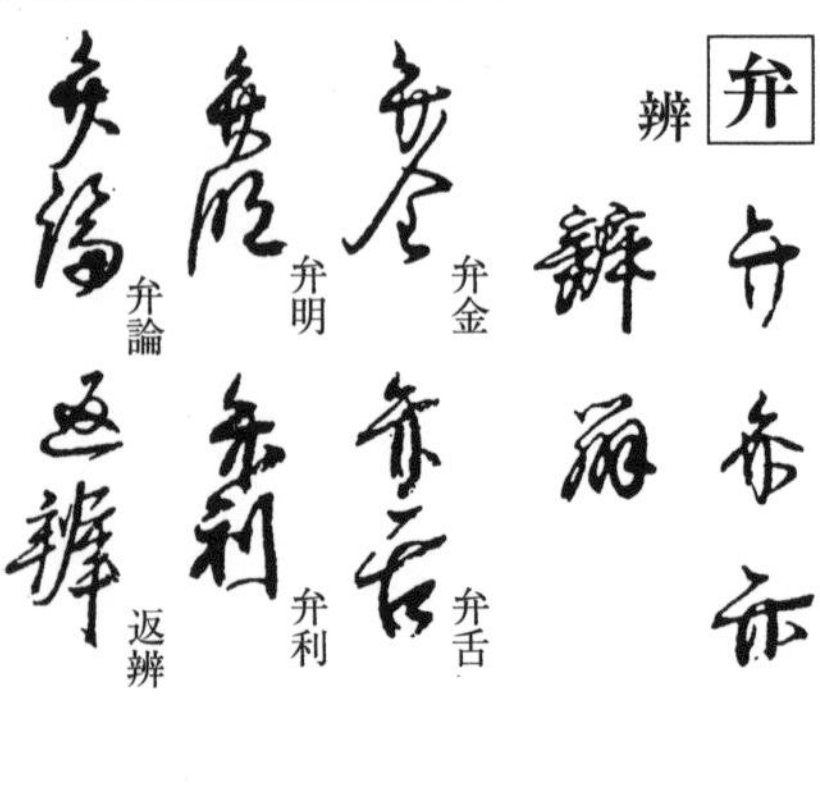
弁金
弁舌
弁明
弁利
弁論
返辧

問

商

問合
問屋（とい/や）
商人
商法

が違うところにくずしの特徴があります。

③ 呉(くれ)

補助動詞として動詞の連用形に付き、他人の行為によって自分に利益または不利益を与えることを表します。「…してくれ」の意です。

（例336）乱妨之始末相糺**呉**候様ニ懸合ニおよび
乱妨の始末相糺しくれ候様に懸け合いにおよび

（例337）同人人別送り状御差出**呉**候様申出候処
同人人別送り状御差し出しくれ候様申し出で候処

（例336）

解読文　乱妨(らんぼう)之(の)始末(しまつ)相糺(あいただし)呉(くれ)候(そうろう)様(よう)ニ(に)懸合(かけあい)ニ(に)および

文意　乱暴の事情を糾明してくれるように談判し。

[解説]　文頭の「**乱妨**(らんぼう)」は「乱暴」と同義です。が「…してくれ」の「**呉**(くれ)」です。平仮名の「を」のように書かれる「**懸**」は既出です。

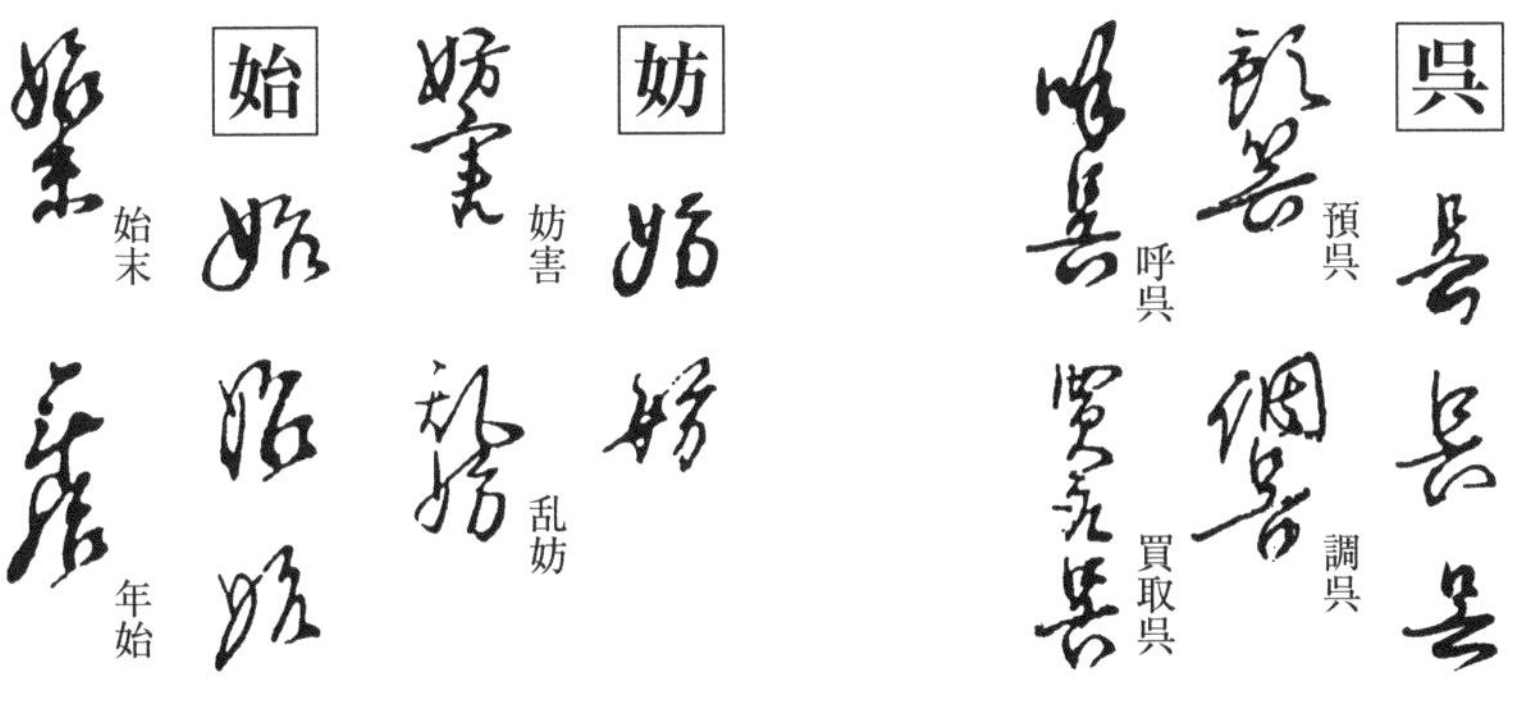

呉　預呉　呼呉　調呉　買取呉

妨　妨害　乱妨

始　始末　年始

（例337）

解読文 同人(どうにん)人別(にんべつ)送(おく)り状(じょう)御差出呉(おさしだしくれ)候(そうろう)様(よう)申出(もうしいで)候(そうろう)処(ところ)

文意 同人の人別送り状を出してくれるよう申し出ましたところ。

【解説】 1字目は「冂(えんがまえ)」だけのように見えますが、次が「人」ですから、「**同人**(どうにん)」と読みます。「**人別送り状**」は、移動のための証明書です。は「⺮(たけかんむり)」のように書かれていますが、これは「**呉**」の「口」の部分です。「**差出呉**」で「**差**(さ)**し出**(だ)**しくれ**」と読みます。

④ 宛(ずつ)・充

数量・程度を表す体言などに付く、同量・同程度に割り当てる意を表わす助詞もしくは接尾語です。

（例338）二ケ月に一度**宛**町奉行之者宅江召寄

二か月に一度ずつ町奉行の者宅へ召し寄せ

（例339）高百石に壱疋壱人**充**出之

高百石に一疋一人ずつこれを出し

（例338）

同

同様

同類

人

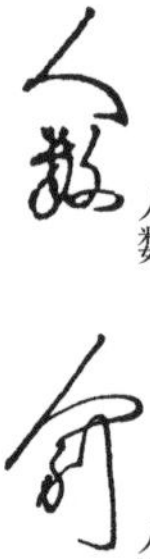

人数

人別（にんべつ）

宛

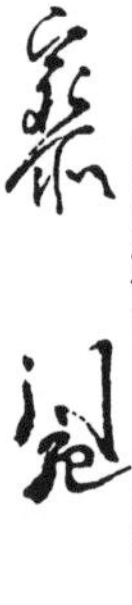

宛所（あてどころ）

引宛

充

充実

充行（あてがい）

解読文 二ケ月に一度宛町奉行之者、宅江召寄

文意 二か月に一度ずつ町奉行の者を屋敷へ呼び寄せ。

［解説］は、変体仮名「に」で字母は「爾（尓）」です。は「召」の異体字です。は「亠」（なべぶた）ではなく「宀」（うかんむり）で、「宛」と書いて「ずつ」と読みます。

（例339）

解読文 高百石に壱疋壱人充出レ之

文意 高百石につき馬一頭と人夫一人ずつ出し。

［解説］は「名」ではなく「石」（こく）です。は「充」（ずつ）と読み、「宛」と同義に用いられます。最後の「之」（これ）は読まない場合もあります。

⑤ 度（たし）

動詞や助動詞について、自分の願望を表します。口語では「…したい」となります。

（例340）御鑑札頂戴仕**度**奉存候
御鑑札頂戴仕りたく存じ奉り候

（例341）一昼夜之内拙寺境内ニおゐて相勤申**度**
一昼夜のうち拙寺境内において相勤め申したく

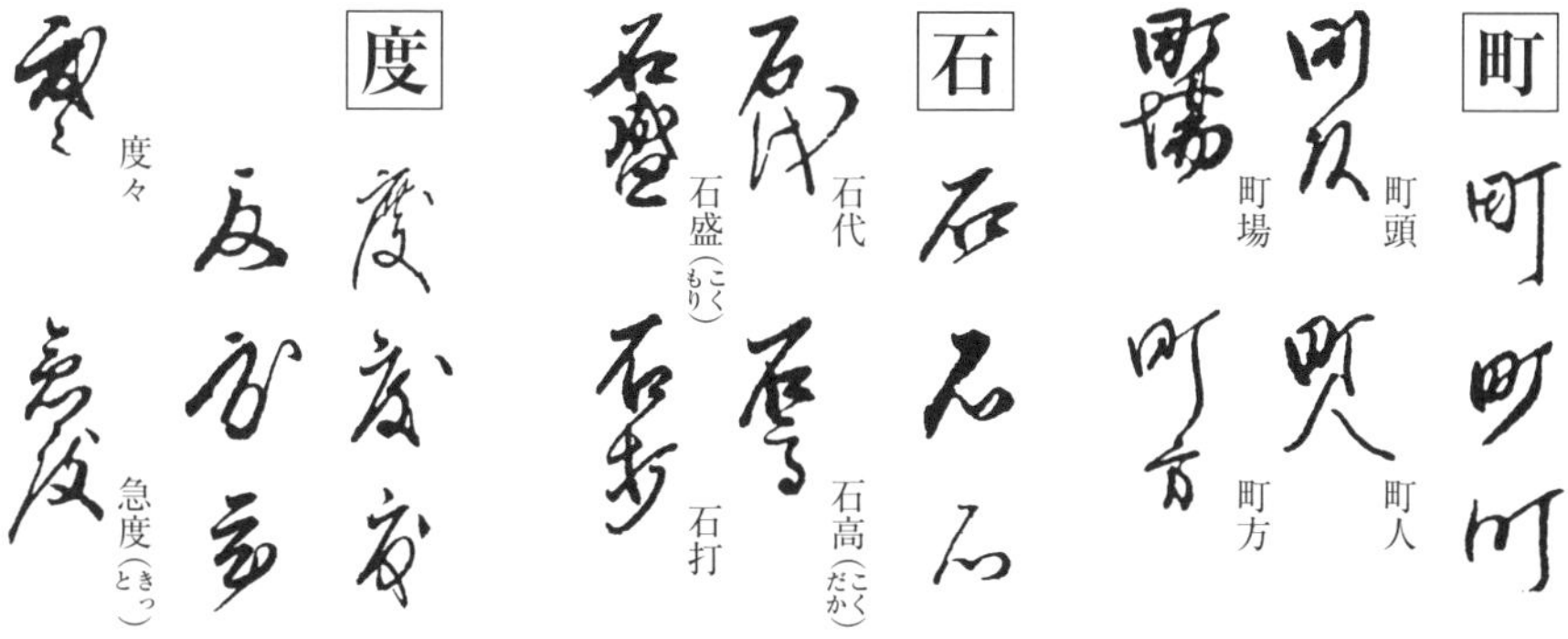
町
町頭
町場
町人
町方
石
石代
石盛（こくもり）
石高（こくだか）
石打
度
度々
急度（きっと）

（例342）遊女屋徳兵衛方江奉公稼ニ差出度ニ付

遊女屋徳兵衛方へ奉公稼ぎに差し出したきにつき

（例340）

解読文　御鑑札頂戴（ごかんさつちょうだい）仕（つかまつり）度（たく）奉レ（ぞんじたてまつり）存候（そうろう）

文意　鑑札を頂戴したいと存じ上げます。

[解説]  は、「釒（かねへん）」に「監」で「鑑」です。「鑑札（かんさつ）」は、特定の営業や行為を公認した証明として役所や同業組合などから出される証票のことです。 は、「頂」の異体字です。なお、これは「頭」の異体字と同字体です。 は「裁」とも「栽」とも読めないこともありませんが、上の文字が「頂」ですから、「頂戴（ちょうだい）」の「戴」と読みます。

（例341）

解読文　一昼夜之内拙寺境内ニおゐて相勤申度（いっちゅうやのうちせつじけいだいにおいてあいつとめもうしたく）

文意　一昼夜拙寺の境内でお勤めしたく。

[解説]  は、「扌（てへん）」に「出」で「拙」です。 は、筆順をたどっていただ

今度

法度（はっと）

頂

頂戴（ちょうだい）

頂戴

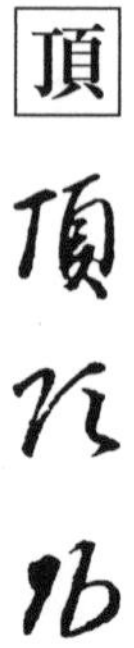

【異体字】

（＝頂）

境

境木

境杭

境目

国境

ければ「境」と判読できると思います。次の「内」とで「境内（けいだい）」という熟語になります。　は、変体仮名で「お(於)」「ゐ(為)」「て(天)」となります。

(例342)

解読文　遊女屋徳兵衛方江奉公稼ニ差出度ニ付（ゆうじょやとくべえかたえほうこうかせぎにさしだしたきにつき）

文意　遊女屋徳兵衛方へ奉公稼ぎにつかわしたいので。

【解説】1字目は「扌（てへん）」に「を」と書いて「遊」です。　は、「イ（にんべん）」に「直」のくずし　ですが、「値」ではなく「徳」と読みます。　は、「奉公稼（ほうこうかせぎ）」と読み、住み込みで召し使われ賃金を得ることをいいます。なお、「稼」は「挊」　とも書かれますが、これは国字です。

⑥ 也（なり）

物事の種類・性質・状態・原因などを説明し断定する助動詞の一つで、「…である」「…だ」の意です。近世古文書では主に文章の末尾に付くことが多いようです。

(例343) 無違乱安心帰村可致者也

違乱なく安心帰村致すべきものなり

(例344) 只今慥ニ請取申候処実正也

只今たしかに請け取り申し候処実正なり

地境　本境

女

女中　女房

稼

稼業　山稼

也

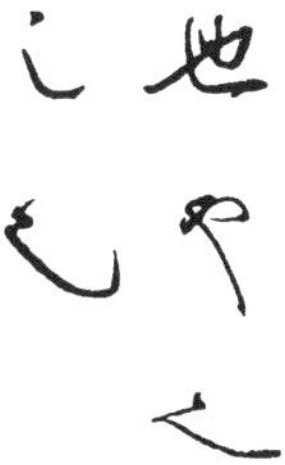

（例345）前書之金子借用申処実正明白也

前書の金子借用申す処実正明白なり

（例343）

解読文　無㆓違乱㆒安心帰村可㆑致者也（いらんなくあんしんきそんいたすべきものなり）

文意　騒ぎ立てることなく安心して帰村しなさい。

［**解説**］「**違乱**（いらん）」は、物事が乱れること。また、決まりなどに背いて秩序を乱すことです。は既出ですが「**帰**」と読みます。

（例344）

解読文　只今慥ニ請取申候処実正也（ただいまたしかにうけとりもうしそうろうところじっしょうなり）

文意　ただいまたしかに請け取りましたことに間違いありません。

［**解説**］　1字目は「且」とも読めますが、次が「**今**」ですので、「**只今**（ただいま）」と読みます。は、「忄（りっしんべん）」に「送」で「**慥**（たしか）」の異体字です。は平仮名の「し」のように書かれていますが「**也**」の異体字です。

乱

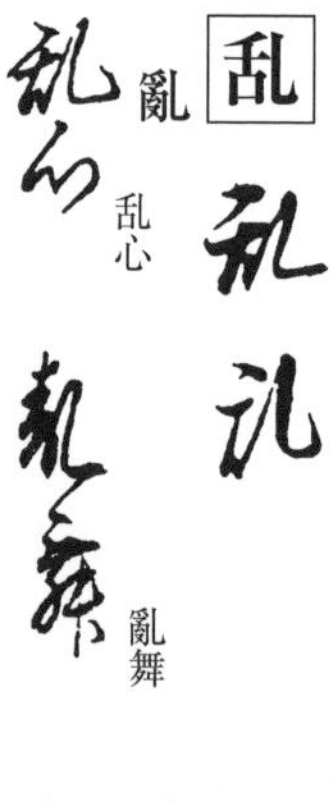

亂
乱心
亂舞

安

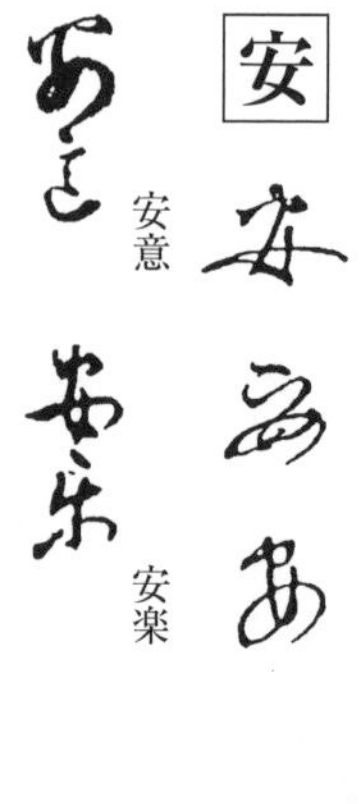

安意
安楽

【**語彙解説**】

違乱（いらん）：①法律に違反すること。②混乱すること。③苦情・不満をいうこと。

（例345）

解読文 前書之金子借用申処実正明白也（まえがきのきんすしゃくようもうすところじっしょうめいはくなり）

文意 前書の金銭を借用することは真実で間違いありません。

［**解説**］2字目  は上下のバランスがくずれていてちょっと読みづらいかもしれませんが「**前書**（まえがき）」の「**書**」です。 は「**借**」です。「**借用**（しゃくよう）」という熟語で覚えてください。 は難読文字です。左右の点が「口（くにがまえ）」に類似していますが、これは、「**白**」です。是非覚えてほしいくずし字の一つです。

⑦ 間敷（まじく・まじき）（鋪）

「**間布**」とも書きます。助動詞「可（べし）」の否定を表す「まじ」の活用語尾に「敷」を当てた表現です。語義としては、(a)否定的推量で、「…ないだろう」(b)否定的意思で、「…ないつもりだ」(c)しないのが当然の意で、「…しないほうがよい、…しない」(d)不可能の意で、「…できない」(e)禁止の意で、「…してはならない」「…すべきではない」などがあります。

（例346）山林竹木猥に伐採申間鋪事

山林竹木みだりに伐り採り申すまじき事

白

白紙　白鳥　白帷子　白州（しらす）　白袴　明白

布

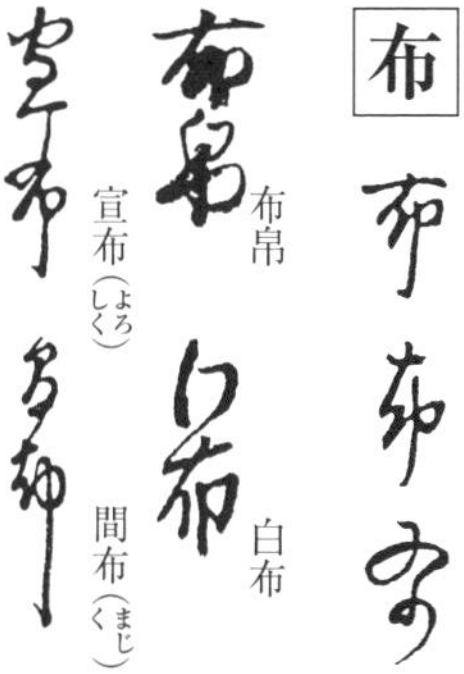

布帛　白布　宣布（よろしく）　間布（まじく）

（例347）布木綿之外着し申間鋪候
（例348）少茂自分之了簡相交申間敷候

布・木綿のほか着し申すまじく候
少しも自分の了簡相交え申すまじく候

（例346）

解読文 山林竹木猥（さんりんちくぼくみだり）に伐採申間鋪事（きりとりもうすまじきこと）

文意 山林の竹木を勝手に伐採してはいけない。

［解説］ は「犭（けものへん）」で「猥（みだり）」と読みます。は、「扌（てへん）」に「宋」と書いて「採」の異体字です。「申」は「もうす」と終止形で読みます。は「まじ」の連用形で「間鋪（まじく）」と読みます。

（例347）

解読文 布（ぬの）・木綿之外着（もめんのほかちゃく）し申間鋪候（もうすまじくそうろう）

文意 布・木綿以外の着物を着てはいけません。

［解説］ 「布」は麻布をさします。は「糸（いとへん）」に「帛」で「綿」です。は「差」に類似していますが、右下部分が違います。これは「着」です。

採

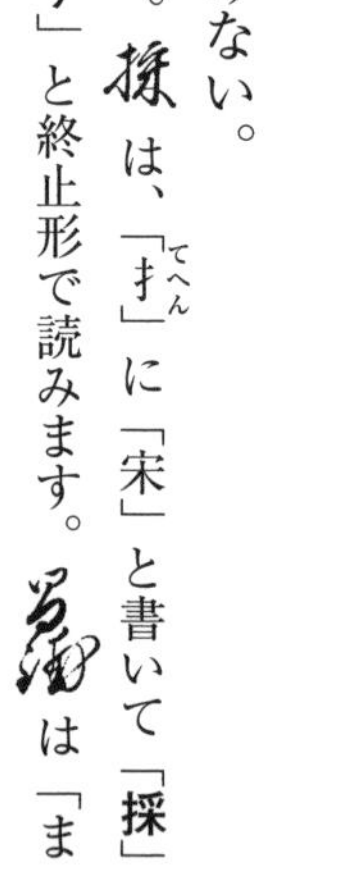

伐採

【類似文字】

着

差

（例348）

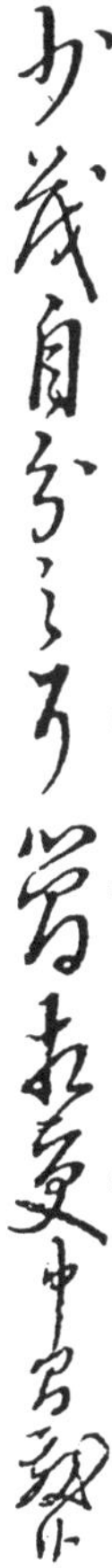

解読文　少茂(すこしも)自分(じぶん)之(の)了簡(りょうけん)相交(あいまじえ)申間敷候(もうすまじくそうろう)

文意　少しも自分の意見を交えません。

［解説］「**自分**(じぶん)」の「**分**」は二画目が最後に点のように書かれるところに特徴があります。は、「**了**」ですが平仮名の「ろ」を細長くしたように書かれています。は、「竹(たけかんむり)」に「**間**」で「**簡**」です。「**了簡**(りょうけん)」は「了見」とも書き、思案、所存の意味です。

⑧ 迄(まで)

時間的、空間的限界を示します。また、「末々迄(すえずえまで)」などと身分の範囲を示す場合もあります。

（例349）**惣百性水呑等ニ至迄壱人茂不残**
惣百姓・水呑等に至るまで一人も残らず

（例350）**当年迄五ケ年無懈怠講書仕**
当年まで五か年懈怠なく講書仕り

（例351）**加判之者何方迄も罷出急度埒明**
加判の者いずれ方までも罷り出できっと埒明け

了

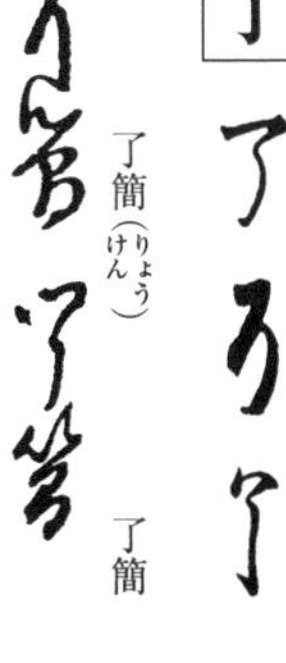

了簡（りょうけん）　了簡

簡

交

交易　交替

迄（迠）

是迄　暮迄　只今迄

（例349）

解読文　惣百性・水呑等ニ至迄壱人茂不レ残

文意　全ての本百姓から水呑百姓などにいたるまで一人も残らず。

［**解説**］「**百性**」の「**性**」は慣用的に用いられる漢字です。は「**水**」と読みます。難読ですが頻出します。は「**至**」の草体です。次が課題の「**迄**」で、異体字のが用いられています。

（例350）

解読文　当年迄五ケ年無二懈怠一講書仕

文意　当年まで五か年休まずに講書をして。

［**解説**］　3字目が課題の「**迄**」で異体字が用いられています。は「**無二懈怠一**」と読む慣用句ですので、ぜひ暗記してください。また、「**講**」は旁のくずし方に特徴があります。「**講書**」は書籍を講義することです。

呑

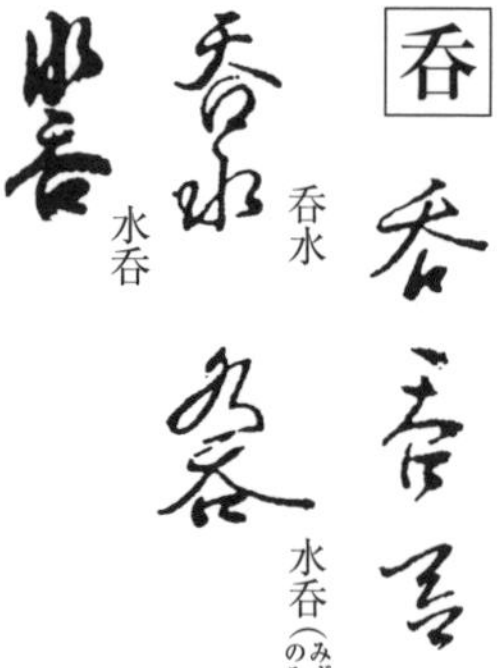
呑水
水呑
水呑（みずのみ）

【**語彙解説**】

水呑（みずのみ）：水呑百姓のことで、無高の百姓のこと。

講

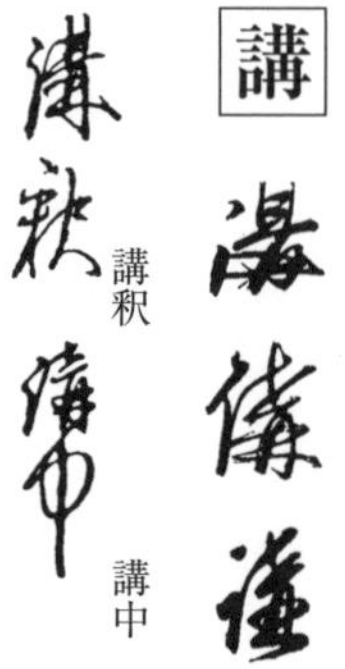
講釈
講中

【**語彙解説**】

当年（とうねん）：①今年。本年。②その年。当時。

（例351）

＊

解読文 加判（かはん）之（の）者（もの）何方（いずかた）迄（まで）も罷出（まかりいで）急度（きっと）埒明（らちあけ）

文意 加判の者（保証人）がどこまでも出て行って必ず解決し。

［**解説**］7字目「**迄**（まで）」はやはり異体字で書かれていますが、かなりくずされています。「**罷出**（まかりいで）」はもう読めますね。は何度か出てきましたが「**埒**」です。「土（つちへん）」に「守」で埒という異体字です。「**埒明**（らちあけ）」で、解決すること、処理することです。

埒

埒明（らちあけ）
不埒

中ざらい

第6章「語句の末尾に付く語」の復習をしましょう。次の例文を解読してください。

（1）

（2）

(3)　(4)　(5)　(6)

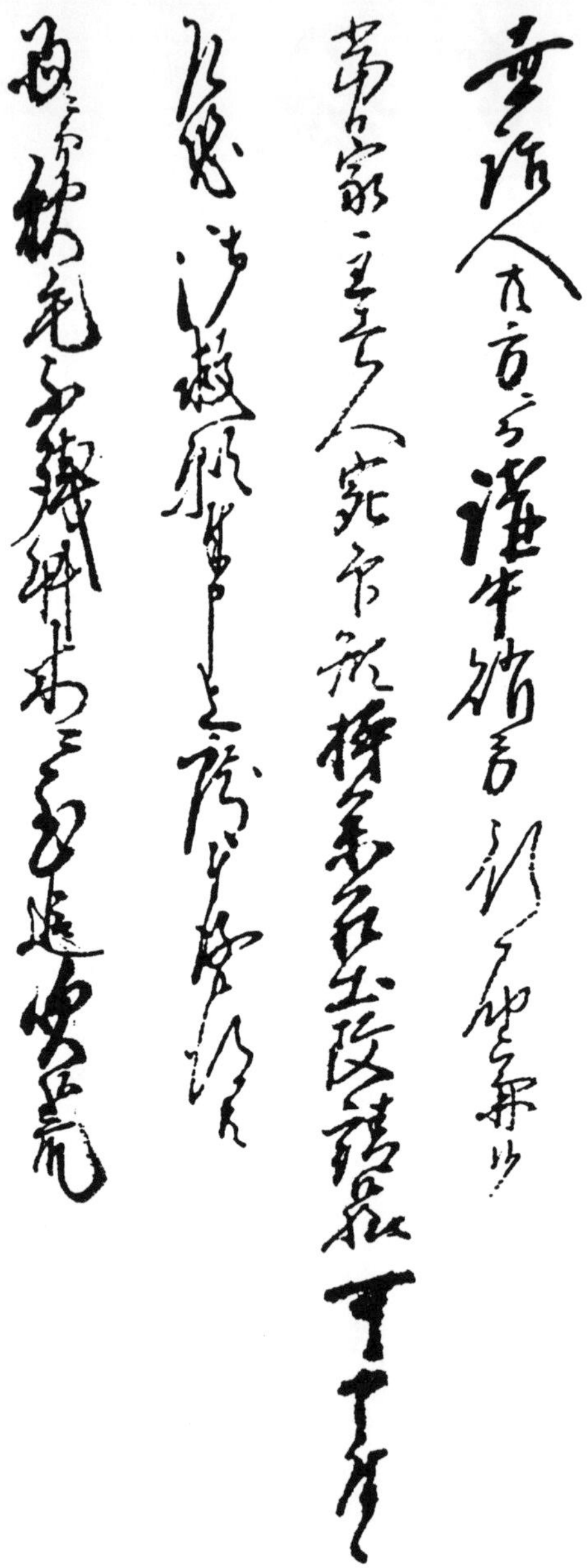
(3) 世話人共方ニ而講中賄方行届兼候
(4) 当日家主壱人宛印形持参罷出、改請候様可申付候
(5) 乍恐御救願奉申上度奉存候得共
(6) 雨ニ而秋毛不残艸木ニ至迄吹荒

解読文

(1) 入魂(じっこん)之間柄(のあいだがら)を以(もって)是迄(これまで)延置(のばしおき)候(そうろう)所(ところ)

(2) 草津(くさつ)湯治(とうじ)之(の)貴賤(きせん)一切(いっさい)停二止之一(これをちょうじし)畢(おわんぬ)

(3) 世話(せわ)人共方(にんどもかた)ニ而(にて)講中(こうちゅう)賄方(まかないかた)行届(ゆきとどき)兼(かね)候(そうろう)

(4) 当日(とうじつ)家主(やぬし)壱人(ひとり)宛(ずつ)印形(いんぎょう)持参(じさん)罷出(まかりいで)、改(あらため)請(うけ)候(そうろう)様(よう)可二申付一(もうしつくべく)候(そうろう)

(5) 乍レ恐(おそれながら)御救(おすくい)願(ねがい)奉二申上一(もうしあげたてまつり)度(たく)奉レ存(ぞんじたてまつり)候得共(そうらえども)

(6) 雨(あめ)ニ而(にて)秋毛(あきげ)不レ残(のこらず)艸木(そうもく)ニ至(いたる)迄(まで)吹荒(ふきあれ)

第7章　大ざらい

①　五人組帳前書

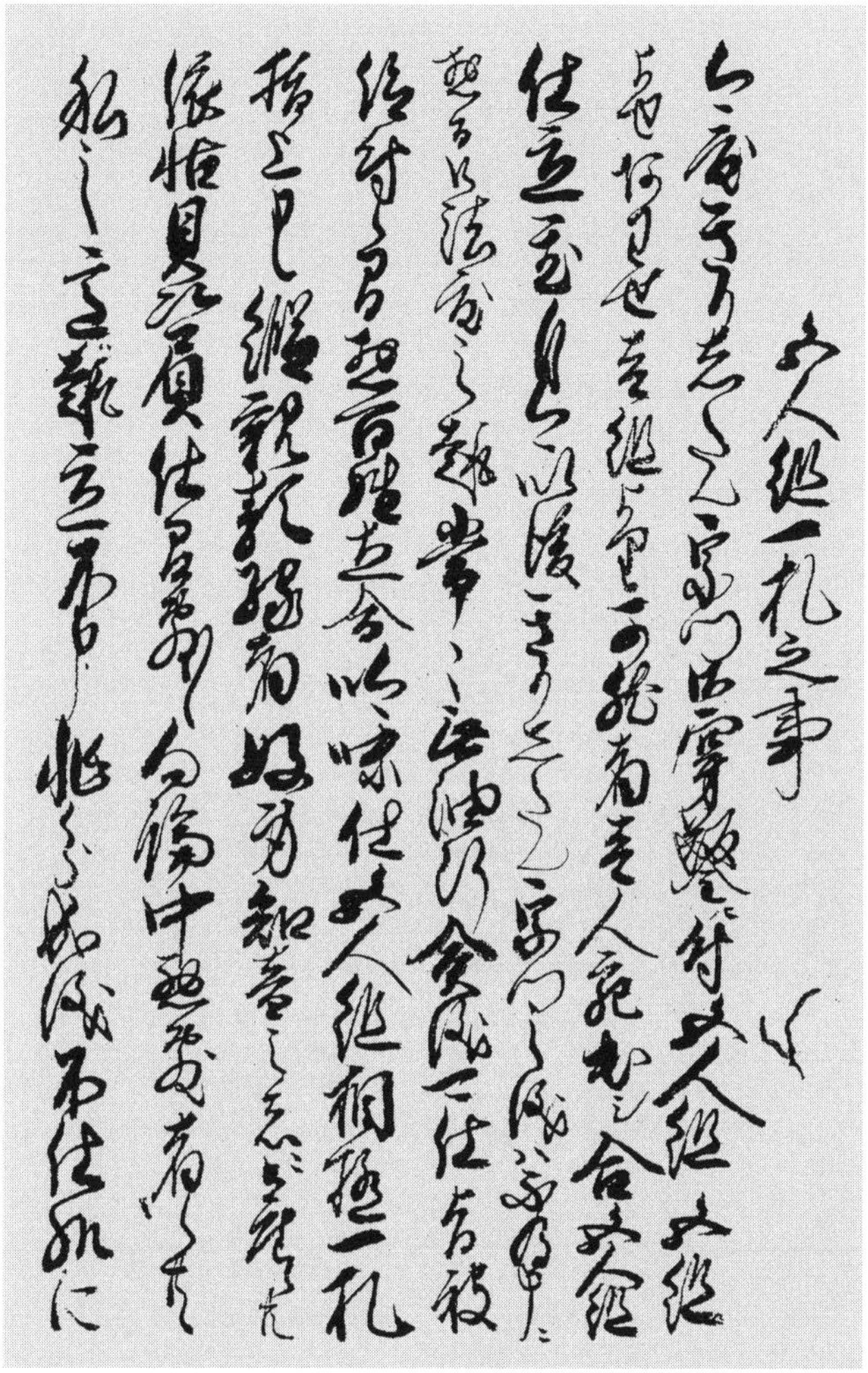

② 引請証文

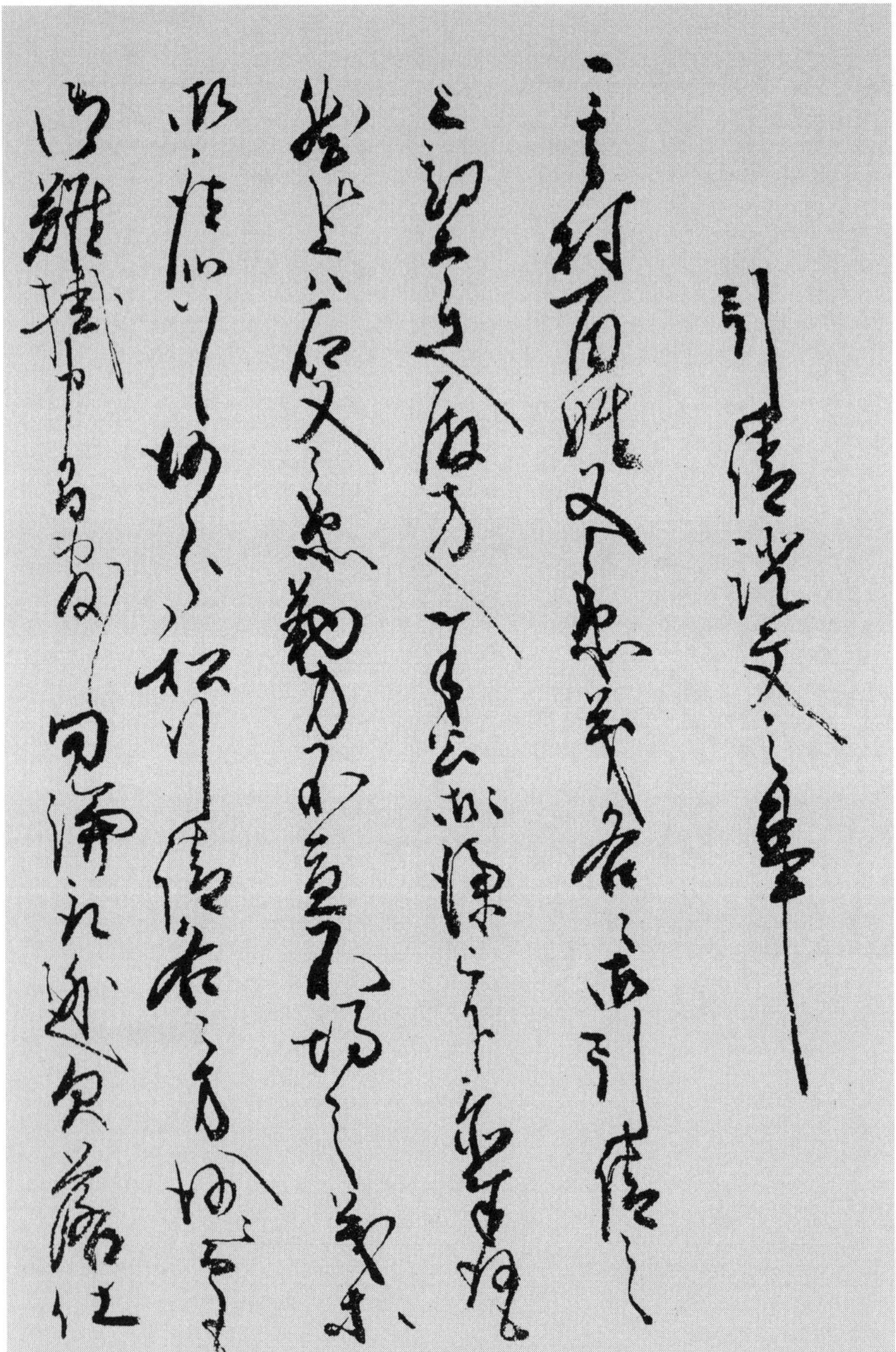

②引請証文

いつ又無拠村方より志ら時
高き出候ハヽ屋引取め異言
掛ヶヶ申間敷候依之借渡之一金し
取申所如件

寛延えも□月
                  沙汰村
                       仰ゃ□□印
   春や
    ヶ
    村御役所

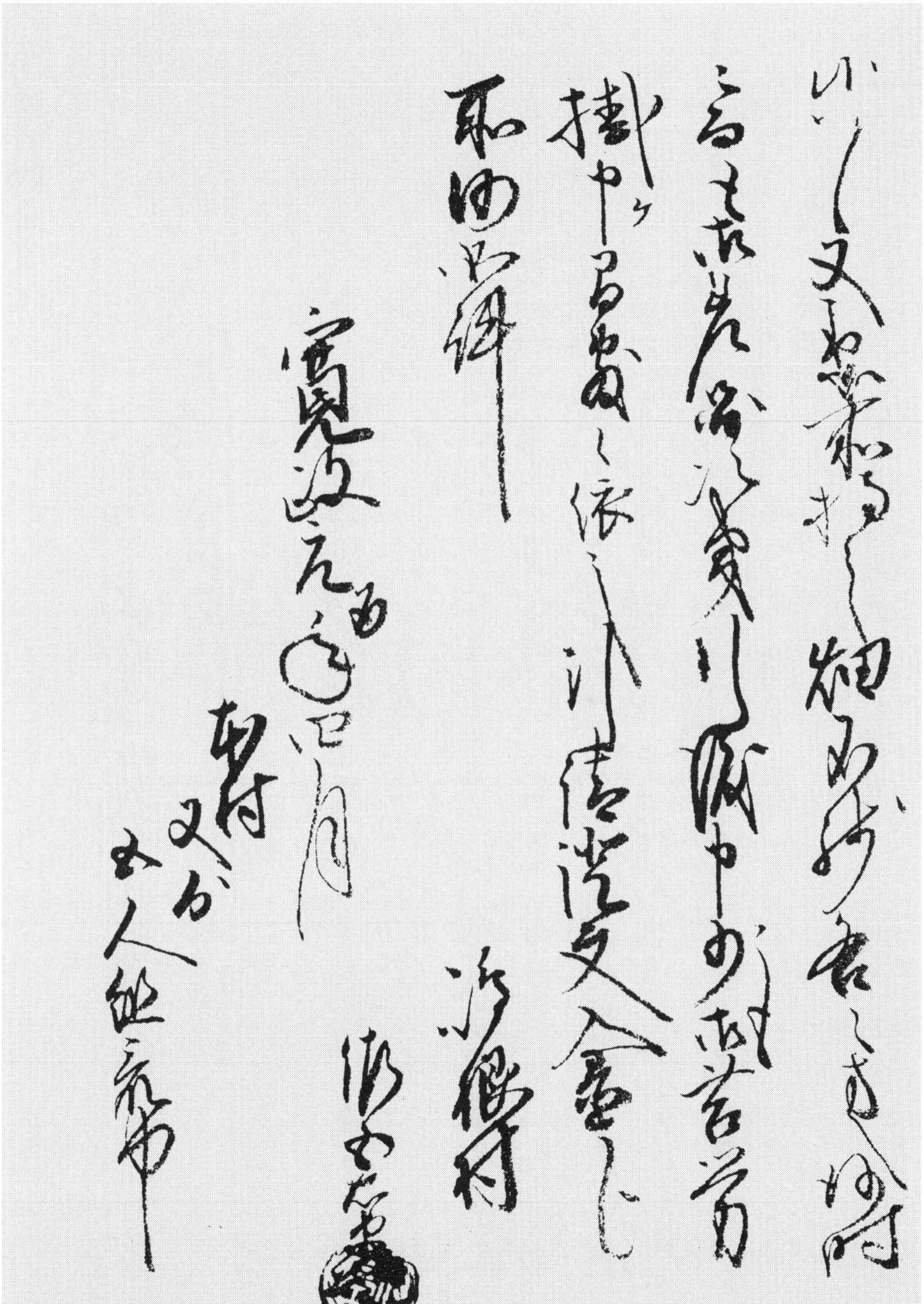

③ 田地質物証文

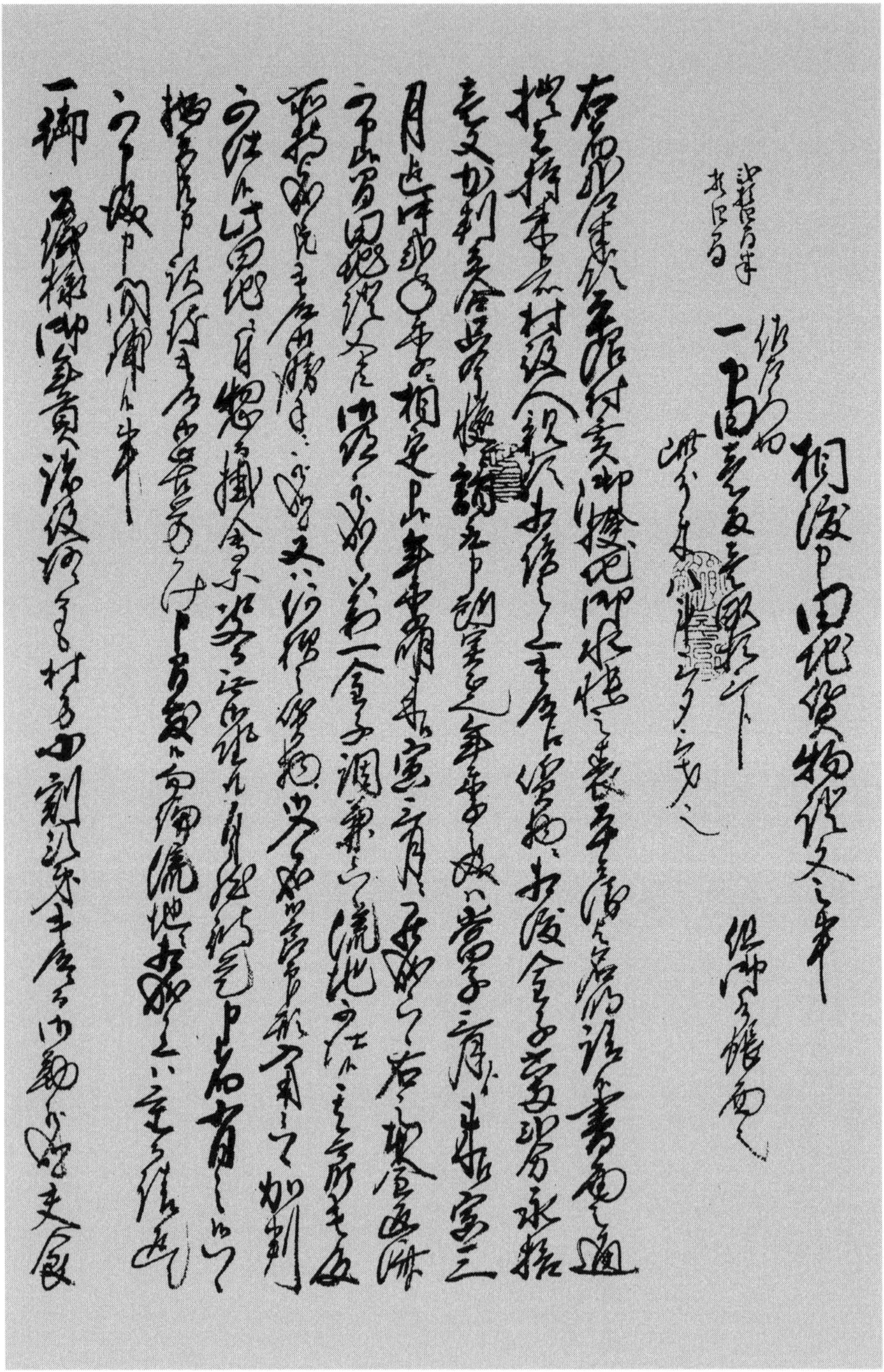
相渡申田地質物証文之事

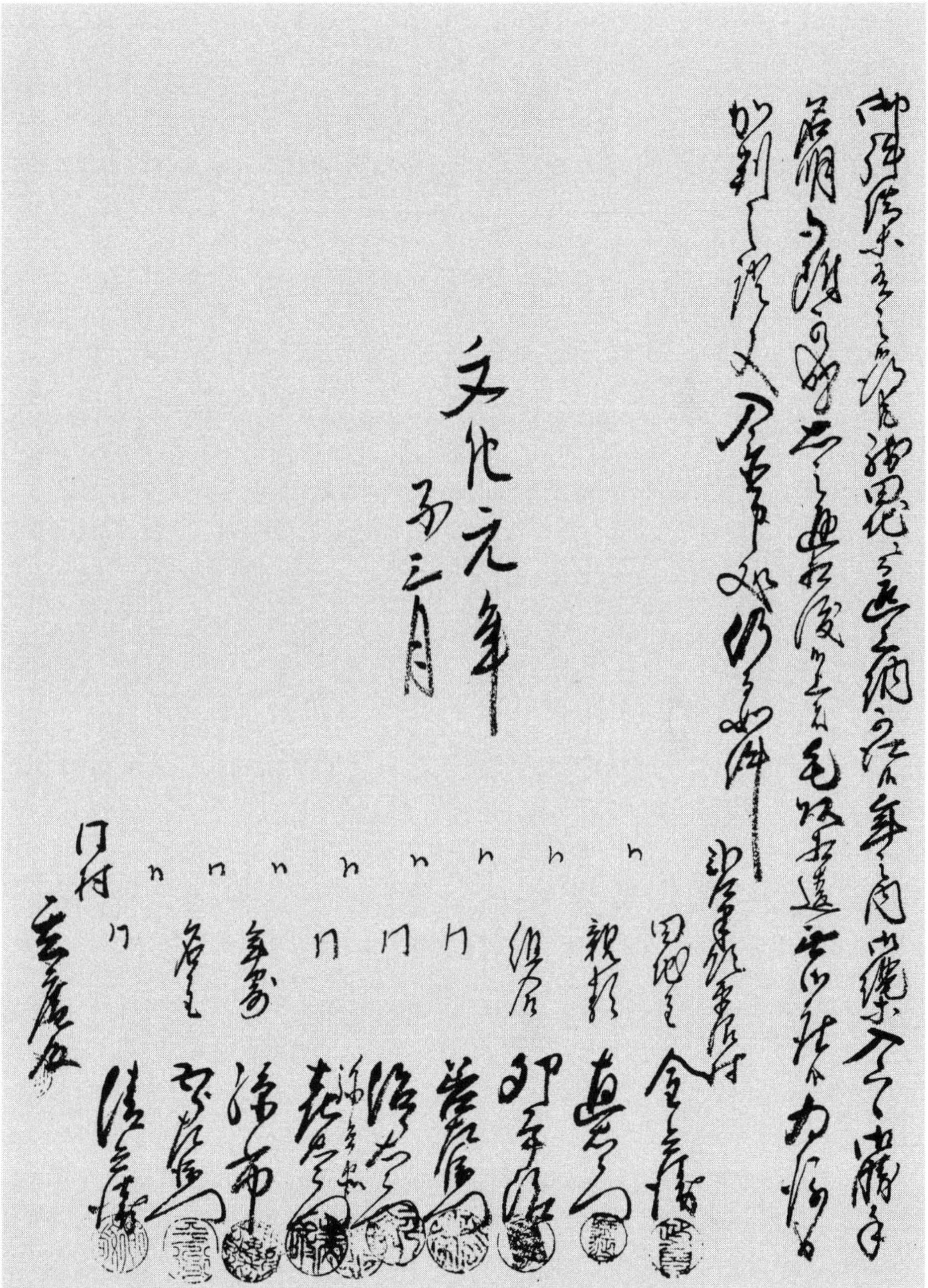
文化元年
子三月

解読文

①五人組帳前書（冒頭部分）　延宝二年（監修者所蔵）

五人組一札之事

今度きりしたん宗門御穿鑿ニ付、五人組五組
よせあわせ、壱組より可レ然者壱人宛出シ合、五人組
仕立置、自今以後きりしたん宗門之儀ハ不レ及二申ニ一、
惣而御法度之趣常々無二油断一僉儀可レ仕旨被二
仰付一候間、惣百姓立合吟味仕、五人組相極一札
指上申候、縦親類・縁者・好身・知音之者ニ御座候共
依怙贔屓仕間敷候、勿論中悪敷者候共
私之意趣立不レ申、非分成儀不レ仕様に

---

②引請証文　寛政元年四月

（埼玉県立文書館保管　老川家文書No101）

引請証文之事

一　其村百姓又兵衛義、各々御引請之
上、勘太夫殿方へ奉公ニ御憑被レ下忝奉レ存候、
然ル上ハ右又兵衛勤方不レ宜、不埒之義等
御座候ハヽ、何分私引請各々方へ何ニ而も
御難掛申間敷候、勿論取逃・欠落仕
候ハヽ、又兵衛所持之畑不レ残各々方へ何時
ニ而も御差図次第引渡申、少しも御苦労
掛ケ申間敷候、依レ之引請証文入置申候
所、仍如レ件

寛政元酉年四月

嶋根村　佐五右衛門㊞

本村
又右衛門
五人組衆中

③田地質物証文　文化元年三月（吉川市教育委員会保管　篠田家文書No.7）

相渡申田地質物証文之事

佐左衛門切

一下田壱反壱畝拾三歩　　但御水帳面也

此分米八斗三勺三才也

弐拾四間半

拾四間

右者、弐郷半領平沼村亥御検地御水帳之表平兵衛与名明請候書面之通、拙者持来候所、村役人・親類相談之上貴殿江質物ニ相渡、金子六両弐分・永拾壱文加判立合、只今慥ニ請取申所実正也、年季之儀ハ当子三月ゟ来ル寅三月迄、中弐年季ニ相定申候、年季明来ル寅三月ニ罷成候ハヽ、右之本金返済可レ申候間、田地証文共御帰可レ被レ成候、万一金子調兼候ハヽ、流地可レ仕候、其節貴殿所持被レ成候共、貴殿御勝手ニ可レ被レ成候、又ハ何様之質物御入被レ成候節、印形入用候ハヽ、加判可レ仕候、此田地ニ付惣而掛会等決而無二御座一候、自然彼是申者有レ之候ハヽ、拙者共申訳致、貴殿御苦労かけ申間敷候、勿論流地ニ相成候上ハ、重而請返し可レ申儀申間鋪候事

一御公儀様御年貢・諸役何ニ而も村方小割次第貴殿ニ而御勤可レ被レ成候、夫食御拝借等有レ之候得共、残田地ニ而返上納可レ仕候、年之内御縄等入候ハヽ、御勝手名明御附可レ被レ成候、右之通相渡候上者毛頭相違無二御座一候、為二後日一加判之証文入置申処、仍而如レ件

文化元年
子三月

弐郷半領平沼村
田地主　金兵衛㊞
同　親類　直右衛門㊞
同　組合　卯平治㊞
同　同　善左衛門㊞
同　同　治郎右衛門㊞
同　弥兵衛㊞
同　喜右衛門㊞
同　年寄　孫市㊞
同　名主　五郎左衛門㊞
同　同　清兵衛㊞

同村
玄庵殿㊞

用語索引

＊本文に掲載した例文中から、近世文書を理解するためにとくに必要な用語を配列した。動詞、形容詞など活用する語彙については終止形に改めたものもある。数字は例文の番号である。

あ行

あしく　悪敷　例290
あつかいにん　扱人　例92
あてがい　宛行　例192
あとやく　跡役　例13
あまぐ　雨具　例315
あまた　数多　例55
あやしき　怪敷　例281
あらためいん　改印　例325
あらためりょう　改料　例23
ありてい　有躰　例96,165
あんしん　安心　例343
いえかず　家数　例271
いか　以下　例20
いかが　如何　例105
いかよう　何様　例32,106,283,302
いかよう　如何様　例99,107,108,254
いかんとも　如何共　例64
いご　以後　例236
いご　已後　例83
いこう　威光　例262
いさく　違作　例188,211
いささか　聊　例68,226,227
いささかも　聊も　例228
いずかたまで　何方迄　例75,104,241,351
いずれとも　何れ共　例317
いずれも　何茂　例103
いぜん　以前　例129
いたしきたり　致来　例15,30
いたって　至而　例155
いちいち　逸々　例117
いちごん　一言　例95
いちだて　市立　例291
いちどう　一同　例13,117,157,256
いちば　市場　例30
いちりょうにん　一両人　例309
いちるい　一類　例103
いっこう　一向　例14,229,230
いっさい　一切　例59,71,231,232,280,295
いっさつ　一札　例112
いっしゅく　一宿　例33,217
いっそん　一村　例243
いっちゅうや　一昼夜　例341
いっとう　一統　例21,138,211,332
いっぴつ　一筆　例1
いとま　暇　例27,212
いはい　違背　例69
いへん　異変　例95
いへん　違変　例208
いぼん　違犯　例39
いまもって　今以　例233,234
いやまし　弥増　例273,274
いよいよ　弥　例24,130,235
いよいよもって　弥以　例236
いらい　以来　例48,120
いらい　已来　例226
いらん　違乱　例10,343
いりさく　入作　例310
いるい　衣類　例146
いれおく　入置　例112
いろいろ　色々　例264
いんぎょう　印形　例249
うけあう　請合　例143
うけいん　請印　例123
うけおう　請負　例225
うけとり　請取　例111,135,224,249,250,251,326,344
うけにん　請人　例331
うちあわせ　打合　例304
うちすて　打捨　例300
うちたて　打建　例318
うちつづく　打続　例147,319
うちよる　打寄　例317
うったえあぐ　訴上　例174
うてん　雨天　例144,147,315
うりさばく　売捌　例73,139
えい　永　例132
えいたい　永代　例29
おいおい　追々　例60,272
おうかんにもつ　往還荷物　例222
おうこ　往古　例71
おうらい　往来　例305
おおぜい　大勢　例162
おおせいだす　仰出　例45,127,212,237,238
おおせきけ　仰聞　例311
おおせこす　仰越　例46
おおせつけ　仰付　例11,13,47,52,54,65,68,80,134,136,153,182,218,239,275,302
おおせわたす　仰渡　例3,43,48,133
おくりもの　贈物　例31
おこしかえし　起し返し　例220
おごりがましき　奢ケ間敷　例277
おしかい　押買　例126
おそれいる　恐入　例152,153
おそれおおし　恐多　例258
おそれながら　乍恐　例173,174,175
おちど　越度　例122,172,302
おのおのがた　各方　例298
おぼしめし　思召　例80
おぼつかなく　無覚束　例64
おやこ　親子　例167
おらんだじん　阿蘭陀人　例16
おりおり　折々　例36
おりもと　織元　例23
おんでんち　隠田地　例220

か行

かいさい　皆済　例57,124,129
かいしょ　会所　例325
かいじょう　廻状　例123,133,164,197,238
かいちゅう　海中　例300
かいねん　改年　例276
かいほう　介抱　例97
かいほつ　開発　例5
かきしるす　書記　例193
かきつけ　書付　例173,174,175,177
かきのせ　書載　例209

かぎょう　家業　例131
かくだん　格段　例22
かくのごとし　如此　例324
かくのごとし　如斯　例94,111
かくのごとし　如是　例93
かくべつ　格別　例63,80
かけあい　掛合　例12
かけあい　懸合　例255,336
かけおち　欠落　例214
かこ　水主　例77
かさねて　重而　例203
かたがた　旁々　例69
かたじけなし　辱　例276
かたじけなし　忝　例49,275
かちゅう　家中　例160,266
かつ　且　例144
かってまま　勝手儘　例328
かつまた　且又　例200,201
かど　廉　例92
かにゅう　加入　例128
かねて　兼而　例144,237,238
かはん　加判　例34,75,140,351
かばん　下番　例206
かまい　構　例267
かみがたすじ　上方筋　例37
かよいちょう　通帳　例249
かりょう　過料　例199
かわどおり　川通　例88
かわふね　川船　例318
かんさつ　鑑札　例340
がんしゅ　願主　例180
がんしょ　願書　例263
かんじょうしょ　勘定所　例28
かんにん　堪忍　例58
かんばつ　旱魃　例176,230
かんべん　勘弁　例63
きかつ　飢渇　例55
ききすます　聞済　例49,63,168
きさつ　貴札　例276
きさま　貴様　例212
きそく　規則　例68
きそん　帰村　例18,138,343
きっと　屹度　例241
きっと　急度　例57,66,67,96,239,240,351
きっとおしかり　急度御叱り　例136
きでん　貴殿　例62,246,294
きどく　奇特　例22
きぬるい　絹類　例253
きびしく　厳敷　例316
きびしく　厳鋪　例282
きふ　寄附　例132
きめん　貴面　例151
きゅうきん　給金　例76
きゅうにん　給人　例172
ぎゅうば　牛馬　例232
きゅうめい　糺明　例125
きょうさく　凶作　例265
きょうだい　兄弟　例167,284
きょうちゃく　京着　例16
きょうねん　凶年　例319
きょうます　京升　例215
きょうゆ　教諭　例219
きょか　居家　例313
きりしたんしゅうもん　切死丹宗門　例121
きりとる　伐採　例126,242,346
きん　金　例26,76,210
ぎん　銀　例135
きんじょ　近所　例314
きんす　金子　例250,251,345
きんねん　近年　例308,319
ぎんみ　吟味　例65,141,156,207
ぐい　愚意　例195
くさかり　草刈　例202
ぐじ　愚寺　例9
くだしおく　下置　例52,65,192
くだんのごとし　如件　例112,194
くちいれ　口入　例104
くちがき　口書　例72
くなん　苦難　例307
くにがえ　国替　例106
くにざかい　国境　例203
くぼう　公方　例322
くみがしら　組頭　例122,138,299
くみとる　汲採　例17
くろう　苦労　例70,227,246
けいだい　境内　例341
けいちょう　軽重　例199
けいねん　継年　例218
げじき　下直　例272
けたい　懈怠　例109,185,350
けっして　決而　例10,45,120,242,243
けみ　検見　例88
けんい　権威　例285
けんか　喧咜　例58
げんか　厳科　例100
けんかこうろん　喧咜口論　例297
けんげん　顕見　例167
けんご　堅固　例61
けんし　検使　例125,203
げんじゅう　厳重　例48,205
こういん　後音　例150
ごうがえ　郷替　例106
こうぎ　公儀　例237,282,320,321
こうご　向後　例240
こうこう　孝行　例284
こうさく　耕作　例116
こうじき　高直　例265,308
こうしょ　講書　例350
ごうそん　郷村　例132
ごうちゅう　郷中　例19
ごうりょく　合力　例231
こうろん　口論　例58,149
こく　石　例20
こくづけ　刻付　例197,224
こころえ　心得　例46,193,308
こころえちがい　心得違　例228
こころづけ　心付（附）　例89,156
ごじつ　後日　例194
こしょう　故障　例34
こてがた　小手形　例124
ことし　今年　例259
ことじつならば　事実者　例105
ことに　殊　例56
ことのほか　殊之外　例285,286
ごにんぐみ　五人組　例140
このうえ　此上　例228
このせつ　此節　例38,79,271
このたび　此度　例27,80,81,133,188,216,324
このたび　今度　例125,195,212,326
このだん　此段　例46,82,112
このほう　此方　例83
このほか　此外　例288

こまえ　小前　例115,117,157
ごめん　御免　例49,80,168
ごよう　御用　例334
こらい　古来　例132
これにより　依此　例84
これにより　依之　例86,157
これにより　因茲　例179
これまた　是又　例90
これまで　是迄　例60,91,92,275
こんい　懇意　例314
こんきゅう　困窮　例259,260,265,273,319
こんぱん　今般　例52,219,327

さ行

さいえん　再縁　例44
ざいかた　在方　例233
さいきょ　裁許　例65
さいし　妻子　例64
ざいしょ　在所　例36,61
さいりょう　宰料　例307
さいりょう　才料　例161
さきごろ　先頃　例61
さきざき　先々　例164
さしあげ　差上　例4,81
さしあげ　指上　例72,86
さしいれ　差入　例25
さしくわう　差加　例83
さしこす　差越　例324
さしこす　指越　例326
さしさわり　差障　例74
さしず　差図　例185
さしず　指図　例161
さしそえ　差添　例26
さしだす　差出　例23,30,149,191,231,252,325,337,342
さしつかえ　差支　例273,296
さしつかわし　差遣し　例323
さしひかえ　差扣　例258
さしゆるす　差免　例333
さた　沙汰　例261
さだめおく　定置　例332
さっそく　早束　例49
ざつよう　雑用　例273
さほう　作法　例53,303,321
さりながら　乍去　例176
さるどし　申年　例48
さんちゅう　山中　例333
さんりん　山林　例346
しあわせ　仕合　例262,275,311
しい　私意　例165
しおき　仕置　例60,90
しおびき　塩引　例213
じか　自火　例35
しかしながら　乍併　例204
しかしながら　併　例202,203,288
しかた　仕方　例288
しかのみならず　加之　例205,206
しかるうえは　然上ハ　例32,209
しかるうえは　然上者　例207,208
しかるところ　然ル処　例211
しかるところ　然処　例210
しかるべし　可然　例287,288
しかれば　然者　例212,213
しきょ　死去　例290
しごく　至極　例260,292
じこん　自今　例299
じこんいご　自今以後　例97
しさい　子細　例189
ししゃ　使者　例195,324
しぜん　自然　例170,244,245,291
しだい　次第　例67,318
したて　仕立　例198
じだん　示談　例157
しちち　質地　例25
じつい　実意　例196
じっしょう　実正　例26,27,29,251,331,344,345
しはい　支配　例293
じびょう　持病　例79
じぶん　自分　例348
しまつ　始末　例336
しもつき　霜月　例66,129
しゃくよう　借用　例251,331,345
しゃめん　赦免　例28
しゅい　趣意　例256
じゅうきょ　住居　例201
しゅうそ　愁訴　例175
しゅうふく　修覆　例313
しゅうもん　宗門　例158,281
しゅうれい　秋冷　例274
しゅくし　祝詞　例276
しゅくしゅく　宿々　例181
じゅくだん　熟談　例255
しゅくば　宿場　例257
しゅくやくにん　宿役人　例309
しゅっせい　出情　例73
しゅっせい　出精　例59
しゅっそ　出訴　例145
しゅったい（でき）出来　例55,99,107,169
しゅとう　種痘　例234,238
しゅびよく　首尾好　例212
じゅんたつ　順達　例197
じゅんろ　順路　例78
じょうじょう　条々　例179,193
しょうち　承知　例117
しょうにん　商人　例85
じょうのう　上納　例62,250
しょうばい　商売　例170,335
じょうばこ　状箱　例224
しょうもん　証文　例118,194,225
しょうろ　正路　例328
しょこく　諸国　例211
しょさく　諸作　例147,319
しょし　諸士　例266
しょじ　所持　例8,25,306
しょじ　諸事　例328,333
しょしな　諸品　例308
しょしょ　所々　例14,114
しょどうぐ　諸道具　例160
しょめん　書面　例124,190,251
しょやく　諸役　例28,98,322
しんがん　心願　例180
しんき　新規　例21
しんじん　身心　例160
じんば　人馬　例289
じんや　陣屋　例205
しんるい　親類　例267,314
すいしゃかせぎ　水車稼　例218
すいそん　水損　例88
すいび　衰微　例291
すいふろ　水風呂　例17
すえずえ　末々　例117
すきだし　漉出し　例312
すけごうそうだい　助郷惣代　例309

すこしも　少シ茂　例268
すこしも　少も　例70
すこしも　少茂　例40,165,307,332,348
ずつ　充　例339
ずつ　宛　例4,191,338
すてご　捨子　例237
すど　数度　例168
すなわち　則　例248,249
せいきん　制禁　例121
せいだし　情出シ　例130
せがれ　忰　例81
せき　堰　例74
せきしょ　関所　例18,42,137,206
せけん　世間　例292
せっかん　折檻　例148
せつじ　拙寺　例341
せっしゃ　拙者　例72,248,263
ぜひ　是悲　例50
せわ　世話　例301
せわにん　世話人　例247
せんき　先規　例28,109,127
せんぎ　詮儀　例186
せんぎ　詮義　例122
せんさく　穿鑿　例158
ぜんじょう　前条　例102
せんぞ　先祖　例41
せんだって　先達而　例238
ぜんだん　前段　例50
せんねん　先年　例24,25,275
せんれい　先例　例141
そうい　相違　例7,42,75,91,110,137,157,169,244,323,332
ぞうけん　造建　例21
そうご　相互　例73,208,268,328
そうじて　惣して　例277
そうそう　早々　例142,197
そうぞく　相続　例187
そうそん　惣村　例207
そうだん　相談　例13,102,103,159,317
ぞうちょう　増長　例236
そうびゃくしょう　惣百性　例349
そうほう　双方　例39,72,102,110,255,279,296
そうもく　草木　例119
そこもと　其元　例27,324
そしょう　訴詔　例293
そでぐち　袖口　例253
そにん　訴人　例281
そのい　其意　例144
そのおところ　其御所　例53
そのおんむら　其御村　例128
そのせつ　其節　例95
そのだん　其段　例96
そのところ　其所　例97.172
そのほう　其方　例98
そのほか　其外　例99,100
そのまま　其儘　例31
そのむら　其村　例83
それぞれ　夫々　例100,161
ぞんじたつ　存立　例263
そんない　村内　例286

た行

だいいち　第一　例58
だいかん　代官　例108,172
だいかんしゅう　代官衆　例141
たいけつ　対決　例72
だいしょう　大小　例259,310
たいせつ　大切　例216
だいだい　代々　例187
たいとう　帯刀　例80
たいは　大破　例313
だいもつ　代物　例244
たいやく　退役　例13,79,236
たか　高　例20,339
たきぎ　薪　例222
たしかに　慥ニ　例250,251,344
たしょまい　他所米　例47
ただいま　只今　例250,344
ただし　但　例214,215
たちあう　立会　例140,310
たちあう　立合　例103,207
たとい　縦　例106,108,252
たとい　縦令　例167,253
たとい　譬　例254
たにん　他人　例267
たのみあげ　頼上　例17
たはた　田畑　例20
たびたび　度々　例111,249
たぶん　他分　例329
たぶん　多分　例155
ためしかせぎ　試稼　例11
たんおり　反織り　例294
だんじょ　男女　例207,221,223
だんぜつ　断絶　例186
だんだん　段々　例37,301
だんな　旦那　例9
ちくぼく　竹木　例126,346
ちそうがましき　馳走ケ間敷　例278
ちだい　地代　例191
ちち　遅々　例172
ちゃくせん　着船　例300
ちゅうこう　忠孝　例131
ちゅうじゅん　中旬　例312
ちゅうしん　注進　例142
ちゅうしん　註進　例177
ちゅうばつ　誅罰　例39
ちゅうや　昼夜　例164,185
ちょうじ　停止　例47,221
ちょうだい　頂戴　例219,340
ちょうない　町内　例291
ちょうめん　帳面　例84
ちょうもく　鳥目　例4,181
ちんちょう　珍重　例61,235
ついじつ　追日　例274
ついたち　朔日　例178
つうこう　通行　例305
つぎびきゃく　継飛脚　例40
つけはこび　付運ひ　例222
つごう　都合　例26
つつがなし　無恙　例187
つつしむ　慎　例330
つとめきたり　勤来　例185
つねづね　常々　例186
であい　出合　例297
でき　出来　例335
できかた　出来方　例116
てじょう　手鎖　例136
てだい　手代　例81
てづくり　手作　例143
てむかい　手向　例270
てんじょう　天情　例308
でんち　田地　例25
といや　問屋　例335
とうけ　当家　例41
どうぜん　同前　例90
とうぞく　盗賊　例90
とうそん　当村　例15,201,209,298
とうち　当地　例301
どうちゅう　道中　例61,169,

181
どうにん　同人　例32,337
とうねん　当年　例176,265,350
とうわく　当惑　例138
とが　咎　例67
とかく　兎角　例232
とくと　篤与　例255,256
としがら　年柄　例176
とせいむき　渡世向　例216
ととう　徒党　例162
とめおく　留置　例142
とめむら　留村　例123
とりきめ　取極　例73,327
とりさばき　取捌　例53
とりはからう　取計　例102,196,328

な行

ないさい　内済　例208,255
なお　猶　例150
なおなお　猶々　例179
なおまた　尚亦　例217
なおまた　尚又　例216
なおまた　猶亦　例219
なおまた　猶又　例218
ながもち　長持　例204
なげかわしく　歎ケ敷　例55
なぬし　名主　例52,122,140,236,293,299
ならびに　幷　例126,220,221,224
なるべくだけ　可成丈　例257,258
なれあい　馴合　例223
なんぎ　難儀　例23,79,154,155,260
なんじゅう　難渋　例171,329
なんだい　難題　例45
にもつ　荷物　例101
にゅうじ　入寺　例330
にゅうよう　入用　例149,155,252
にょし　女子　例323
にわかに　俄ニ　例289,290
にんずう　人数　例83,91
にんべつおくりじょう　人別送り状　例337
にんべつちょう　人別帳　例128,209
ぬすみとる　盗取　例226
ぬの　布　例347
ねがいあげ　願上　例79,168,173,217,218,256,261
ねがいがましき　願ケ間鋪　例279
ねがいすじ　願筋　例50
ねんぐ　年貢　例62,69,98,322
ねんぐきん　年貢金　例250
ねんねん　年々　例62,88,191,313
ねんぼ　年暮　例213
ねんらい　年来　例166,180
のうぎょう　農業　例59,130
のうまかせぎ　農間稼　例222
のみ　而已　例314
のりくらうま　乗鞍馬　例221
のりもの　乗物　例221

は行

はいけん　拝見　例276
はいてい　拝呈　例1
ばいばい　買売　例30
ばいばい　売買　例15
はいふ　配符　例219
はいりょう　拝領　例56
はくし　白紙　例84
ばくち　博奕　例59,200
ばしゃ　馬車　例305
ばしょ　場所　例88,139
はず　筈　例31
はたかた　畑方　例147
はたねんぐ　畑年貢　例220
はたまた　将又　例324
はっと　法度　例108,282,320,321
はなはだ　甚　例155
はばかりながら　乍憚　例177
はんえり　半襟　例253
ばんじ　万事　例58,151
ばんしょ　番所　例109
ばんたん　万端　例149
ひおくり　日送　例144
ひぎ　非儀　例19
ひぎ　非義　例89
ひきあげ　引上　例124
ひきうけ　引受　例120
ひきうけ　引請　例134,298
ひきかえ　引替　例111
ひしと　必至と・必至与　例259,260
びた　鐚　例191
ひとあつめがましき　人集ケ間敷　例280
ひどう　非道　例89
ひとえに　偏(ニ)　例261,例262
ひととおりならず　不一遍　例176
ひとり　壱人　例2,85,299,349
ひゃくしょう　百姓　例8,19,85,148,259,260,310
ひゃくしょうだい　百姓代　例299
ひょうじょうしょ　評定所　例295
ひょうだん　評段　例256
ひらびゃくしょう　平百姓　例146
ぶ　分　例250
ぶい　無異　例235
ふうぎ　諷議　例291
ふうふ　夫婦　例284
ふうぶん　風聞　例292
ふえん　不縁　例244
ふかって　不勝手　例286
ぶぐ　武具　例160
ぶさほう　不作法　例77
ふじゅく　不熟　例147
ふじょ　扶助　例64
ぶしょう　不情　例116
ふしん　不審　例245
ふせい　不正　例139
ぶせん　夫銭　例62
ふそく　不足　例300
ふち　扶持　例192
ふと　不斗　例263
ふと　風と　例264
ふとう　不当　例206
ふなぐ　船具　例300
ふなちん　船賃　例85
ふぶんめい　不分明　例6
ふぼ　父母　例284
ふゆきとどき　不行届　例312
ふん　分　例135
ぶんごう　分郷　例134
ふんしつ　紛失　例169
べいか　米価　例272
べいこく　米穀　例265
べっして　別而　例154,156,265,

266
べっちょう　別帳　例198
へんきゃく　返却　例31
へんじ　変事　例99
ほうこう　奉公　例81,294
ほうこうかせぎ　奉公稼　例342
ぼうしょ　亡所　例113
ほうだい　砲台　例205
ほうび　褒美　例51,190
ぼだいしょ　菩提所　例330
ほねおり　骨折　例22
ほんやく　本役　例52

ま行

まいよ　毎夜　例109
まえがき　前書　例183,327,345
まえまえ　前々　例15,110
まかりあり　罷在　例113,258,330
まかりあり　罷有　例260
まかりいず　罷出　例75,104,234,241,252,309,329,351
まかりこす　罷越　例201
まかりたつ　罷立　例331
まかりなる　罷成　例145,290
まぐさ　秣　例222
まずは　先者　例94
または　又者　例222,223
まちぶぎょう　町奉行　例338
まちまち　町々　例109
まま　間々　例77
まんいち　万一　例34,139,169,316
みぎてい　右躰　例120
みぎよう　右様　例240
みずちょう　水帳　例43
みずのみ　水呑　例349
みそか　晦日　例129
みたて　見立　例313
みたらい　御手洗　例17
みだりに　猥　例126
みだりに　猥に　例167
みだりに　猥りニ　例73
みっつう　密通　例223
みどし　巳年　例211
みのしろきん　身代金　例331
みぶん　身分　例32
みょうじ　苗字　例80
むことり　聟取　例159
むしん　無心　例188
むちんじんば 無賃人馬　例257
むつかしき　六ケ敷　例269,283
むつまじく　睦敷　例284
むねんぐ　無年貢　例333
むらかた　村方　例21,70,91,134,153,270
むらした　村下　例123
むらじゅう　村中　例87,163,310,332
むらつぎ　村継　例164
むらむら　村々　例12,23,115,116,220
むらやくにん　村役人　例118,120,157
むらよう　村用　例334
めいはく　明白　例345
めいわく　迷惑　例12
めしよす　召寄　例148,338
めでたし　目出度　例56
めんじょう　免定　例78
もうしあぐ　申上　例93,94,96,151,165,175,179,195,279,318
もうしあらそい　申争　例92
もうしいず　申出　例87,171,189,198,245,293,337
もうしおくる　申送　例82
もうしこす　申越　例36,37
もうしたて　申立　例67,283
もうしつく　申付　例88,90
もうしつくす　申尽　例184
もうしひらき　申披　例241
もうしふれ　申触　例247,289
もうしぶん　申分　例68
もうしわけ　申訳　例311
もうしわずらい　申煩　例264
もうしわたす　申渡　例115,138,316
もうすにおよばず　不及申(ニ)·不申及　例69,137,187,267,321
もうとう　毛頭　例267,268
もし　若　例7,31,39,75,87,145,172,189,244,269,281
もし　若シ　例33
もしまた　若又　例270
もちろん　勿論　例98,158,278,307,309
もっとも　尤　例91,224,225,242
ものなり　物成　例215
もみこ　籾子　例215
もめん　木綿　例347
もより　最寄　例287
もらいうけ　貰請　例92
もん　文　例4,85,132,181,191
もんてい　門弟　例167
もんめ　匁　例135

や行

やきはらい　焼払　例270
やくかた　役方　例161
やくぎ　役儀　例166
やくしょ　役所　例152,318,321
やくにん　役人　例36,171,293,295
やけ　焼　例38
やどおあずけ　宿御預ケ　例136
やむことをえず　不得止事　例145
ゆうじょや　遊女屋　例342
ゆきくれ　行くれ　例217
ゆきくれ　行暮　例33
ゆくえ　行衛　例114
ゆごや　湯小屋　例107
ゆだん　油断　例5
よういくりょう　養育料　例210
ようじょ　養女　例323
ようじょう　養生　例264
ようべん　用弁　例334
ようやく　漸　例271,272
よぎ　余義　例188
よけい　余慶　例243
よこあい　横合　例10
よって　仍而　例194
よなか　夜中　例290
よめとり　娵取　例159
よりあい　寄合　例163
よろしく　宜敷　例292
よんどころなし　無拠　例134

ら行

らいう　雷雨　例229
らちあけ　埒明　例34,269,351
らんぼう　乱妨　例336
りかい　利解　例152
りかい　利害　例311

りふじん　利不尽　例297
りょう　両　例26,76,210
りょうけん　了簡　例348
りょうそん　両村　例202
りょうない　領内　例47
りょうにん　両人　例298
りん　厘　例135
るいねん　累年　例121
れいき　冷気　例147
れんいん　連印　例118
れんさつ　憐察　例261
れんぱん　連判　例86
ろうしゃ　籠舎　例199
ろうじん　老人　例64
ろうぜき　狼籍　例126
ろうにんてい　浪人躰　例231
ろうまい　粮米　例170
ろめい　露命　例272
ろよう　路用　例268

わ行

わきより　脇ゟ　例281
わけがら　訳柄　例304
わたしおく　渡置　例84
わたしもり　渡守　例76
わびいれ　侘入　例18
わりあい　割合　例78,268
われら　我等　例143,241,269,331

漢字索引

＊本文の下段に掲載した見出し漢字の音訓索引である。数字はページ数を示す。

あ行

ア……………………阿　29
あい……………………相　263
あいだ…………………間　23
あう……………………会　133
あう……………………合　203
あかし…………………証　117
あかるい………………明　121
あきなう………………商　278
アク……………………悪　243
あさい…………………浅　51
あじ……………………味　144
あそぶ…………………遊　56
あたい…………………価　230
あたえる………………与　251
あたま…………………頭　252
あたる…………………当　183
あつい…………………篤　218
あつかう………………扱　97
あつまる………………集　237
あて……………………宛　280
あと……………………後　171
あと……………………跡　26
あぶら…………………油　17
あまる…………………余　168
あめ……………………雨　137
あめ……………………天　61
あやしい………………怪　238
あらず…………………非　95
あらためる……………改　209
あらわれる……………顕　153
あり……………………在　53
あり……………………有　53
ある……………………或　177
あるじ…………………主　206
あわせる………………併　180
あわれむ………………憐　223
アン……………………安　284
イ………………………以　172
イ………………………依　160
イ………………………意　135
イ………………………為　116
イ………………………畏　142
イ………………………衣　137
イ………………………違　19
イ………………………已　260
イ………………………威　223
イ………………………異　205
いえ……………………家　230
いえども………………雖　153
イク……………………育　186
いささか………………聊　199
いし……………………石　281
いそぐ…………………急　208
いたす…………………致　132
いただく………………頂　282
いたる…………………至　245
いたわる………………労　80
イチ……………………壱　13
いち……………………市　244
イツ……………………逸　117
いつわり………………偽　155
いのち…………………命　231
いま……………………今　65
いや……………………弥　205
いよいよ………………弥　205
いろ……………………色　225
いわう…………………祝　235
イン……………………印　117
イン……………………因　160
イン……………………引　118
イン……………………隠　193
ウ………………………雨　137
うえ……………………上　15
うける…………………請　112
うける…………………受　118
うさぎ…………………兎　203
うち……………………内　185
うつ……………………打　265
うつくしい……………美　65
うったえる……………訴　158
うる……………………売　28
ウン……………………運　195
エ………………………依　160
え………………………江　247
え………………………柄　254
エイ……………………永　42
エイ……………………洩　115
エイ……………………衛　114
エキ……………………亦　179
エキ……………………奕　179
エツ……………………越　49
えり……………………襟　217
える……………………得　135
エン……………………宛　280
エン……………………堰　86
エン……………………縁　212
エン……………………塩　188
お………………………御　266
おいて…………………於　154
オウ……………………往　255
おう……………………追　234
おおきい………………大　258
おおせ…………………仰　58
おおやけ………………公　207
おかす…………………犯　54
おがむ…………………拝　12
オク……………………屋　107
おく……………………置　276
おくる…………………送　92
おこす…………………発　16
おこたる………………怠　166
おごり…………………奢　236
おさめる………………修　260
おそい…………………遅　156
おそれる………………恐　158
おと……………………音　140
おなじ…………………同　280
おのおの………………各　251
おぼえる………………覚　76
おもい…………………思　91
おもい…………………重　181
おもて…………………面　121
おもむき………………趣　31
およぶ…………………及　136
おりる…………………降　201
おわる…………………了　287
オン……………………隠　193
オン……………………音　140
おん……………………御　266
おんな…………………女　283

か行

カ……下 64
カ……価 230
カ……加 149
カ……可 122
カ……暇 41
カ……稼 283
カ……嘩 250
カ……何 103
カ……夏 202
カ……家 230
カ……過 178
か……歟 249
ガ……我 134
カイ……介 100
カイ……会 133
カイ……廻 173
カイ……怪 238
カイ……改 209
カイ……晦 125
カイ……皆 70
カイ……開 16
カイ……懈 166
ガイ……外 242
ガイ……害 259
かう……買 28
かえす……返 44
かえって……却 44
かえる……還 195
かえる……帰 32
かえる……替 106
かき……柿 210
かぎる……限 149
カク……各 251
カク……覚 76
かく……斯 89
かく……書 158
かくす……隠 193
かける……掛 24
かける……欠 189
かける……懸 81
かご……籠 178
かしこむ……畏 142
かず……数 96
かせぐ……稼 283
かた……方 111
かたい……堅 73
かたじけない…辱 234
かたじけない…忝 234
かたち……形 215
カツ……割 90
かつ……且 179
かつ……勝 241
かど……廉 97
かならず……必 221
かね……金 274
かね……兼 277
かまえ……構 227
がら……柄 254
かりる……借 216
かるい……軽 178
かわる……変 101
カン……勘 75
カン……官 107
カン……簡 287
カン……貫 127
カン……還 195
カン……間 23
カン……関 32
ガン……願 158
キ……寄 147
キ……期 139
キ……帰 32
キ……気 138
キ……規 123
キ……記 171
キ……貴 140
キ……其 98
ギ……偽 155
ギ……儀 85
ギ……宜 244
ギ……義 85
きく……聞 62
きざみ……刻 33
キツ……吃 208
きぬ……絹 218
きびしい……厳 264
きめる……決 22
キャク……却 44
キュウ……扱 97
キュウ……及 136
キュウ……急 208
キュウ……窮 266
キュウ……給 157
キュウ……咎 79
キュウ……糺 79
キョ……去 159
キョ……拠 128
キョ……許 76
キョウ……共 26
キョウ……凶 225
キョウ……境 282
キョウ……恐 158
キョウ……郷 106
ギョウ……仰 58
ギョウ……業 125
ギョウ……行 46
きる……切 202
キン……勤 80
キン……筋 49
キン……襟 217
キン……近 266
キン……金 274
ギン……吟 144
ク……苦 200
くさ……草 118
くさり……鎖 129
くすり……薬 225
くに……国 106
くに……州 50
くび……首 188
くる……来 161
くるしい……苦 200
くるま……車 192
くれ……呉 279
くわえる……加 149
ケ……家 230
ケ……掛 24
ケ……懈 166
け……毛 226
ゲ……下 64
ケイ……形 215
ケイ……慶 211
ケイ……継 149
ケイ……計 201
ケイ……軽 178
ケツ……欠 189
ケツ……決 22
ゲツ……月 78
ケン……簡 287
ケン……兼 277
ケン……堅 73
ケン……建 35
ケン……懸 81
ケン……検 94
ケン……権 241
ケン……絹 218
ケン……軒 229
ケン……遣 40
ケン……顕 153
ゲン……厳 264
ゲン……限 149
コ……古 81
コ……故 49
こ……子 168
ゴ……互 82
ゴ……呉 279
ゴ……後 171
ゴ……御 266
コウ……後 171
コウ……交 287
コウ……候 10
コウ……公 207
コウ……向 201
コウ……孝 126
コウ……構 227
コウ……江 247
コウ……耕 115
コウ……行 46
コウ……講 288
コウ……降 201
ゴウ……郷 106
ゴウ……合 203
こうむる……被 126
こうむる……蒙 149
コク……刻 33
コク……国 106
こく……石 281
こころ……心 60
こす……越 49
こと……事 95
ごとし……如 110
ことなる……異 205
ことに……殊 240
この……此 88
この……之 88
こまる……困 222
これ……是 89
ころも……衣 137
コン……今 65
コン……困 222
コン……懇 261

さ行

サ……乍 157

サ……………差 268
ザ……………坐 97
ザ……………座 17
サ……………鎖 129
サイ…………再 58
サイ…………最 242
サイ…………採 286
サイ…………済 154
サイ…………細 168
サイ…………裁 76
サイ…………載 185
ザイ…………在 53
ザイ…………罪 64
さかい………境 282
さき…………先 133
サク…………作 66
さす…………差 268
さす…………指 269
さだめる……定 249
サツ…………冊 93
サツ…………察 223
サツ…………札 118
ザツ…………雑 233
さと…………郷 106
さばく………捌 133
さま…………様 45
さまたげる……妨 279
さる…………去 159
さわる………障 86
サン…………参 33
サン…………山 277
ザン…………残 114
シ……………仕 69
シ……………使 172
シ……………始 279
シ……………子 168
シ……………市 244
シ……………思 91
シ……………指 269
シ……………旨 47
シ……………柿 210
シ……………止 136
シ……………私 150
シ……………至 245
ジ……………事 95
ジ……………持 270
ジ……………時 243
ジ……………次 79
ジ……………而 252
ジ……………自 160
ジ……………路 272
ジ……………示 144
ジ……………地 170
しお…………塩 188
しかしながら‥併 180
しかり………然 184
しかる………叱 129
しく…………敷 236
しく…………鋪 236
しげる………茂 258
した…………下 64
シチ…………質 39
シツ…………叱 129
ジツ…………実 173
しな…………品 257
しぶい………渋 156
しむ…………令 120
しめす………示 144
シャ…………捨 207
シャ…………者 255
シャ…………車 192
シャ…………奢 236
シャク………借 216
ジャク………若 228
シュ…………主 206
シュ…………取 66
シュ…………守 267
シュ…………殊 240
シュ…………種 205
シュ…………趣 31
シュ…………首 188
ジュ…………受 118
シュウ………宗 119
シュウ………州 50
シュウ………修 260
シュウ………衆 133
シュウ………集 237
シュウ………袖 217
ジュウ………拾 93
ジュウ………充 280
ジュウ………従 161
ジュウ………渋 156
ジュウ………縦 216
ジュウ………重 181
シュク………宿 191
シュク………祝 235
ジュク………熟 219
シュツ………出 37
ジュン………旬 259
ジュン………順 260
ジュン………馴 195
ショ…………且 179
ショ…………処 39
ショ…………所 20
ショ…………書 158
ショ…………諸 42
ジョ…………助 257
ジョ…………除 92
ジョ…………如 110
ジョ…………女 283
ショウ………勝 241
ショウ………升 190
ショウ………召 63
ショウ………商 278
ショウ………将 270
ショウ………少 213
ショウ………尚 190
ショウ………証 117
ショウ………詔 248
ショウ………障 86
ジョウ………上 15
ジョウ………丈 220
ジョウ………乗 194
ジョウ………場 43
ジョウ………情 115
ジョウ………条 104
ジョウ………状 127
ジョウ………譲 35
ショウ………正 272
ショク………色 225
ショク………触 38
ジョク………辱 234
しらべる……調 252
しりぞく……退 206
しるし………印 117
しるす………記 171
しろ…………白 285
シン…………審 212
シン…………心 60
シン…………申 77
シン…………身 45
シン…………進 134
ジン…………人 280
ジン…………尋 27
ジン…………甚 143
ジン…………尽 165
ズ……………図 147
ず……………不 113
スイ…………水 87
スイ…………遂 143
スウ…………数 96
すぎる………過 178
すくない……少 213
すけ…………介 100
すじ…………筋 49
すすむ………進 134
ずつ…………宛 280
ずつ…………充 280
すでに………已 260
すてる………捨 207
すべて………惣 184
すます………済 154
すわる………坐 97
すわる………座 17
セ……………世 253
せ……………背 94
セイ…………済 154
セイ…………姓 222
セイ…………成 72
セイ…………正 272
セイ…………精 72
セイ…………請 112
せがれ………倅 91
セキ…………石 281
セキ…………積 104
セキ…………跡 26
せき…………堰 86
せき…………関 32
セツ…………切 202
セツ…………拙 224
セツ…………節 34
ゼツ…………絶 167
セン…………先 133
セン…………浅 51
セン…………船 265
セン…………詮 119
ゼン…………前 28
ゼン…………漸 230
ゼン…………然 184
ゼン…………全 48
ソ……………祖 55
ソ……………訴 158
ソウ…………双 104
ソウ…………惣 184
ソウ…………早 62
ソウ…………相 263

ソウ……………草 118
ソウ……………送 92
ゾウ……………増 182
そうろう………候 10
そえる…………添 186
ソク……………則 214
ゾク……………続 165
そこなう………損 213
そだてる………育 186
そで……………袖 217
そと……………外 242
その……………其 98
それ……………夫 99
ソン……………損 213
ソン……………村 229
ゾン……………存 67

た行

タ………………他 227
た………………田 34
ダ………………打 265
ダ………………陀 30
タイ……………対 82
タイ……………怠 166
タイ……………替 106
タイ……………退 206
ダイ……………台 183
ダイ……………大 258
ダイ……………第 71
ダイ……………題 59
たえる…………堪 70
たえる…………絶 167
たか……………貴 140
たか……………孝 126
たがい…………互 82
たがやす………耕 115
だく……………抱 100
たぐい…………類 105
たけ……………丈 220
たしか…………慥 215
たすける………助 257
たずね…………尋 27
ただ……………只 215
ただ……………忠 125
ただし…………但 189
ただしい………正 272
ただす…………糺 79
たつ……………裁 76
たつ……………立 239
たてまつる……奉 141
たてる…………建 35
たとえ…………縦 216
たとえ…………譬 216
たね……………種 205
たのむ…………頼 113
たび……………度 281
たまう…………給 157
ため……………為 116
タン……………堪 70
タン……………但 189
たん……………反 248
タン……………旦 20
タン……………歎 68
タン……………端 139
タン……………憚 160
ダン……………段 36
ダン……………談 26
チ………………地 170
チ………………置 276
チ………………遅 156
チ………………馳 237
チ………………致 132
ちかい…………近 266
ちがう…………違 19
チャク…………着 30
チュウ…………忠 125
チュウ…………昼 149
チュウ…………注 134
チョウ…………帳 93
チョウ…………町 281
チョウ…………調 252
チョウ…………長 182
チョウ…………頂 282
チョウ…………鳥 162
チョク…………直 226
チン……………珍 74
チン……………賃 220
ツイ……………追 234
ツウ……………通 38
つかう…………使 172
つかまつる……仕 69
つかわす………遣 40
つき……………月 78
つぎ……………次 79
つく……………着 30
つく……………付 67
つく……………附 144
つぐ……………継 149
つくす…………尽 165
つくる…………作 66
つつがない……恙 167
つづく…………続 165
つとめる………勤 80
つのる…………募 233
つまびらか……審 212
つみ……………罪 64
つむ……………積 104
つゆ……………露 231
つらなる………連 94
て………………而 252
テイ……………停 60
テイ……………定 249
テイ……………提 274
テイ……………躰 100
でる……………出 37
テン……………天 61
テン……………店 256
テン……………添 186
テン……………忝 234
デン……………殿 74
デン……………田 34
ト………………図 147
ト………………兎 203
ト………………徒 148
ト………………斗 224
ト………………渡 61
ド………………度 281
トウ……………党 148
トウ……………盗 199
トウ……………当 183
トウ……………痘 208
トウ……………等 138
トウ……………統 130
トウ……………頭 252
とう……………問 278
ドウ……………同 280
ドウ……………道 155
とおる…………通 38
とが……………咎 79
とき……………時 243
トク……………得 135
トク……………篤 218
とげる…………遂 143
ところ…………処 39
ところ…………所 20
とし……………年 80
とどめる………留 120
との……………殿 74
とぶ……………飛 54
とめる…………止 136
とも……………共 26
ともがら………輩 146
とり……………鳥 162
とる……………採 286
とる……………取 66
ドン……………呑 288

な行

ナ………………那 21
ナイ……………内 185
なお……………尚 190
なお……………猶 190
なおす…………直 226
ながい…………永 42
ながい…………長 182
ながら…………乍 157
なげく…………歎 68
なさけ…………情 115
なし……………亡 114
なし……………無 166
なつ……………夏 202
など……………等 138
など……………抔 204
なに……………何 103
なみ……………浪 203
ならび…………幷 193
なり……………也 283
なる……………成 72
なれる…………馴 195
ナン……………難 164
ニュウ…………入 124
ニョ……………如 110
にわか…………俄 243
ニン……………人 280
ニン……………任 146
ぬき……………貫 127
ぬし……………主 206
ぬすむ…………盗 199
ぬの……………布 285
ねがう…………願 158
ネン……………年 80
ねんごろ………懇 261
の………………野 181
ノウ……………能 226
のき……………軒 229
のこる…………残 114

のせる…………載 185
のぞく…………除 92
のっとり………則 214
のむ……………呑 288
のり……………規 123
のる……………乗 194

は行

は………………者 255
ば………………場 43
ハイ……………拝 12
ハイ……………背 94
ハイ……………輩 146
バイ……………買 28
バイ……………売 28
はいる…………入 124
はかる…………計 201
はかる…………図 147
ハク……………博 71
ハク……………白 285
はこぶ…………運 195
はし……………端 139
はじめる………始 279
はず……………筈 44
はせる…………馳 237
はたけ…………畑 35
ハツ……………発 16
はなはだ………甚 143
はばかる………憚 160
はやい…………早 62
はやる…………逸 117
ハン……………判 47
ハン……………反 248
ハン……………犯 54
ハン……………般 271
ハン……………煩 225
バン……………番 111
バン……………万 132
ヒ………………披 209
ヒ………………罷 272
ヒ………………被 126
ヒ………………非 95
ヒ………………飛 54
ビ………………美 65
ビ………………弥 205
ひく……………引 118
びた……………鐚 170
ヒツ……………必 221
ヒツ……………筆 12
ひと……………人 280
ひとえ…………偏 223
ひま……………暇 41
ヒョウ…………評 219
ビョウ…………病 90
ひらく…………開 16
ひる……………昼 149
ひろう…………拾 93
ひろし…………博 71
ヒン……………品 257
フ………………不 113
フ………………付 67
フ………………夫 99
フ………………布 285
フ………………扶 170
フ………………敷 236
フ………………符 192
フ………………負 197
フ………………附 144
ブ………………武 146
ふし……………節 34
ふだ……………札 118
ふたたび………再 58
ふたつ…………双 104
ブツ……………物 196
ふで……………筆 12
ふね……………船 265
ふるい…………古 81
ふれる…………触 38
フン……………紛 48
ブン……………分 18
ブン……………聞 62
ヘイ……………併 180
ヘイ……………柄 254
ヘイ……………弁 193
べし……………可 122
ベツ……………別 225
ヘン……………偏 223
ヘン……………変 101
ヘン……………返 44
ベン……………弁 278
ホ………………舗 236
ボ………………募 233
ボ………………菩 274
ホウ……………奉 141
ホウ……………抱 100
ホウ……………方 111
ホウ……………法 267
ホウ……………抔 204
ホウ……………褒 169
ボウ……………亡 114
ボウ……………妨 279
ほか……………外 242
ほか……………他 227
ボク……………睦 240
ほそい…………細 168
ホン……………本 214

ま行

まいる…………参 33
まえ……………前 28
まかす…………任 146
まかる…………罷 272
まぎれ…………紛 48
まける…………負 197
まさに…………将 270
まじわる………交 287
ます……………升 190
ます……………増 182
また……………亦 179
また……………又 194
まち……………町 281
まったく………全 48
まで……………迄 287
まま……………儘 44
まもる…………守 267
まわる…………廻 173
マン……………万 132
ミ………………味 144
み………………身 45
みことのり……詔 248
みず……………水 87
みずから………自 160
みせ……………店 256
みそか…………晦 125
みだり…………猥 123
みだれる………乱 284
みち……………道 155
みち……………路 272
ミツ……………密 195
みな……………皆 70
みのる…………実 173
ム………………無 166
むく……………向 201
むこ……………聟 145
むずかしい……難 164
むつまじい……睦 240
むね……………旨 47
むね……………宗 119
むら……………村 229
メイ……………命 231
メイ……………明 121
めす……………召 63
めずらしい……珍 74
メン……………免 154
メン……………面 121
モ………………茂 258
モウ……………毛 226
モウ……………蒙 149
もうす…………申 77
モチ……………勿 101
もちいる………用 228
モツ……………物 196
もつ……………持 270
もって…………以 172
もっとも………最 242
もっとも………尤 196
もと……………本 214
もの……………者 255
もの……………物 196
もれる…………洩 115
モン……………問 278

や行

ヤ………………也 283
ヤ………………夜 149
ヤ………………野 181
や………………屋 107
ヤク……………役 25
ヤク……………薬 225
ヤク……………訳 63
やしなう………養 186
やすい…………安 284
やど……………宿 191
やま……………山 277
やまい…………病 90
ユ………………油 17
ユ………………由 50
ユウ……………又 194
ユウ……………尤 196
ユウ……………有 53
ユウ……………猶 190
ユウ……………遊 56
ゆえ……………故 49
ゆかり…………縁 212
ゆく……………往 255
ゆく……………行 46

ゆずる…………譲 35
ゆるす…………許 76
ゆるす…………免 154
ヨ………………余 168
ヨ………………与 251
よ………………世 253
ヨウ……………様 45
ヨウ……………用 228
ヨウ……………養 186
ようやく………漸 230
よく……………能 226
よし……………由 50
よめ……………娵 145
より……………与 259
より……………因 160
より……………従 161
よる……………依 160
よる……………寄 147
よる……………夜 149
よろこぶ………慶 211
よろしい………宜 244
よろず…………万 132
よんどころ……拠 128

ら行

ライ……………来 161
ライ……………頼 113
ラチ……………埒 289
ラン……………乱 284
ラン……………蘭 30
リ………………利 259
リツ……………立 239
リュウ…………留 120
リョウ…………了 287
リョウ…………両 87
リョウ…………料 257
リョウ…………領 69
ルイ……………累 119
ルイ……………類 105
レイ……………令 120
レイ……………礼 165
レン……………廉 97
レン……………憐 223
レン……………連 94
ロ………………路 272
ロ………………露 231
ロウ……………労 80
ロウ……………浪 203
ロウ……………狼 123
ロウ……………籠 178
ロウ……………粮 156
ロン……………論 237

わ行

ワイ……………猥 123
わかい…………若 228
わかれる………別 225
わきまえる……弁 278
ワク……………或 177
わけ……………訳 63
わける…………分 18
わずらわしい…煩 225
わたくし………私 150
わたす…………渡 61
わり……………割 90
わるい…………悪 243
われ……………我 134

林 英夫（はやし ひでお）
❖
1919年，愛知県尾西市生まれ.
1943年，立教大学文学部史学科卒業，立教大学名誉教授.
2007年没.
主な監修・編・著書
『近世農村工業の基礎過程』（青木書店，1960年）
『在方木綿問屋の史的展開』（塙書房，1965年）
『近世古文書解読字典』（柏書房，1972年）
『秤座』（吉川弘文館，1972年）
『愛知県の地名』（平凡社，1981年）
『日本名所風俗図会17 諸国の巻２』（角川書店，1981年）
『古文書の語る日本史７ 江戸後期』（筑摩書房，1989年）
『解読近世書状大鑑』（柏書房，2001年）
『事典しらべる江戸時代』（柏書房，2001年）
『番付で読む江戸時代』（柏書房，2003年）

おさらい 古文書（こもんじょ）の基礎（きそ）――文例と語彙――【シリーズ日本人の手習い】
❖
2002年３月15日 第１刷発行
2022年11月30日 第９刷発行

❖
監 修――林 英夫
発行者――富澤凡子
発行所――柏書房株式会社
〒113-0033 東京都文京区本郷2-15-13
Tel.03-3830-1891（営業）
03-3830-1894（編集）
編 集――天野出版工房（代表 天野清文）
〒410-0048 静岡県沼津市新宿町19-4
Tel. 055-921-1412
装幀者――上田宏志＋ゼブラ
組 版―― i-Media 市村繁和
印刷所――モリモト印刷
製本所――ブックアート
❖

ISBN4-7601-2200-1 C1021 Printed in Japan